林慶彰著

文史哲學集成

明代經學研究論集

文史哲出版社印行

國立中央圖書館出版品預行編目資料

明代經學研究論集 / 林慶彰著. -- 初版. -- 臺
北市 : 文史哲, 民83
面 ; 公分. -- (文史哲學集成 ; 314)
參考書目; 面
ISBN 957-547-866-5(平裝)

1. 經學 - 明(1368-1644) - 論文, 講詞等

090.9

文史哲學集成

明代經學研究論集

著者：林慶彰
出版者：文史哲出版社
登記證字號：行政院新聞局局版臺業字五三三七號
發行人：彭正雄
發行所：文史哲出版社
台北市羅斯福路一段七十二巷四號
郵撥〇五一二八八一二彭正雄帳戶
電話：三五一一〇二八
印刷者：文史哲出版社

實價新台幣五〇〇元

中華民國八十三年五月初版

ISBN 957-547-866-5

自序

自一九七五年筆者考進東吳大學中國文學研究所碩士班，跟隨屈翼鵬師研究中國經學史，迄今已近二十年。這二十年中，計完成《豐坊與姚士粦》、《明代考據學研究》、《清初的群經辨僞學》等三本專書；主編有《經學研究論著目錄》、《經學研究論著目錄續編》、《朱子學研究書目》、《楊愼研究資料彙編》、《中國經學史論文選集》、《日本研究經學論著目錄》等書。另撰寫了四十多篇與經學有關的學術論文。

經學史的研究，雖自晚清才正式開始，但經學卻在二千餘年前即已成爲學術的主流。由於經學史的正式研究起步太晚，很多經學上的事實未能及時記載下來；已存在的史料也因乏人注意，而逐漸流失。因此，每個時代的經學史都存在著不少待研究解決的問題。筆者由於在東吳大學中國文學研究所講授中國經學史的課程，爲了配合教學的需要，每個時段的經學史，都加以研究探討，也寫了一些論文。其中，以研究明代的時間較長，累積的論文也較多，計有十餘篇。這些論文，對研究明代經學史似仍有參考價值，今將其彙集成一書，題名爲《明代經學研究論集》。

本論集從第一篇《明代的漢宋學問題》，至最後一篇《明末清初經學研究的回歸原典運動》，是依照明代經學史發展的脈絡來編排的。這十一篇論文，大抵在反映明代經學由宋學傳統逐漸崩潰，漢學漸次興起的轉變過程。《五經大全之修纂及其相關問題探究》一文，旨在探討官方經學的內涵及其影響。《王陽明的經學思想》一文，則在論述這種新興私學的思想結構。這兩篇論文，可說是對理學時代，或心學時代經學的探索。從《晚明經學的復興運動》起，包括《楊愼之經學》、《梅鷟尚書譜研究》、《朱睦㮮及其授經圖》、《朱謀㙔詩故研究》、《孟子外書板本知見考》、《何楷詩經世本古義析論》等七篇論文，儘管研究的時代涵蓋百餘年的時間，研究的學者和他們的經說也有所不同，但都有一共同的精神趨向，即逐漸背離宋學傳統，而遙契漢學傳統。最後一篇《明末清初經學研究的回歸原典運動》，則在論述明清之交學者在大變動時代中，如何面對經學史上所累積下來的問題，並尋求解決之道。從各篇的論述，可以看出明中葉以後學者的研經方法，正是清代考據學的先導。前人以爲清學之開山祖是顧炎武等人，似非窮本溯源的說法。

由於十一篇論文寫作時間延續十餘年，論文體例和思想觀點難免有前後不一致的地方。此次彙集出版，將內容和體例，作了些許之修正：其一，修正部分偏失之觀點：《五經大全之修纂及其相關問題探究》一文，原認爲《五經大全》與明代經學的衰微沒有必然的關係；今將此一觀點略作修正，認爲《五經大全》中雖仍引有漢、唐人古義，但在宋代以來反漢、唐之學的心態下，這種漢、唐古義已似有若無。再加上科舉考試的科目，《五經》僅考一經，和以八股文取士的考試方式，都可能使明代中葉以後的經學趨於衰微。其二，刪除部分重複章節：《楊愼之經學》一文，原來有《明中葉前的經學概況》一節，論述宋代以來經學之發展與演變，因與《明代的漢宋學問題》、《晚明經學的復興運動》等文，內容頗有重複，已加以刪除。其三，調整各論文之附註：各論文有引文出處之附註和說明性之附註，原皆附於篇末。引文出處之附註，如仍附於論文之後，讀者閱讀時往往前後翻檢，不勝其煩。故將引文出處之附註改附於各引文之下。論文之後僅保留說明性之附註而已。因此，原有附註近百條或數十條者，皆已省爲十數條而已。其四，加編重要參考書目：各論文，原發表時，有因已有附註，未加參考書目者；有因附注稍嫌簡略，而另加參考書目者。體例頗不一致。今將各論文末有參考書目者，一律刪去，再根據各論文所引或所參考之著作，逐條摘出，編成重要參考書目，附於全書之末。

本論集各論文，雖經上述之修訂改編，但各論文仍有不少引用之材料相重複。如以整本論集來說，這些重複引用的材料，頗嫌累贅；如就各該論文來說，這些材料如果全加刪削，又無法證成該論文中之觀點。幾經思考，仍舊加以保留。但願讀者諸君不以其材料有重複，而貶損論文中之觀點。

本論集各論文，曾發表於《孔孟月刊》、《中國書目季刊》、《國立中央圖書館館刊》、《東吳文史學報》、《中國文哲研究集刊》、《國際孔學會議論文集》、《陽明學學術研討會論文集》、《經學研究論叢》等期刊和論文集。各論文之末，皆已分別註明，以便讀者覆按。這十一篇論文中的《晚明經學的復興運動》、《楊愼之經學》、《五經大全之修纂及其相關問題探究》、《朱謀㙔詩故研究》、《朱睦㮮及其授經圖》等五篇，曾分別獲得國科會民國七四、七五、八〇、八一、八二等年度之研究獎助費，特誌謝忱。

近十餘年來，筆者博士班導師昌彼得教授、劉兆祐教授，一直不間斷的關懷、鼓舞，使筆者的研究工作可以持續不斷。一九九〇年八月進入中央研究院中國文哲研究所以來，所撰作之論文，經臺灣大學中文系所的張以仁教授、程元敏教授，東海大學中文研究所的龍宇純教授，時賜予教導，並糾正論文中不少疏失。上述各位師長的關懷、指導，無以爲報，惟盼日後能更孜孜於研究工作，庶幾不辜負家人、師長和社會之期盼而已。

一九九四年四月**林慶彰**誌於中央研究院中國文哲研究所籌備處

明代經學研究論集　目次

明代的漢宋學問題

漢宋學問題是我國學術思想史上的一大課題。此一問題至少有兩個研究方向：一是漢宋學發展史的研究。「漢宋學」一詞既涉及兩個研究對象，必須要待宋人出現以後此一問題始能正式成立。由漢至北宋初年可算是此一問題的前奏。以後則有數個階段的發展：㈠北宋中葉至南宋末年，是宋人反漢學的時期；㈡元至明中葉，是吸收宋學，並加以反省的時期；㈢明中葉至清康熙年間，是對漢宋優劣提出質疑，並主張漢宋兼採的時期；㈣清乾隆、嘉慶年間，是漢學極盛，宋學起而抗之的時期；㈤清道光、咸豐年間至清末，是調和漢宋學的時期。以上每一階段的發展皆有不同，要徹底探究漢宋學問題，每一階段的發展皆不可忽略。二是漢宋學之比較研究，可著眼於：㈠漢人之學與宋學的比較；㈡清代漢學與宋學的比較；㈢清代漢學與漢人之學的比較。然後論斷其優劣得失，並述其對整個學術文化的貢獻。

近百年來有關此一課題的論著，除學術思想史專著有所論述外，相關的單篇論文也有二十餘篇（註一）。筆者就尋得的十數篇加以分析，有關漢宋學發展史研究的，都著重在第四、五期的討論，徐復觀《清代漢學衡論》、何佑森《清代漢宋之爭平議》、王家儉《清代漢宋之爭的再檢討——試論漢學派的目的與極限》和《由漢宋調和到中體西用——試論晚清儒家思想的演變》等。至於一、二、三期漢宋學問題的發展演變經過，似都未得到應有的關心。有關漢宋學之比較研究的論文，有江藩《漢宋門戶異同》、劉師培《漢宋學術異同論》、張君勱《中國學術思想上漢宋兩派之長短得失》、陳安仁《漢代學術思想與宋代學術思想之比較》、張君勱《漢學宋學對於吾國文化史上之貢獻》等。此類論文著重在漢宋學治學方法之異同、傳承關係、雙方研究成績和對文化之貢獻等之論述，已使後人對漢宋學之內涵和貢獻，有更深一層的認識。

討論漢宋學發展史的論文，既僅著重在清乾、嘉至清末這一階段的發展，對宋人如何反漢學，元人如何傳承宋學，明人如何評論漢宋優劣，似皆未曾措意。筆者深覺，若不追溯清代以前漢宋學問題的演變，要了解此一問題之眞相，必不可得。故將數年來所蒐得之資料，加以排比論述，試作此文。全文分：㈠漢宋學問題溯源，㈡宋人的反漢學運動，㈢明代漢宋學問題的提出，㈣明代經學著述中的漢宋學問題，㈤結論等五節。這是對漢宋學問題追根溯源的嘗試性工作，資料的蒐集必有所不足，觀點或也有不正確的地方，祈海內外關心此一課題的學者專家賜予指正。

一、漢宋學問題溯源

漢宋學問題，導源於宋人對漢代學術的批評。要了解宋人何以批評漢學，就必須先分析漢學的基本性格和內在限制。

先秦典籍經秦始皇之焚書，和秦末的戰亂，殘缺已甚。漢初，由於「挾書律」給人的壓力，民間所藏的書，大多不敢獻出來。惠帝時，解除禁書令，各種典籍始慢慢出現。景帝子河間獻王鼓勵民間獻書，所得竟與朝廷相埒。然研習經書的學者仍舊不多。武帝時，設五經博士，經學始駸駸然盛。當時之博士弟子，能通一藝者，得補文學掌故缺，說經遂與利祿相結合。博士們爲鞏固一家的利益，「章句」之學也逐漸興起。這種解經方式，即是各經博士的家法。西漢末年以後，五經皆有章句，說「堯典」二字，至十餘萬言，說「曰若稽古」四字，三萬言，瑣屑已極。王莽、光武帝遂有減省五經章句之舉。以致博通之學者，如揚雄、桓譚、班固、王充等，皆羞學章句（註二）。東漢中葉以後，學者多通數經，注經傾向字句之訓詁，和名物制度之考訂，與前人左右采獲，曲爲飾說的章句之學已大相逕庭。這是兩漢四百餘年經學發展的大概情形。其中有數點值得注意：

1.他們爲恢復經書的本來面目，極力徵求經書的本子，可說來者不拒。因此，顧不得當中是否眞僞夾雜。

2.他們相信經書傳之於聖人，乃將各經的作者全歸之古聖人，如《易》之《十翼》爲孔子作；百篇《書序》作於孔子；《詩序》爲子夏作；《周禮》爲周公所定；《左傳》爲左丘明所作等皆是。且爲各經建立傳授源流表。

3.他們忙著把經書與現實政治、社會環境結合，以鞏固一己之利益，不惜牽引陰陽災異和圖讖之說，使經書蒙上了神秘的色彩。

4. 東漢中、晚期的經師，講求博通，忙於校訂字句，考證名物制度。當諸經注完成時，已垂垂老矣，故無暇顧及義理之闡發。

這些工作，由於牽扯甚廣，也分散了經師們的注意力，讓他們身心疲乏困頓已極，所以「皓首不能通一經」者所在皆是。他們不是把經書引向政治、社會的道路，就是鑽進考據訓詁的胡同裡，至於研究經書的眞正意義在那兒？是否傳承了聖人之道，皆缺乏反省的工夫。徐幹《中論．治學篇》說：

> 凡學者大義爲先，物名爲後，大義舉而物名從之。然鄙儒之博學也，務於物名，詳於器械，矜於訓詁，摘其章句，而不能統其大義之所極，以獲先王之心；此無異乎女史誦詩，內豎傳令也。故使學者勞思慮而不知道，費日月而無成功，故君子必擇師焉。（《漢魏叢書》，頁一二四九）

所謂「不能統其大義之所極」，是說漢代經師雖能通經書之「大義」，但對經書中所蘊含的最高理念，也就是聖人所標示的人生理想，卻未能深加體會，所以徐氏要說「學者勞思慮而不知道」。這就是漢代儒學的內在限制，也給宋儒留下攻擊的口實。

經學傳至唐初，有孔穎達和賈公彥的諸經《正義》。各書所持的理念是「疏不破注」，可見他們是承繼了漢人的治經精神。由於疏不破注的理念主導著，孔、賈等之書，對漢人治學的基本缺失，非但未加以反省匡正，反而曲加彌縫附會，使原本已極糾結的問題，更加不可疏理。至於漢人所忽略的「聖人之道」一大課題，孔氏等也輕易的放過。

自漢至唐，近千年的注疏傳統，既有相通的血脈，一旦現實環境改變，學者關心問題的焦點有所轉移，唐人之《正義》受到考驗時，漢人之注也無法倖免。唐中葉至宋初的學者已逐漸有與漢唐注疏立異的傾向，較值得注意的是：

1.王元感撰《尚書糾謬》、《春秋振滯》、《禮記繩愆》，皆與《正義》立異。

2.玄宗刊定《禮記月令》一卷，命李林甫、陳希烈、徐安貞等人注解，自第五易為第一，擅改舊本之次序。

3.代宗大歷年間，啖助、趙匡、陸淳治《春秋》；施士匄治《詩》；仲子陵、袁彝、韋彤、韋茝治《禮》；蔡廣成治《易》；強蒙治《論語》，皆以己意為說，不復守舊注。

4.宣宗大中年間，工部尚書陳商，立《春秋左傳》學議，以為孔子作《春秋》，褒貶善惡，類例分明，是法家者流。

5.孫復長於《春秋》，講說多異於先儒，而歐陽脩卻以為他不惑傳注，不為曲說以亂經，能得經之本義。

6.歐陽脩以為九經正義所載既博，所擇不精，多引讖緯之書，應加以刪削(註三)。

這些都是與前人立異的最佳例證。可見漢唐以來注疏傳統所建立的價值觀已逐漸崩潰。唐中葉以來的經師已開始懷疑注疏的可靠性，刪除注疏中不合理的成分，並改動經書的篇次，企圖建立一套新的價值觀。漢唐經師所建立的經學典範，其不足以約束當時學者，已暴露無遺。梁啓超的一段話，正好說明這一階段學術思想演變的軌跡。梁氏《儒家哲學》說：

> 漢人解經，注重訓詁名物；宋人解經，專講義理。這兩派截然不同。啖、趙等在中間，正好作一樞紐，一方面把從前那種沿襲的解經方法，推翻了去；一方面把後來那種獨斷的解經方法，開發出來。啖、趙等傳授上與宋人無大關係，但見解上很有關係，承先啓後，他們的功勞，亦自不可埋沒啊！（頁二二六）

梁氏的話，可說是深思有得之言。中唐以後，經學家的新見解，恰給宋中葉以後的學者莫大的啓示。學術界一場批判漢人的風暴也隨著展開。

二、宋人的反漢學運動

當中、晚唐經師開始突破漢唐注疏的舊典範時，同時的古文家韓愈作《原道》一篇，將孟子所建立的道統觀念再度的提倡起來。韓氏說：

> 斯吾所謂道也，非向所謂老與佛之道也。堯以是傳之舜，舜以是傳之禹，禹以是傳之湯，湯以是傳之文、武、周公；文、武、周公傳之孔子，孔子傳之孟軻。軻之死，不得其傳焉。荀與楊也，擇焉而不精，語焉而不詳。（《韓昌黎集》，卷一，《原道》）

這些話除了把孟子的道統觀念加以闡揚外，更重要的是，他以爲聖人之道在孟子死後，即不得其傳。即使孟子之後有荀子，但是「擇焉而不精，語焉而不詳」。這已完全否定漢人傳承聖人之道所應有的地位。前引徐幹的話，以為漢儒「不能統其大義之所極」，韓愈的觀點正與徐氏不謀而合。也就是漢人僅能傳經，不能傳聖人之道。既不能傳道，則不能算是道統中人，所以韓愈以為孟子死後聖人之道不得其傳。漢人傳經四百餘年的功勞也一筆勾消。韓愈的文章，自晚唐起即流傳甚廣，宋初又有石介、王禹偁、穆修、歐陽脩等人的尊韓運動（註四），至有「學者非韓不學」的現象。足見韓愈在宋初的影響力。程頤（伊川）的觀念受影響也是很必然的事。程氏所作的《明道先生墓表》說：

周公沒，聖人之道不行；孟軻死，聖人之學不傳。道不行，百世無善治；學不傳，千載無眞儒。無善治，士猶得以明夫善治之道，以淑諸人，以傳諸後；無眞儒，天下貿貿焉莫知所之！人欲肆而天理滅矣。先生生千四百年之後，得不傳之學於遺經，志將以斯道覺斯民。（《二程集・伊川文集》，卷一一，頁六四〇）

伊川的話，可說是韓愈《原道》的翻版。他以為漢唐之儒，雖努力注經、闡經，皆不能傳聖人之道，所以不能廁於道統之列。只有他的哥哥程顥（明道）才能傳承孟子的聖人之道。韓愈為傳承道統所播的種子，在程頤的手中正式成長茁壯。到朱熹時，這種道統觀已開花結果。朱子說：

及孟子沒而其傳泯焉，則其書雖存〔指《大學》一書〕，而知者鮮矣……於是河南程氏兩夫子出，而有以接乎孟氏之傳，實始尊信此篇而表章之。（《四書集注・大學章句序》）

這又把程頤加入傳道的行列中。且朱子又以為自己私淑程氏二夫子，儼然以道統之傳自居。此種論點在《中庸章句・序》中也反覆強調。非但如此，自韓愈至程頤，雖強調道統的傳承，然並未標示道統的最高理念如何，亦即並未領悟出堯、舜、禹、湯、文、武、周公、孔子、孟子之眞傳如何？至朱子始悟得聖人之眞傳，即《尚書・大禹謨》所說的「十六字心傳」（註五），朱子說：

蓋自上古聖神，繼天立極，而道統之傳有自來矣。其見於經，則「允執厥中」者，堯之所以授舜也。「人心惟危，道心惟微，惟精惟一，允執厥中」者，舜之所以授禹也。堯之一言，至矣盡矣，而舜復益之以三言者，則所以明夫堯之言，必如是而後可庶幾也（《四書集注・中庸章句序》）。

朱子以爲這十六字心傳是堯傳給舜，舜傳給禹，然後成湯、文、武、周公、孔子、顏子、曾子、子思、孟子，代代相傳。孟子沒，此聖人之道乃不傳。至程氏二夫子始加以發揚光大，而朱子又承其傳。有此一「十六字心傳」來表示宋儒傳經的中心理念，其解經不論能否與這理想相契，都可扛著這招牌作口號，《宋史》的《道學傳》就明白的說：「凡《詩》、《書》、《六藝》之文，與夫孔、孟之遺言，顚錯於秦火，支離於漢儒，幽沈于魏、晉、六朝者，至是皆煥然而大明，秩然而各得其所。」（卷四二七，頁一二七〇九）傳承聖人之道的大責重任，似乎全由道學家挑了起來。

宋儒既以道統爲口號，把漢儒從道統的傳承中一筆勾消，漢人之學受到鄙視也是必然的事。王應麟《困學紀聞》說：

自漢儒至於慶曆間，談經者守訓故而不鑿，《七經小傳》出，而稍尚新奇矣。至《三經義》行，視漢儒之學若土梗。（《翁注困學紀聞》，卷八，《經說》，頁五一二）

所謂《三經義》，是指王安石和其子王雱所撰的《周官》、《尚書》、《毛詩》三書之《新義》。所謂「新」，是相對於漢、唐注疏的「舊」來說的。當時學者所以趨新義，視漢儒之學若土梗，多少是受道統觀念的影響。陸游也說：

> 唐及國初，學者不敢議孔安國、鄭康成，況聖人乎！自慶曆後，諸儒發明經旨，非前人所及，然排《繫辭》，毀《周禮》，疑《孟子》，譏《書》之《胤征》、《顧命》，黜《詩》之《序》，不難於議經，況傳注乎！（同上）

陸氏謂慶曆以後諸儒發揮經旨爲前儒所不及，是對諸儒闡述諸經之功的肯定。排《繫辭》，是指歐陽脩；毀《周禮》，是指歐陽脩、蘇軾、蘇轍；疑《孟子》，是指李覯、司馬光；譏《書》，是指蘇軾；黜《詩序》，是指晁說之。（註六）這些學者，皆以爲這些經書或經說有漢人之言，非出於聖人之手。可見，凡被認爲非聖門之作者，皆有受排擊、非毀、譏刺的危險。司馬光對當時的學術風氣也有批評，他說：

> 新進後生，未知臧否，口傳耳剽，翕然成風，至有讀《易》未識卦文，已謂《十翼》非孔子之言；讀《禮》未知篇數，已謂《周官》爲戰國之書；讀《詩》未盡《周南》、《召南》，已謂《毛》、《鄭》爲章句之學；讀《春秋》未知十二公，已謂《三傳》可束之高閣。循守注疏者，謂之腐儒，穿鑿臆說者，謂之精義。（《司馬文正公傳家集》，卷四二，《論風俗劄子》）

這正透露在反漢學風氣下，當時年輕人的一種偏頗心態。鄭樵的話：「秦人焚書而書存，諸儒窮經而經絕。」（《通志》，卷七一，《校讎略》）「諸儒」，即指漢儒。這已完全否定漢人傳經的地位。宋儒的心態至此已表露無遺。

宋儒既極力反對、批駁漢儒，對他們研究經學的成果，也作全面性的懷疑。此種懷疑，大致可分爲三類：

1. 懷疑先儒所公認的經書的作者。
2. 懷疑經義的不合理。
3. 懷疑經文的脫簡、錯簡、訛字等（註七）。

這三類的懷疑是互相影響的，有時因經義的不合理，而懷疑到經書的作者，或懷疑經文有脫簡、錯簡、訛字；有時更因經書的作者有問題而斷定經義的乖謬。可見宋人懷疑的，是漢人所傳之經，和漢人的經說，也就是要徹底否定漢儒傳經的貢獻，而將傳承聖人之道視爲己任，以凸顯他們在儒學傳承中的超高地位。茲將宋人對漢儒的批評，舉例說明如左：

㈠**《周易》**：唐以前，如司馬遷、班固、王充、陸德明、孔穎達等，皆以《十翼》爲孔子所作。宋儒之歐陽脩懷疑《繫辭》、《文言》和《說卦》以下各篇，都不是孔子所作。趙汝談的《南塘易說》，更進一步，認爲《十翼》全非孔子之作。

㈡**《尚書》**：唐以前，司馬遷、班固、鄭玄、馬融、王肅、陸德明、孔穎達等，皆以爲百篇《書序》爲孔子所作。朱子則以爲《序》頗不合理，爲孔子以後人僞作。且宋人以爲《尚書》古本篇第，當依時代先後編次，今本有不然者，實非孔子之舊。另有疑其錯簡的，王柏說：「所疑者，非疑先王之經也，疑伏生口傳之經也。」（《書疑．自序》）可見王柏之疑經乃是針對漢儒而發。

㈢《**詩經**》：鄭玄、王肅等，大抵以《詩序》爲子夏所作，亦即孔門眞傳。宋人則一反漢人之說，歐陽脩以爲非子夏所作；蘇轍以爲後《序》乃毛公之學而衛宏所集錄；朱子則以爲出於東漢人之手。此外，又以爲孔子刪《詩》必去其淫篇，今《三百篇》中既有淫詩，則必爲漢人所增入。王柏乃將《詩經》中之所謂淫詩刪去三十一篇。至於《召南．行露》首章、《小雅．小弁》「無逝我梁」以下四句，也認爲是漢儒竄入（《詩疑》，卷一，頁一）。金履祥、車若水也以爲《詩經》有漢儒僞篡之篇章。至於《詩》中之錯簡，也全歸咎於漢儒。

㈣《**三禮**》：馬融、鄭玄以爲《周禮》乃周公所作，宋儒則以爲戰國之書，甚至劉歆僞作。《儀禮》一書，孔穎達以爲周公所作；宋儒徐積、鄭樵則以爲漢儒僞作。《禮記．中庸》一篇，司馬遷、鄭玄以爲子思所作；宋人歐陽脩以爲可疑，陳善以爲有漢儒附益，林光朝以爲董仲舒所作。《儒行》一篇，鄭玄以爲孔子自衛初反魯時所作，宋人李覯以爲戰國時之作品，高閌以爲漢儒雜記，朱子則以爲戰國人之作品。至於《中庸》、《大學》，宋人以爲漢人傳本有不盡合理者，所以紛紛加以改訂。

㈤《**左傳**》：漢人司馬遷、劉向、劉歆、班固、許愼等，皆以爲左丘明所作。宋儒程頤以爲非左丘明之作，葉夢得以爲周秦間人作，鄭樵以爲六國時楚人所作，羅璧則以爲《春秋》和《左傳》原各自爲書，劉歆時始以《左傳》解《春秋經》，林黃中則以爲《左傳》中之「君子曰」，是劉歆之言。

此外，如《論語》一書，宋人以爲有僞文，更有錯簡。《孝經》一書，以爲非孔子所作，且有後人附益之文。《爾雅》一書並非聖賢所傳，乃秦、漢以來學者所作。至於經義的詮釋方面，他們強調簡潔明暢，且喜歡發議論，皆與漢唐的注疏傳統大不相同。

可見宋人已完全否定漢儒傳經的地位。近千年來的注疏傳統，經宋人的全力猛攻，幾乎全部崩潰。宋人在漢儒無法反擊的情況下打倒了漢儒，登上傳承道統的寶座。他們對漢儒的批評是否合理、公允？新認定的經書作者、新考訂的篇章順序，甚至新闡釋的經義，是否經得起考驗？宋儒是很少加以反省的。如果時過境遷，新時代的學者是否又師法宋人批駁漢儒的伎倆，來批判宋儒？

三、明代漢宋學問題的提出

宋人除刻意批評漢儒外，他們也爲每一部經書重新注解。這些注解到了宋末，逐漸官學化。如宋理宗寶慶三年（一二二七），將朱子的《四書集注》列爲官學；元代時，《四書》仍用朱子《集注》；《易》則以程頤《易傳》、朱子《周易本義》爲主；《尚書》以蔡沈《書集傳》爲主；《詩經》以朱子《詩集傳》爲主；《春秋》則兼用《三傳》和胡安國《春秋傳》。明代初年，一仍其舊。因此，誦讀宋人經說者日多。閱讀的人一多，經說中的缺點也逐漸暴露出來。專門補闕匡正宋人經書的著作也隨著出現，以《尚書》一書爲例，自宋末至明初，即有張葆舒的《書蔡傳訂誤》，黃景昌的《尚書蔡氏傳正誤》、程直方《蔡傳辨疑》、余芑舒《讀蔡傳疑》、劉三吾《書傳會選》等五家之多。糾胡安國

《春秋傳》的也有程端學的《春秋本義》、李廉《春秋諸傳會通》、張以甯《春秋胡傳辨疑》等三家。最值得注意的是《書傳會選》。明太祖與群臣論天和日月五星之行時，因感於蔡《傳》之謬誤，詔群臣共定，由劉三吾編纂而成。計改定蔡《傳》六十六條之多，足見宋人經說也有不少疏漏。由朝廷敕撰的書來匡正宋人經說的錯誤，對宋學之權威，必是莫大的打擊。這種作法，當然有助於學者重新評估漢宋學的優劣。這也是明人以第三者的身份來評判漢宋學得失的時候。

自明中葉起，評估漢宋人得失的言論也與日俱增。王鏊（一四五〇—一五二四）說：

> 漢初六經，皆出秦火煨燼之末，孔壁剝蝕之餘，然去古未遠，尚遺孔門之舊，……諸儒掇拾補葺，專門名家，各守其師之說。其後，鄭玄之徒箋注訓釋，不遺餘力，雖未盡得聖經微旨，而其功不可誣也。宋儒性理之學行，漢儒之說盡廢，然其間有不可得而廢者，今猶見於《十三經注疏》，幸閩中尚有其板。使閩板或亡，則漢儒之學幾乎熄矣。（《震澤長語》，卷上，頁一）

王鏊是明人中較早提出漢、宋學問題的學者。他的話可析爲數個要點：

1. 漢人傳經「去古未遠，尚遺孔門之舊」，且專門名家，各守師說。也就是說，漢人經說乃承孔門之舊而來，可信度甚高。
2. 肯定漢末鄭玄傳經的功勞，以爲鄭氏爲群經箋注訓釋，雖未盡得聖經微旨，但其功不可沒。漢人之學流傳最廣的是鄭注，表彰鄭玄，無異是肯定漢學。
3. 宋人因性理之學盡廢漢儒之說，其實漢人之學有不可盡廢者，這可由當時流傳的《十三經注疏》中窺知。

王鏊把被宋人懷疑、摒棄的漢學重新加以反省、肯定，這是明中葉時漢學逐漸復興的鐵證。雖然，王鏊祇強調漢學不可廢，但本爲宋學籠罩的學術界，將逐漸變爲漢宋兼採，宋學的影響力也漸次縮小。

祝允明（一四六〇——一五二六）也說：

> 經業自漢儒訖於唐，或師弟子傳授，或朋友講習，或閉戶窮討，敷布演繹，難疑訂譌，益久益著，宋人都掩廢之。或用爲己說，或稍援它人，必當時黨類，吾不知果無先人一義一理乎？亦可謂厚誣之甚矣。其謀深而力悍，能令學者盡棄祖宗，隨其步趨，迄數百年不寤不疑而愈固。我太祖皇帝洞燭千古，令學者治經用古注疏，參以後說，而士不從也。嗚呼！試一閱兩漢、魏、晉、六代、隋、唐尊聖之學，其義指理致，度數章程，爲何等精密弘博，宋人之勞，不見何處及之，況並之，又況以爲過之乎？此非空言可強辨解也。（《懷星堂集》，卷一〇，頁一七，《學壞於宋論》）

祝氏的話大意有四：其一，他以爲自漢儒迄於唐，學者對經書「敷布演繹，難疑訂譌」，成績斐然，宋人卻「都掩廢之」。如有所引用，也不用漢人之說，而引用當時黨類之言。漢儒是否無一義一理可遵循？其二，宋人之學影響力特大，能令學者盡棄其學，隨其步趨，歷數百年而不悟不疑。即明太祖明令學者用古注疏，並參用宋人之說，但是效果並不彰。其三，他以爲漢唐之學，「義指理致，度數章程」，精密弘博，宋人之學實無法企及，更何況要比肩，或凌駕之？其四，他認爲漢儒之優劣，徒以「空言強辨」，並不能解決問題。此一如王鏊所說，要分辨漢、宋學之高低，祇有從閱讀漢、宋人的經注下手。不但明示學者躬行實踐之重要，且強調空口說白話完全無法解決問題。明中葉以後，重視漢唐注疏的學者日日增多，於此已見端倪。

當時著名的學者楊愼（一四八八—一五五九），更是提倡漢學的急先鋒。他有關提倡漢學，重視漢唐古注疏的話，都在《升菴經說》中。且注經援用賈逵、鄭衆、馬融、服虔、鄭玄之說者，隨處有之。在在說明楊氏對古注疏的重視。《升菴經說》中比較漢、宋學的話也不少，如：

> 宋學之失在廢漢儒而自用己見耳。……六經作于孔門，漢世去孔子未遠，傳之人雖劣，其說宜得其眞。宋儒去孔子千五百年矣，雖其聰穎過人，安能一旦盡棄其舊而獨悟於心邪？（《升庵外集》，卷二六，頁三—五，《日中星鳥》條）

又說：

> 六經自火於秦，傳注於漢，疏釋於唐，議論於宋，日起而日變，學者亦當知其先後。近世學者往往舍傳注疏釋，便讀宋儒之議論，蓋不知議論之學自傳注疏釋出，特更作正大高明之論爾。傳注疏釋於經得其六七，宋儒用力之勤，剗僞以眞，補其三四而備之也。（同上，卷六〇，頁一，《劉靜修論學》條）

楊氏已坦白的指出，宋儒之失乃因其廢漢儒而自用己見。且一如王鏊，以爲漢世去孔子未遠，漢人的經說應得其本眞。而宋儒因去孔子千五百年，所以必須以漢人爲憑藉，始能有得。此外，他更強調漢儒和宋儒在經典闡釋的傳承關係，宋人是無法憑空造議論的。所以，他以爲宋人解經重議論，議論則出於漢唐的傳注疏釋。漢唐的傳注疏釋傳經學十之六七，宋人之議論補其三四，恰好得經學之全。這看似漢、宋儒並重，實已置漢儒於宋儒之上。時代略後於楊愼的鄭曉（一四九九—一五六六）也說：

> 宋儒有功於吾道甚多，但開口便說漢儒駁雜，又譏訕訓詁，恐未足以服漢儒之心。宋儒所資於漢儒者十七八，宋諸經傳注，儘有不及漢儒者。宋儒譏漢儒太過。近世又信宋儒太過。要之，古注疏終不可廢也。（《經義考》，卷二九七，頁一〇引）

鄭曉也強調漢宋學問的傳承關係，以爲「宋儒所資於漢儒者十七八」。且暗示宋儒的經傳注，有不及漢儒的地方。黃洪憲（一五四一—一六〇〇）也說：

> 經藝奧微，漢儒精通其旨。使非注疏先行於世，則扃鐍未啓，宋儒之學未必能窺其堂奧。即使宋儒生經殘籍滅之後，其所窺識，未必能過古注疏也。矧漢去古未遠，表章之後，遺書肆出，諸儒校讎，未必無據，焉可盡訾哉！（費密撰：《弘道書》，卷上，頁二一引）

黃氏不但強調漢、宋學的傳承關係，且以爲宋儒不及漢儒，所以說：「即使宋儒生經殘籍滅之後，其所窺識，未必能過古注疏也。」要讓宋儒生於經殘籍滅的漢代，根本不可能，因此宋儒能否超過古注疏，也是無法判定的事。重要的是，從黃氏的話已可窺知宋儒已逐漸失勢。了解這種趨勢，則清初學者之推崇漢學，也是很必然的事。錢謙益（一五八二—一六六四）也說：

> 六經之學，淵源於兩漢，大備於唐、宋之初。其固而失通，繁而寡要，誠亦有之，然其訓故皆原本先民，而微言大義去聖賢之門猶未遠也。學者之治經也，必以漢人爲宗主，……漢不足，

求之於唐，唐不足，求之於宋，唐、宋皆不足，然後求之近代，庶幾聖賢之門仞可窺，儒先之鈐鍵可得也（《初學集》，卷七九，頁八四六，《與卓去病論經學書》）。

錢氏除強調漢人去聖門未遠外，更認為治經必以漢人為宗主，有不足再求之唐、宋、近代。這已正式確立漢人傳經的地位。亦即要通經學非憑著漢人之學是行不通的。

綜合上引諸文，吾人可知，自明中葉至清初，學者已有一共同的信念，以為漢儒去古未遠，所傳之經必有宋儒所不及者。且漢儒也是道統中人，宋人實不應將其傳經的功勞加以抹殺。但是，當時宋儒所喊的口號是聖人之道至孟子沒而不得其傳，亦即「十六字心傳」不得其傳。至二程兄弟和朱子始續不傳之道統。漢儒根本不在道統的統系中。如何戳破宋儒不實的口號，為漢儒討回公道？首先是將孔子以來傳經的統系加以釐清，以見漢人直承先秦孔門之學。當時，這一類的書甚多，如張朝瑞的《孔門傳道錄》，專門記載孔門七十弟子，目的即在追尋經學的源頭。源頭一明，支脈也就井然有秩。朱睦㮮的《授經圖》，更是表彰漢學，明經學授受源流的重要著作。全書二十卷，《易》、《書》、《詩》、《春秋》、《禮》，每經各四卷。各經皆分《義例》、《圖表》、《諸儒傳略》、《著述》四項討論。《圖》表部分，為各經傳授源流，只錄漢人；諸儒傳略也只錄漢代經師。其表彰漢學之心意已甚為明顯。鄧元錫作《學校志》，從七十子述及近代，亦有闡明經學傳授統系的作用。王圻作《道統考》，取儒林世系，收秦、漢、魏、晉、南北朝、隋、唐諸儒於宋儒之前，以為宋以前諸儒不可廢。明末清初的費密，更著《弘道書》。其中之《道脈譜》，敘述七十子之後經學傳授的統系。以見儒學的傳授並不曾中斷，足證宋儒以二程、朱子承孟子之傳的說法並不可信。其次，宋儒所標榜的「十六字心傳」，出現於晉人梅鷟所獻《古文尚書》五十八篇的《大禹謨》一篇中，是晉人從《荀子·解蔽》摘出「人心之危，道心之微」二句，從《論語·堯曰》摘出「允執厥中」一句，然後僞造「惟精惟一」一句，雜湊而成。唐、宋以來之學者，皆以爲堯、舜眞傳。宋人既以這「十六字心傳」爲攻擊漢儒之口實，今明人既要漢儒討回公道，祇要揭穿「十六字心傳」之僞，宋人之口號即失其所依。明嘉靖年間，梅鷟著《尚書考異》辨《古文尚書》之僞，曾辨明「十六字心傳」之來源（《尚書考異》，卷二，頁一三）。然梅書流傳不廣，明人論辨漢宋學者，遂未及引用這把利器，以戳破宋學之防線。

四、明代經學著述中的漢宋學問題

明代學者對漢學的揄揚，並非僅僅上節所引的一些議論而已。他們的經學著作中也表現了相當程度的漢學傾向。如果將這些著作加以分析，約有下列數點值得注意：其一，逐漸揚棄宋人空發議論的解經方式，不然就是漢宋人的經說兼採；其二，斥責前人疑經改經之非，以重振經書的地位。其三，注意文字、聲韻的研究，以作爲讀通經書的基礎。其四，注意名物制度的考訂，以輔佐通經。其五，注意經書的輯佚工作，期恢復經學的原貌。（註八）。這幾種現象，並非每一種漢學派的經學著述皆有之，但是，吾人可以從他們的著述中測知漢學日漸興起的脈動。爲證明他們的反宋學傾向，茲就《易經》、《詩經》、《左傳》、《論語》等經的著述，舉例加以說明。

明代學者研究《周易》，有兩點値得注意，一是辨訂宋代出現之《易圖》的眞僞；二是開始研究漢《易》。這兩點都具有相當程度的反宋學意識。首先談《易圖》的辨證，朱子《周易本義》前列有九個圖，即：①《河圖圖》、②《洛書圖》、③《伏羲八卦次序圖》、④《伏羲八卦方位圖》、⑤《伏羲六十四卦次序圖》、⑥伏羲六十四卦方位圖、⑦《文王八卦次序圖》、⑧《文王八卦方位圖》、⑨《卦變圖》等。朱子的圖說云：「《古伏羲四圖》，其說皆出於邵氏，蓋邵氏得之李之才挺之，挺之得之穆修伯長，伯長得之華山希夷先生陳摶圖南者，所謂先天之學也。」（《周易本義．易圖》，頁一〇）他只說《易圖》得之於陳摶，並未說出作者。《文王二圖》，朱子《圖說》云：「邵子曰：此文王八卦，乃入用之位，後天之學也。」（同上，頁一二）也沒有說出作者是誰。由於朱學的影響力甚大，後人皆以爲這八個圖是伏羲、文王所傳。

但是，在明代反宋學的氣氛中，這些圖的來源也被提出討論。楊愼《升菴外集》有《希夷易圖》和《易圖考證》兩條詳加辨證。楊氏以爲《先天圖》作於陳摶，《後天圖》作於邵雍。邵雍所以作圖，乃因孔子《易》學難明，作圖闡發之。朱子所以不明言作者，是因爲那些圖源於道士陳摶，不敢直接說出來（《升菴外集》，卷二四，頁七—九）。季本有《易學四同》八卷，《別錄》四卷。別錄中有《圖文餘辨》二卷，分《內》《外》二篇。《內篇》辨朱子《周易本義》所附九圖之誤，以爲《先天圖》頗爲可疑；《後天圖》則明指爲非文王所作（《四庫全書總目》，卷七，易類存目一，頁二二）。歸有光則有《易圖論上》、《易圖論下》、《易圖論後》三篇，以辨《易圖》之非。他以爲伏羲所作者僅八卦，再重之為六十四卦而已，並未作《先天圖》。伏羲是聖人，行無言之教，必不作那種繁複的《易圖》。且就《易》學的傳授來說，宋以前皆不云有《易圖》；即使有，也不應落入方士家之手。以圖說《易》，實始於邵雍（《歸震川全集》，卷一，頁一—四）。明末陳元齡的《思問初編》有《圖書》、《後天》兩條，明言邵雍牽合道家之說以為圖，並斥朱子不信文王、孔子，而信邵子，實不可思議。可見朱子因《易圖》已成為衆矢之的。朱子是宋學的精神象徵，朱子受到批評，宋學的尊嚴當然要受打擊。

這時，漢人《易》學也漸受重視。熊過是嘉靖時人，初讀宋《易》，深覺不合，所以改而研究漢《易》，著成《周易象旨決錄》一書。其書以恢復漢學為職志，據舊說以證今人之誤的，有證字一〇一、證音三十八、證句二十六、證脫字七十九、證衍文三十、證當移植者三十二、證舊以不誤為誤的有三（《四庫全書總目》卷五，易類五，頁八）。足見其用心之勤。陳士元有《易象鉤解》四卷、《易象彙解》二卷，皆在提倡漢《易》。《易象鉤解》專門闡釋經文取象之義，其《自序》以為「朱晦菴、張南軒，善談《易》者，皆謂互體、五行、納甲、飛伏之類俱不可廢。」所謂互體、五行、納甲、飛伏等，都是漢人說《易》的方法。至於《履卦注》以為京氏《易》為太卜所藏（《易象鉤解》，卷一，頁二〇），其說並無根據，但要在表彰京氏之學，則為不爭之事實。魏濬的《易義古象通》，書前有《明象總論》八篇，即《原古象》、《理傳象》、《八卦正象》、《六爻位》、《卦爻畫》、《卦變》、《互體》、《反對動爻》等。皆在申明漢人以象治《易》的大旨。書中於漢、魏、晉、唐諸儒所論象義，取其近正者，所以名為《古象通》（《四庫全書總目》，卷五，易類五，頁一七）。則魏氏表彰漢學的意思已甚為明顯。朱謀㙔的《周易象通》，雖有改經之弊，然著書之意也在表彰漢學。可見從明中葉起，漢《易》已逐漸復甦，《易》學家絀宋學的日多。

如就《詩經》來說，大多不滿朱子廢《詩序》，主張以《詩序》首句為主，然後兼採漢、宋人之長。如李先芳的《讀詩私記》，大多採用毛、鄭之言，毛、鄭不足採用的，就參考呂祖謙的《呂氏家塾讀詩記》、嚴粲《詩緝》。足見其漢、宋兼採，折衷調停之意。張廷臣的《張氏說詩》，以為「《詩序》有所傳授，不應盡廢。」（《四庫全書總目》卷一七，詩類存目，頁一二）郝敬的《毛詩原解》，全在駁朱子《詩集傳》廢《序》之非，於《小序》則主張以首句為主（同上，頁一五）。朱謀㙔的《詩故》，從書名就可知其推崇漢學之意。他主張以《小序》首句為主，立說大多和朱子有所異同。章調鼎的《詩經備考》，則攻擊朱子不遺餘力。可見朱子之權威已逐漸降落。由人人推尊的宗主，變為人人攻擊的對象。其間的消長關係，此處看得最清楚。

在《詩經》音讀方面，宋人倡行叶韻說，如《召南．行露》第二章：「誰謂雀無角，何以穿吾屋？誰謂女無家，何以速我獄？雖速我獄，室家不足。」朱子《詩集傳》以「家」音「谷」，以便與「角」、「屋」、「獄」、「足」叶韻。但是，同篇第三章：「誰謂鼠無牙，何以穿我墉？誰謂女無家，何以速我訟？雖速我訟，亦不女從。」同是「家」字，朱子則音「各空反」，使與「墉」、「訟」、「從」叶韻。一「家」字，既可音「谷」，也可音「各空反」。這種叶韻說，在明中葉前，卻無人以為不妥。焦竑研究《詩經》的讀音時，始發現古來所通行的叶音說，實不可信。他爲陳第《毛詩古音考》作《序》時，已透露其不滿之意。他說：

> 詩必有韻，夫人而知之，乃以今韻讀古詩，有不合，則歸之於叶，習而不察，所從來久矣。（《毛詩古音考》，卷首，頁三）

他的《筆乘》更有《古詩無叶音》條，申論叶音說之不合理，曾舉例云：

1. 騶虞，一虞也，既音牙，而叶「葭」與「豝」；又音五紅反，而叶「蓬」與「豵」。
2. 好仇，一仇也，既音求，而叶「鳩」與「洲」；又音渠之反，而叶「逵」。（卷三，頁六三）

遂大加批評說：「如此東亦可音西，南亦可音北，上亦可音下，前亦可音後。凡字皆無正呼，凡詩皆無正字矣，豈理也哉！」（卷三，頁六三）言辭頗爲激烈。他爲了證明古音和今音不同，舉證頗多。這種研究法由與他同時的陳第加以發揚光大。陳氏首先提出「時有古今，地有南北，字有更革，音有轉移。」（《毛詩古音考》，卷首，頁五）的觀念。他爲了證明「古今音不同」，曾將《詩經》的押韻詳加歸納，證明《詩經》所押的韻是古音。《詩經》之音既是古音，宋人以叶音的方法來讀《詩經》，必與古人不合。陳氏的《毛詩古音考》四卷、《讀詩拙言》一卷、《屈宋古音義》二卷，即是這種研究方法的體現。後來，顧炎武的《音學五書》，即受焦竑、陳第之影響而作。從此，《詩經》的音讀拋卻宋人叶韻說的羈絆，古音學之研究也邁入新的領域。

有關《詩經》名物的考證，也是漢學復興過程中值得注意的現象。吾人知道，宋人講經多發議論，名物制度的探討並非重點所在。明中葉以後，學者已逐漸了解名物制度的考究，是通經的必要條件之一。考究《詩經》名物之著述也日漸增多。馮復京有《六家詩名物疏》五十四卷，全書依《詩經》三百五篇之順序，將各篇中的名物詳加辨證。各條大抵先引前人之說，然後加按語。全書所引前人著作有五百八十一部，足見馮氏之博洽。何楷的《詩經世本古義》二十八卷，於各種名物皆詳引前人之言，並加以辨證，《四庫全書總目》說：「楷學問博通，引援賅洽，凡名物訓詁，一一考證詳明，典據精核，實非宋以來諸儒所及。」（卷一六，詩類二，頁一五）可見何楷的研究方法已非宋儒所能企及，他已爲《詩經》的研究另闢一蹊徑。沈萬鈳的《詩經類考》三十卷，其中如《天文》、《時令》、《地理》、《列國》、《人物》、《宗族》、《官制》、《飲食》、《服飾》、《宮室》、《器具》、《珍寶》、《禮》、《樂》、《井田》、《封建》、《賦役》、《刑獄》、《兵制》、《四夷》、《禽蟲》、《草木》等卷，引據雖稍嫌駁雜，但也可見他爲建立新研究方法的苦心。毛晉的《毛詩草木鳥獸蟲魚疏廣要》二卷，是增廣陸璣《毛詩草木鳥獸蟲魚疏》而作。全書分《釋草》、《釋木》、《釋鳥》、《釋獸》、《釋魚》、《釋蟲》等部，引證也很淹博。其他，如林兆珂的《毛詩多識篇》七卷、黃文煥的《詩經考》十卷、鍾惺的《詩經圖史合考》二十卷、吳雨的《毛詩鳥獸草木考》二十卷等，性質也都和前述諸書相近。足見明代的經師已擺脫宋人偏重議論的解經方式，爲建立一新的治經典範而戮力。

此外，在《左傳》方面，糾正《胡安國春秋傳》的也不少。陸粲的《春秋胡傳辨疑》二卷，乃糾《胡傳》之誤而作，陸氏《自序》云：「昔仲尼作《春秋》，旨微而顯至，胡氏說經庶幾得之。惜其或失於過求，辭不厭繁委，而聖人之意愈晦矣。」（《春秋胡傳辨疑》，卷首）可見其對胡氏之不滿。全書糾正胡氏之誤者凡六十餘條，《四庫全書總目》譽其「明白正大，足以破繁文曲說之弊。」（卷二八，春秋類三，頁二六）袁仁《春秋胡傳考誤》一卷，《自序》云：「近世業《春秋》者，所尊惟胡，余懼其沿派而失源也。作《春秋胡傳考誤》。」（《春秋胡傳考誤》，卷首）可見也是匡正《胡傳》之作。王介之《春秋四傳質》二卷，取《春秋三傳》和《胡安國傳》，比較異同，而斷以己意。其中頗有糾正《胡傳》之失者。足見當時有股匡胡之風瀰漫著。在《四書》方面，研究書中的名物，也蔚爲風氣。陳士元的《論語類考》二十卷，將《論語》二十篇中的名物，分《天象》、《封國》、《地域》、《田制》、《官職》、《人物》、《禮儀》、《樂制》、《兵法》、《宮室》、《飲食》、《車乘》、《冠服》、《器具》、《鳥獸》、《草木》等部，每部先列舊說，然後加注按語。所引前賢之言，漢、宋、元儒皆有，可見陳氏漢宋調和，或漢宋兼採的爲學態度。蔡清的《四書圖史合考》，依《四書》篇章順序，將應考的名物標出，各條引證頗爲詳博。其他《四書》考之類的書甚多，如陳仁錫的《四書備考》、薛應旂的《四書人物考》、薛寀和朱焯的《注解四書人物考》等都是。這些書大多供作時文者獺祭之用。但其書必稱「考」，也可見當時漢書復興的風氣。

從上引的各種經學著述中，吾人可窺知，明人揚漢抑宋的努力，已由涓滴匯爲細流。至清乾、嘉時，遂爲巨川大海，成就前所未有的漢學時代。

五、結　論

前文從漢宋學問題正式成立前的漢唐時代開始論述，進而將宋至明末三個階段中漢宋問題的演變略加疏釋。在論述、疏釋的過程中，可得下列結論：

漢宋學問題是宋人一出現即逐漸發生的，前人以爲漢宋之爭起於清初，根本非深思熟慮之言。漢人生於經籍文獻殘脫的時代，亟亟想恢復經書原貌，難免照顧不周。且研經又受利祿影響，牽附災異、圖讖，走入歧途。詮釋工作又流於飣餖、細瑣。以致經書中蘊含的聖人之道，已爲經師們所忽略。這是漢學的內在限制，也是致命傷。宋人抓住這把柄，以爲自堯、舜、禹、湯、文、武、周公、孔子以來代代相傳的聖人之道，至孟子而絕。千餘年後，二程、朱子始將已斷絕的道統承續下來。宋人既以漢人爲「傳經不傳道」，不得預於道統之列，所傳之經也不可靠，漢唐學者所建立的經學典範也遭到無情的批判。在一片疑經、改經的聲浪中，「漢人傳經而經絕」的話也隨著出現。宋人遂以「爲往聖繼絕學」的姿態自居。然宋人對於經學上諸多待決的問題，並未徹底的解決；好以議論解經，也時有牽強附會之譏。

明中葉以後，學者有感於宋人之言的不合理，和經注的種種闕失，提倡漢學的學者也日漸增多。他們不但重新肯定漢人傳經的功勞，且以爲宋人之學實來自漢人。實已置宋人於漢人之下。且更著授經圖之類的書，以見漢人之經學承自先秦，道統並未因漢人而絕。更於《周易》著述中抨擊《易圖》，《

書經》著述中批評蔡沈《書集傳》之誤；《詩經》著述中批評朱子廢《詩序》之失；《春秋左傳》著述中糾補胡安國《春秋傳》之闕誤。可見皆具有反宋學之傾向。他們雖未能摧破宋學，但已爲清乾、嘉時代漢學的復興開拓坦途。

清乾、嘉學者自以爲承繼漢人治學精神，揄揚漢學過甚，致有章學誠、方東樹之反動，漢宋之爭始再現另一高潮。此後學者又都主漢宋調和，以迄於清末。民國以來，當代新儒家人物，如熊十力、唐君毅、徐復觀又譏詆清代漢學不遺餘力（註九）。未來的漢宋學問題又將如何發展？

自宋至今，近千年來的漢宋學問題，就在一正一反，一來一往的辯證過程中發展著。不論批漢或攻宋，偏見和情緒皆影響正確的認知。今人僅討論清代漢學已不足以了解漢宋問題的癥結，再無正確之認知態度，漢宋問題將永無寧日。

【附註】

註　一　此類論文，筆者所知者有：

①管世銘：《漢學說》，見管著《韞山堂文集》（臺北：石門圖書公司，一九七六年，影印本），卷二，頁八。

②江藩：《漢宋門戶異同》，見江著《經解入門》（臺北：廣文書局，一九七七年，影印本），卷三，頁五。

③劉師培（光漢）：《漢宋學術異同論》，《國粹學報》一卷六—八期（清光緒三十一年）。收入《劉申叔先生遺書》（臺北：京華書局，一九七〇年，影印本），第一冊，頁六四五—六五三。

④柳詒徵：《漢學與宋學》，見南高師範國學研究會編，《國學研究會演講錄》，第一集（上海：商務印書館，一九二七年），頁八四—九〇。

⑤周予同：《漢學與宋學》，《中學生》三十五期（一九三三年五月）。

⑥錢穆講，劉大洲記：《漢學與宋學》，《磐石雜誌》二卷七期（一九三四年七月）。

⑦梁啓勳：《漢學宋學不宜偏廢說》，《教育月刊》（廣州）四卷一期（一九三五年一月），頁九八。

⑧章炳麟：《漢學論》，《文藝叢刊》二卷一期（一九三五年九月）》；又見《制言》一期（一九三五年九月）。

⑨張君勱：《中國學術思想史上漢宋兩派之長短得失》，見《張菊生先生七十生日紀念論文集》（上海：商務印書館，一九三七年），頁一—二四；收入宋史研究會編，《宋史研究集》第三輯（臺北：中華叢書編委會，一九六二年）；又收入張氏著：《中西印哲學論文集》（臺北：臺灣學生書局，一九八〇年），頁四一九—四四〇。

⑩賀嶽僧：《清代漢宋學之爭》，《時代精神》八卷三期（一九四三年六月）。

⑪葉夢雨：《清儒漢宋之爭瞽議》，《眞知學報》三卷三、四期（一九四四年一月），頁九八—一〇四。

⑫陳安仁：《漢代學術思想與宋代學術思想之比較》，本文爲陳氏於一九四四年四月二十三日在國立中

央大學史學系的演講稿，收入陳氏著《歷史專題研究論叢》（香港：廣智書局，一九六〇年），頁二六六—二七八。

⑬熊十力：《論漢學》，《中國文化》一期（一九四五年九月），頁三—四。

⑭張君勱，《漢學宋學對於吾國文化史上之貢獻》，《宇宙》五卷三期（一九四七年六月），頁二—六。

⑮徐復觀：《清代漢學衡論》，《大陸雜誌》五十四卷四期（一九七七年四月十五日），頁一—二一。

⑯胡秋原，《覆徐復觀先生論漢學、宋學及中國學術路向書》，《中華雜誌》十五卷六期（總一六七期）（一九七七年六月），頁二九—四二。

⑰徐復觀、楊家駱、胡哲齊等：《關於漢學、宋學之討論》，《中華雜誌》十五卷七期（總一六八期）（一九七七年七月），頁三九—四一。

⑱胡秋原：《再答徐復觀先生》，《中華雜誌》十五卷七期（總一六八期）（一九七七年七月），頁四二—四六。

⑲何佑森：《清代漢宋之爭平議》，《文史哲學報》二七期（一九七八年十二月），頁九七—一一三。

⑳王家儉：《清代漢宋之爭的再檢討——試論漢學派的目的與極限》，《中央研究院國際漢學會議論文集》（臺北：中央研究院，一九八一年十月），歷史考古學組，上冊，頁五一七—五三一。

㉑王家儉，《由漢宋調和到中體西用——試論晚清儒家思想的演變》，《國立師範大學歷史學報》十二期（一九八四年六月），頁一七九—一九六。以上二十一篇論文，臺灣一地能找到者不及半數。

註　二　《揚雄傳》云：「雄少而好學，不爲章句，訓詁通而已。」詳見《新校漢書集注》（臺北：世界書局，一九七二年九月），卷八十七上，頁三五一四。《桓譚傳》云：「（譚）博學多通，徧習五經，皆詁訓大義，不爲章句。」詳見《新校後漢書注》（臺北：世界書局，一九七二年九月），卷二十八上，頁九五五。《班固傳》云：「（固）所學無常師，不爲章句。舉大義而已。」同前書，卷四十上，頁一三三〇。《王充傳》云：「（充）好博覽而不守章句。」，同前書，卷四十九，頁一六二九。

註　三　第五項，歐陽修之言，見《歐陽脩全集》（臺北，河洛圖書出版社，一九七五年，影印初版），卷二，頁二七，《孫明復先生墓誌銘》。第六項，見卷四《奏議集》，頁二五七，《論刪去九經正義中讖緯劄子》。

註　四　石介撰：《徂徠集》（臺北：臺灣商務印書館，《四庫全書珍本》四集本），卷七，頁四，《讀原道》；頁六，《尊韓》等，皆在提倡韓愈古文。《尊韓》云：「孔子爲聖人之至，……吏部爲賢人之卓。不知更幾千萬億年復有孔子，不知更幾千百年復有吏部。孔子之作《春秋》，自聖人以來未有也。吏部《原道》、《原仁》、《原毀》、《行難》、《禹問》、《佛骨表》、《諍臣論》，自諸子以來未有也。嗚呼，至矣。」王禹偁《答張扶書》云：「近世爲古文之主者，韓吏部而已。……吏部之文與六籍共盡。」見王氏著：《小畜集》（臺北：臺灣商務印書館，一九六四年，《四部叢刊初編》縮本），卷十六，頁一二三。穆修《唐柳先生文集．後序》：「唐之文章，初未去周、隋、五代之氣。中間稱得李、杜，其才始用爲勝，而號專雄歌詩，道未極其渾備。至韓、柳氏起，然後能大吐古人之文，其言與仁義相華實而不雜。如韓《元和聖德》、《平淮西》，柳《雅章》之類，皆辭嚴義偉，製述如經，能崒然聳唐德於盛唐之後，蔑愧讓者，非二先生之文則誰與？」見《柳宗元集》（臺北縣：漢京文化事業公司，一九八二年），《柳宗元集・附錄》，頁一四四四。歐陽脩《記舊本韓文後》云：「予爲兒童時，……得唐《昌黎先生文集》六卷。……讀之見其深厚而雄博，然予猶少，未能悉究其義，徒見其浩然無涯若可愛。是時天下學者，楊、劉之作，號爲時文，能取科第擅名聲，以誇榮當世，未嘗有道韓文者。予亦方舉進士，以禮部詩賦爲事。年十有七，試於州，爲有司所黜，因取所藏韓氏之文，復閱之，則喟然歎曰：學者當至於是而止爾。……後七年舉進士及第，官於洛陽，而尹師魯之徒皆在，遂相與作爲古文，因出所藏《昌黎集》而補綴之，求人家所有舊本而校定之，其後天下學者亦漸趨於古，而韓文遂行於世，至於今蓋三十餘年矣。學者非韓不學也，可謂盛矣。」以上所引數家，足代表當時對韓文之觀感。

註五　按：《大禹謨》爲晉人梅賾所獻僞《古文尚書》五十八篇中的一篇。《大禹謨》中的「十六字心傳」是：「人心惟危，道心惟微」，乃就《荀子・解蔽》「人心之危，道心之微」，略加改易；「允執厥中」，則取自《論語》：「惟精惟一」。爲晉人僞撰，後人不知，皆以爲堯、舜眞傳。

註六　皮錫瑞著，周予同注：《經學歷史》（臺北：河洛圖書出版社，一九七四年九月），頁二三〇。周予同對皮氏的說法，有很詳細的注，可參考。

註七　參見屈翼鵬師撰，《宋人疑經的風氣》。收入屈師著：《書傭論學集》（臺北：臺灣開明書店，一九六九年，初版），頁二三七—二四四。

註　八　參見林慶彰撰：《晚明經學的復興運動》，《書目季刊》十八卷三期（一九八四年十二月），頁三一四〇。

註　九　熊十力所著書，如《十力語要》（臺北：洪氏出版社，一九七五年）、《讀經示要》（同上），抨擊清儒之言隨處可見。唐君毅之言，見唐氏著，《人文精神之重建》（臺北：臺灣學生書局，一九八〇年）。徐復觀之言，見《清代漢學衡論》。

——原載《東吳文史學報》第五期（一九八六年八月），頁一三三—一五〇。

《五經大全》之修纂及其相關問題探究

一、前言

如果依歷代經學家詮釋經書的異同來加以區分，經學史應可分爲漢唐之學、宋學和清代漢學三個大的階段。漢唐之學於唐初撰成諸經《正義》和《義疏》後，作了光榮的結束。以後，就是經學研究新局面的開始。宋學經元代經學者的疏釋，逐漸步入高峰，至明初《五經、四書大全》，彙集宋、元經說而成書，可說是宋學的集大成。以後，宋學逐漸失去影響力。由此可知，唐初的《正義》和明初的《大全》，都可以說是某一階段經學發展的代表著作。從這些著作，不但可看出該階段經學發展的面貌，也可從中尋得經學演變的些許徵兆。這兩套著作的重要性，不待詳論，自可了解。

唐人《正義》完成後，歷代都有些許零星的批評。近人探討其修撰、版本、內容，並加以補正、批評的論文不少。（註一）也大多持肯定的態度。唯對明代的《五經．四書大全》，皆沿襲前人成說，給予最壞的評價。歷來有關《大全》的評論資料，有下列數條：

1. 顧炎武《日知錄》卷二十《書傳會選》和《四書五經大全》兩條。

2. 朱彝尊《經義考》中《五經．四書大全》各條中所引的前人之說，和朱氏的評論。

3.《四庫提要》中《五經．四書大全》的提要。

近人有關的學術著作，如劉師培的《國學發微》、皮錫瑞的《經學歷史》、馬宗霍的《中國經學史》……等書，對《大全》的印象，大抵來自上述數家之說。這種浮面的印象，不但無法協助讀者了解《大全》的眞相，反而加深讀者對《大全》的誤解。

近年，大陸所出版侯外廬等人主編的《宋明理學史》下卷（北京：人民出版社，一九八七年六月）其第一、二章《明初朱學統治的確立——論三部大全》，用數十頁的篇幅討論《大全》的修纂經過和修纂目的，並對各《大全》的內容加以評述，可說是《大全》完成後，內容最豐富的研究資料。唯僅就前人的成說加以闡述而成，談不上有什麼新發現。《大全》中所存在的一些問題，仍舊沒有解決，例如：

1.修纂三部《大全》，是否僅如成祖《御製序》和胡廣等人的《進書表》所說，是爲了闡明聖人之道，進而「使家不異政，國不殊俗」，而無其他的動機？

2.《大全》的修纂人，各書皆臚列胡廣、楊榮、金幼孜等四十二人，是否全無其他異說？

3.三部《大全》的取材，是否如顧炎武、朱彝尊和《四庫提要》所說的一樣？他們的說法，是否完全正確？

4.三部《大全》完成後，頒行各府、州、縣，作爲應考的參考用書，經學是否因《大全》列於學官而逐漸衰落？

以上四個問題，現存各種文獻，包括新出版的《宋明理學史》，幾乎全未論及。如果不將上述問題詳加分析討論，以尋出較合理的結果，有關《大全》的一切誤解，將一直訛傳下去。對這三部具有代表性的《大全》未有正確的認識，有關這階段經學史的研究，就很難有正確的結論。

本文之作，一方面在釐清前人對這三部《大全》的一些誤解；另方面，試著對上述問題加以分析，以尋求較合理的結論。由於這三部《大全》涉及的問題太多，有關《四書大全》和《性理大全》的部分，將等以後再詳加討論，本文專論《五經大全》。唯如修纂動機、修纂人等節，在行文時，很難將《四書大全》等加以排除，故一併述及。

二、修纂動機的檢討

明成祖爲何要修纂這三部《大全》？這得先從他的皇位是怎麼來的談起。成祖是太祖朱元璋的第四兒子，名朱棣，封於北京，稱燕王。太祖死後，傳位太孫朱允炆，是爲惠帝。朱棣不服，於惠帝建文四年（一四〇二）起兵南下，攻陷南京，奪取帝位，惠帝不知所終。在奪取帝位的過程中，必有不少的阻力。軍事的阻力，可以用軍隊來擊潰對方。兩軍交戰，有所傷亡，也是必然的事，沒有太多人會去追究這等事。最難處置的是，建文朝中文人的阻力。當時幾乎所有忠於建文帝而又不肯跟成祖合作的文臣，都被指爲「奸臣」。

《明史紀事本末》記載當時被指爲「奸臣」的有二十九人，包括：太常寺卿黃子澄、兵部尚書齊泰、禮部尚書陳迪、文學博士方孝孺、副都御史練子寧、禮部侍郎黃觀、大理寺少卿胡閏、寺丞鄒瑾、戶部尚書王鈍、侍郎郭任、侍郎盧迥、刑部尚書侯泰、侍郎暴昭、工部尚書鄭賜、侍郎黃福、吏部尚書張紞、侍郎毛太亨、給事中陳繼之、御史董鏞、曾鳳韶、王度、高翔、魏冕、謝升、前御史尹昌隆、宗人府經歷宋征、卓敬、修撰王叔英、戶部主事巨敬。（卷一六，頁一九三）後來，又增加徐輝祖、葛成、周是修、鐵鉉、姚善……等，共五十餘人。錢士升的《皇明表忠記》說當時榜示的「奸臣」有四十四人。（卷二，《盧振傳》）郎瑛在《七修類稿》中則說：「予得諸文廟榜示奸惡官員姓名二紙，又傳於文獻者百二十四人。」（卷十，〈建文忠臣〉）以上諸說，由數十人至百餘人。確實的數目，很難統計出來，且也不是最重要的。應該注意的是，每一位「奸臣」被殺時，往往株連數十或數百族人。像太常寺卿黃子澄，被酷刑磔死，族人不分老少，一律斬首，姻黨全部戍邊。兵部尚書齊泰，不屈而死，家屬也受到株連，或坐死，或謫戍。文學博士方孝孺的遭遇最慘，宗親受株連被殺者達八百四十七人。（《明史記事本末》，卷一八，《壬午殉難》）至於其他「奸臣」的遭遇也都差不多。如果將本人和受株連的親族一併計算，被殺者恐有萬人以上，被謫戍者更不知其數。將建文遺臣視爲「奸臣」而加以殺戮，雖可凸顯成祖自己的正統地位，但一個新成立的王朝，儼然成了一座枉死城，不論是投降的，或想入朝爲官的士子，那個不人心惶惶？

要消除這種殺戮所造成的恐怖疑慮，最有效的方法，應該是設科取士。永樂元年（一四〇三）八月，除北京外，在全國舉行鄉試，次年會試，錄取四百七十二人。錄取人數和洪武十八年（一三八五）乙丑科相同。一甲三名及二甲九十三人，全部是南士；三甲三百七十四人中，南士佔三百三十五名，北士僅三十九名。（黃佐《南雍志》，卷一）所以如此，當然因爲被戮的建文遺臣大多是南方人，這次多錄取南士，自有補償的作用在內。

除了設科取士可籠絡士人，收拾潰散惶恐的人心外，置館修書，網羅天下賢才俊士，也是一種有效的方法。宋初，修《太平御覽》、《太平廣記》、《文苑英華》等書，就是這種用意。成祖下令修《永樂大典》，根據《明世宗實錄》所說：「供事編輯者三千餘人。」（註二）一件修書工作，可籠絡三千餘士人，何樂而不爲？清初孫承澤的《春明夢餘錄》即已看出這點，他說：

> 靖難之擧，不平之氣，遍於海宇，文皇借文墨以銷壘塊，此實系當日本意也。（卷十二，頁六）

雖然，《永樂大典》的《御製序》，會說一些冠冕堂皇的話，但是明眼人都知道那只不過是一種表面動機而已。

可是，《永樂大典》僅是文獻的集大成而已。對於成祖是否承繼堯、舜、禹、湯、文、武、周公、孔子以來的道統，似乎起不了很大的作用。要知道，自漢代以來，得位的帝王，莫不以尊儒來表示自己的正統地位。該如何尊儒？靖難之役時，朱棣經過山東孔孟之鄉，曾下令將士不得入境騷擾。（註三）永樂四年（一四〇六）二月初一日上朝時，成祖向群臣宣佈祭孔的計畫。三月一日祭孔過後，成祖將《五經》授給國子祭酒胡儼和司業等人，特賜他們坐講。胡儼講完《五經》，成祖命人送上茶水，並擇其中要點提出問題，那天國子監擠滿了衣冠儒士，也有外國使臣圍觀，儒臣們爲這種空前的禮遇，

感到飄飄然。（註四）

在這種尊孔崇儒的氣氛下，對儒家的《五經》、《四書》加以整理也是很自然的事。永樂十二年（一四一四）十一月甲寅，命胡廣、楊榮、金幼孜等人，開始修《五經》、《四書大全》，至十三年（一四一五）九月己酉完成。當時爲什麼要修纂《大全》？成祖在三部《大全》《御製序》裏說過，唐虞三代皆以「道」治天下，秦、漢以後，道遂不行，實在是皇帝的責任。聖人之道在《六經》，今欲恢宏聖道，就應編修《五經》、《四書》，集諸家傳注而成大全。如果把《大全》頒佈天下，則能：

使天下之人，獲睹經書之全，探見聖賢之蘊。由是窮理以明道，立誠以達本，修之于身，行之于家，用之于國，而達之天下。使家不異政，國不殊俗，大回淳古之風，以紹先王之統，以成熙雍之治。

胡廣等人的《進書表》，也以爲修纂《大全》，可以「興教化」、「正人心」，甚至可以：

使夫已斷不續之墜緒，復續而復聯；已晦不明之蘊微，復彰而復著。

從上面所引的話，可知成祖修書的目的是要紹承聖王之道統。而古聖王之道在《六經》，撰集諸儒之說以發揚《六經》，即在發揚道統。能使聖人之道深入人心，必能使「家不異政，國不殊俗」。可見，成祖是要以修書來承繼道統；能承繼道統的，自然也取得「正統」之地位。既是正統，則非篡弒。自靖難以來因殺戮所造成的陰霾，也因取得「正統」地位，而雨過天青。

但是，這種藉修書來宣示正統地位的作法，也僅是修《大全》多種動機的一種而已。另一種動機，當然就像永樂元年（一四〇三）修撰《永樂大典》一樣，也有澆平士人不平之氣的作用在內。唯這種動機不能明講，所以成祖的《御製序》和胡廣等人的《進書表》裏，也就沒說出來。文獻上既沒記載，即使有這種動機，也缺乏其他佐證資料。既無佐證，很容易被誤爲臆測。但這種臆測的可信度是很高的。

三、修纂人的問題

當時，實際參加修纂工作的，到底有多少人，《明成祖實錄》和後來的《明史》等都沒有明確的記錄。這些史書所以沒有把修纂人記錄上去，大概以爲修三部《大全》的事，沒有那麼重要，把它省略了。在《五經》、《四書大全》的卷前，和談遷的《國榷》、朱彝尊的《經義考》（註五）等書，都列有修纂人的名氏。他們的名單是：

1.胡　廣：翰林院學士兼左春坊大學士
2.楊　榮：右春坊右庶子兼翰林院侍講
3.金幼孜：右春坊右諭德兼翰林院侍講
4.蕭時中：翰林院修撰（註六）
5.陳　循：翰林院修撰
6.周　述：翰林院編修

7. 陳　全：翰林院編修
8. 林　誌：翰林院編修
9. 李　貞：翰林院編修
10. 陳景著：翰林院編修
11. 余學夔：翰林院檢討
12. 劉永清：翰林院檢討
13. 黃壽生：翰林院檢討
14. 陳　燧：翰林院檢討
15. 陳　用：翰林院檢討
16. 黃約仲：翰林院典籍
17. 涂　順：翰林院庶吉士
18. 王　羽：禮部郎中
19. 童　謨：兵部郎中
20. 吳　福：禮部員外郎
21. 吳嘉靖：北京刑部員外郎
22. 黃　裳：禮部主事

23.段　民：刑部主事
24.洪　順：刑部主事
25.沈　昇：刑部主事
26.章　敞：刑部主事
27.楊　勉：刑部主事
28.周　忱：刑部主事
29.吳　紳：刑部主事
30.陳道潛：廣東道監察御史
31.王　選：大理評事
32.黃　福：太常寺博士
33.黃復原：北京國子監博士
34.趙友同：太醫院御醫
35.曾　振：泉州府儒學教授
36.廖思敬：常州府儒學教授
37.傅　舟：蘄州儒學學正
38.王　進：大庾縣儒學教諭

39.杜　觀：濟陽縣儒學教諭
40.顏敬守：善化縣儒學教諭
41.彭子斐：常州府儒學訓導
42.留季安：鎭江府儒學訓導

這四十二個修纂人，約可分爲數類：一類是當時的高官，像胡廣、楊榮、金幼孜等人，在三部《大全》修纂期間，也隨成祖出巡，可能無法參與修纂。由他們領銜，是爲了酬庸他們。其次，是蕭時中以下十四人，都是翰林院的工作人員。明初的翰林院，是個儲備人才地方。院中的修撰、編修、檢討、典籍或庶吉士，應該較有時間參加修纂的。三是中央各部門的人員，其中以刑部最多。這一批人，爲何參與，何以以刑部爲多，尙有待研究。四是各地儒學的教授、學正、教諭、訓導等。他們既是從各地遣調而來，自有較多的時間參加修纂。

這些修纂人，《明史》中有傳的僅胡廣、楊榮、金幼孜、陳循、周述、段民、章敞、周忱、黃福等九人。九人的傳記中，僅金幼孜的傳記中提到修撰《大全》的事，胡廣、楊榮兩人的傳，根本未提及。《明史．金幼孜傳》說：

> 十二年，命與廣、榮等纂《五經》、《四書》、《性理大全》，遷翰林學士。（卷一四七，頁四一二六）

僅簡單數句話。可見修纂《大全》的事，在後代並不特別受到重視。也因爲有關修纂的文獻記載不足，所以上述四十二個修纂人，是否實際參與修纂，或僅是掛名，也引起後人的懷疑。

全祖望的《與謝石林御史論古本大學帖子》一文中提到當時修《大全》的情形，他說：

> 當時之儒臣，皆憚諸說之繁，而不欲改元人之舊，故雖館閣之人如林，而實則委之毘陵徵士陳伯載，以一人任諸經之事，伯載於是爲簡易之法，《易》、《書》以董氏，《詩》以劉氏，《春秋》以汪氏，《禮》以陳氏，《四書》以倪氏，稍爲刪潤，而書成矣。（《鮚埼亭集．外編》卷四一，頁一二二九）

全氏以爲《五經》、《四書大全》，實由陳伯載一個人獨力完成。據今傳有關修纂《大全》的文獻，皆未見有這種說法，全氏不知何所據？現在，姑且不必急著去論定全氏之說的是非。似可先了解陳伯載到底是何許人？金實所作的《春坊贊善陳先生行狀》說：

> 濟，字伯載，武進人。讀書過目成誦。嘗以父命遊錢塘會稽，從縉紳先生學，從者載泉貨隨之貿遷；比還，以其資之半市書，口誦手鈔十餘年，盡通經史百家之言。……會朝廷修《永樂大典》，大臣有言先生者，以布衣召至，爲都總裁，時合內外詞臣暨太學儒生眾數千人，繙閱中秘四庫書，浩瀚塡委。先生至，則與少師姚公、尚書鄭公、祭酒學士數輩，詳定凡例，區別去取，莫弗允愜。而六館執筆之士，凡有疑難，輒從質問。先生隨問響答，未嘗觝滯，疏快剖析，咸有源委，非口耳獵涉者可比。故一時之人無不服其該博。書成，擢右春坊右贊善。居輔導之職十五年，未嘗有分毫過差。……甲辰夏五月，日暴中風，不能言，卒於寓舍，年六十一。（《

國朝獻徵錄》，卷十九，頁五三）

其他陳濟的傳記資料，如《明史列傳》、《明史》等書的記載大抵相同。從上引的《行狀》可知，陳濟是修纂《永樂大典》的都總裁，統領數千修纂人員。書成後，授官右春坊右贊善。於永樂二十二年（甲辰）逝世。可見，修三部《大全》時，陳濟仍在世，且居右春坊右贊善之職。以陳氏的博通典籍，自應請他繼續參加三部《大全》的修纂工作。且像參加修纂《永樂大典》的趙友同、王進、段民、章敞、周忱等人，也都加入修纂《大全》的行列，博學多才如陳濟，怎會沒參加？假設陳濟已參加三部《大全》的修纂工作，則有下列幾個疑問：

其一，就現有的文獻資料，不論是記載三部《大全》修纂人的《國榷》、《經義考》，或是陳濟的傳記資料，如《陳公行狀》、《毘陵人品記》、《明史列傳》、《明史》等，都無陳濟參加修纂三部《大全》的記載。

其二，當時參加修纂的四十二人中，蕭時中等十四位翰林院官員，和曾振等八位各地儒學教官，都是專爲修纂《大全》而參加工作的，不可能讓他們投閒置散，而把修纂的事委由陳濟一人負責。

其三，假設陳濟已參加三部《大全》的修纂工作，以他的德高望重，不可能把他的名字遺漏掉。

綜合上述三點論說，成祖任命陳濟修纂《大全》的可能性相當小。當時，成祖何以未任命陳氏參加修纂，今不得而知。但是，陳濟是「博通經史百家之言」的，且德望最高，「居輔導之職」，當時修纂官請他指點修纂的方法，也有可能的事。這種私下指導修纂，當然不是皇帝所任命，修纂人名單中自沒有他的名字。可是陳氏輔導修纂的事，當時的修纂官都很清楚，事情流傳開來，一代加添一點，到全祖望時，就變成「館閣之人如林，而實則委之毘陵徵士陳伯載」了。

四、取材的問題

唐孔穎達修纂《五經正義》時，頗多取材於南北朝和隋代經學家的義疏。胡廣等人修《五經》、《四書大全》時，取材於前人的經疏也是很自然的事。可是歷代學者批評《五經正義》者少，對《五經》、《四書大全》則交相指責，何以如此？這是因爲《大全》不僅取材問題，已有公然剽竊的嫌疑。根據顧炎武《日知錄》、朱彝尊《經義考》和《四庫提要》的說法，《五經》、《四書大全》幾乎都是抄自元人的著作。所以，朱彝尊很不諒解的說：

> 按：永樂中，詔修《五經》、《四書大全》，開館則給月餼，書成則賜鈔、賜幣、賜燕，又御製序文頒行，稱爲廣大悉備，不知胡廣諸人止就前儒之成編一加抄錄，而去其名。……於諸書外，全未寓目。所謂《大全》，乃至不全之書也。夫既竊其廩賜，並未效纖毫搜采之勤，攘私書爲官書，以罔其上，豈不顧博聞之士，見而齒冷乎！即此，可見胡廣心術之不純，而同事諸臣亦苟且游戲甚矣。（《經義考》，卷四十九，頁八）

胡氏領銜修纂，因抄襲前人成書，連帶品行也被懷疑，所以朱氏說他是「心術不純」。

現在，不論顧炎武、朱彝尊等人是如何批評《大全》，應提出討論的問題有二：一是《五經大全》是不是像顧炎武等人所說，完全抄自元人的經學著作。二是如果《五經大全》是沿襲前人成說，是否有不得不沿襲的歷史因素在內，或者僅是投機取巧，專事剽竊而已。

要解決第一個問題，可將顧炎武等人所述及的元人經書，一一與《五經大全》核對，則是否抄襲剽竊，就可一目了然。茲將核對結果逐一說明如下：

(一)《周易大全》

顧炎武等人以爲《周易大全》取材於董楷《周易傳義附錄》，董眞卿《周易會通》、胡一桂《周易本義附錄纂疏》、胡炳文《周易本義通釋》等四書。（註七）董楷的書是將程頤的《易傳》和朱子的《周易本義》匯在一起，分別標上「傳」、「本義」，以示分別。「傳」下又有「程氏附錄」，收錄程頤論《易》的相關文字；「本義」下有「朱子附錄」，收錄朱子論《易》的相關文字。可見董書僅是程、朱二氏《易》說的匯編而已。董眞卿的書，書前有凡例、引用群賢姓氏、程朱兩人《易》學書的《序》、程朱兩人的《說易綱領》，和朱子的《易本義圖》等。正文有「集解」一項，收程頤《易傳》和朱子《周易本義》的說法；「附錄」一項，收程、朱論《易》的相關文字。「纂註」一項，收錄古今學者論《易》的文字。董眞卿自己的說法，也在這一項內，而以「愚按」表示。胡一桂的書，以朱子《周易本義》爲底本，有「附錄」一項，收錄朱子論《易》的相關文字；「纂註」一項，收錄古今說《易》文字，惟家數很少。胡氏自己的說法也在這一項內，用「愚謂」表示。胡炳文的書，也以朱子的《周易本義》爲底本，再附上胡氏自己的說法，而以「通曰」加以分別。可見是對朱子《本周易本義》的疏釋而已。

《周易大全》本名《周易傳義大全》，「傳」是指程頤的《易傳》；「義」是指朱子的《周易本義》；「大全」表示匯集各家之說法。今檢視《周易大全》全書體例，前有凡例，引用先儒姓氏、《周易大程子傳序》、朱子《本義》圖說、《易說綱領》，正文錄程頤的《易傳》和朱子的《本義》，兩者之下，匯集古今相關的說《易》文字，但以宋、元人爲多。如果將《周易大全》這種體例，和前述數書相核對，可知與董眞卿的《周易會通》體例最相近。當時修纂《周易大全》，是以董氏的書爲底本，再加進少數宋、元人的《易》說而成。顧炎武等人，以爲兼取材於董楷、胡一桂、胡炳文等三家，大概未詳加核對而造成的錯誤。

(二)《書傳大全》

顧炎武等人以爲《書傳大全》本於陳櫟的《尙書集傳纂疏》和陳師凱的《書蔡傳旁通》。(註八)陳櫟的書，以蔡沈《書集傳》爲底本，在蔡氏的注解下，有「纂疏」一項，收錄宋、元人的相關說法，例如《堯典》：「光被四表，格於上下」句，蔡《傳》之下，收有「朱子語錄曰」四條、「呂氏祖謙曰」一條、「陳氏經曰」一條、「呂氏大臨曰」一條。《書傳大全》的體例大抵與陳氏書相同，陳書所引的「朱子語錄曰」改爲「朱子曰」，「呂氏祖謙曰」改爲「呂氏曰」，「呂氏大臨曰」改爲「芸閣呂氏曰」，陳氏的「愚按」改爲「新安陳氏曰」；另外，加入「元城劉氏曰」、「西山眞氏曰」、「王氏充耘曰」……等說法，可見《書傳大全》是以陳氏的書爲底本來增減的。

筆者檢閱董鼎《書蔡傳輯錄纂註》時，得知董氏之書，是在蔡氏的注解下設有「輯錄」和「纂註」兩項，以收錄各家之說法。今《書傳大全》所錄各家說《書》文字，不見於陳櫟《纂疏》的，有些可以從董氏的書中找到。可見《大全》的編者曾參考過董氏的書。這點，因為顧炎武等人，並未作過仔細核對的工夫，所以也沒有發現。

至於陳師凱的《書蔡傳旁通》，是摘錄蔡沈《書集傳》的某些字句加以疏釋，體例和陳櫟的《纂疏》、胡廣的《大全》完全不同。所能取材者相當有限。顧炎武等人，以為《書傳大全》本於陳師凱《書蔡傳旁通》的說法，也應加以修正。

(三)《詩傳大全》

顧炎武等人以為《詩傳大全》全襲劉瑾的《詩傳通釋》，而略變其體例。（註九）所謂「略變其體例」，是指劉氏《通釋》以《詩小序》隸各篇之下，《大全》則合為一編。今將《大全》和《通釋》一一核對，可知確實是根據《通釋》而來。對《通釋》所引的某些說法，曾略加刪削，增入的宋、元人說法也不少。其中，朱子的說法增入最多，如《詩傳大全綱領》「古詩即今之歌曲」一則下，所引的「朱子曰」有三十條，為《通釋》所無。

《大全》對《通釋》所引的前人名氏，往往加以纂改，如「輔氏曰」改為「慶源輔氏曰」；「黃實夫曰」改為「黃氏曰」；「李迂仲曰」改為「三山李氏曰」，「王介甫曰」改為「臨川王氏曰」；「愚按」改為「安成劉氏曰」；「彭氏曰」改為「廣陵彭氏曰」；「蘇氏曰」改為「眉山蘇氏曰」。

另外，有不少劉瑾的說法，照例要加上「安成劉氏曰」的，也沒有加上。讀者很容易誤以爲是《大全》編者的說法。

(四)《禮記大全》

《四庫提要》以爲鄭《註》古奧，孔《疏》浩博，倉卒間，皆不易得其要領，「故廣等作書，獨取其淺近易明者，以陳浩《集說》爲宗，……其採掇諸儒之說，凡四十二家。」（卷二十一，《經部禮類三》，頁十）今以《大全》和陳澔之《集說》相比對，確知《大全》以《集說》爲底本，再增入宋、元人之說數十家，如「西山眞氏曰」、「馬氏曰」、「永嘉周氏曰」、「藍田呂氏曰」、「嚴陵方氏曰」、「永嘉戴氏曰」、「金華邵氏曰」、「長樂劉氏曰」……等皆是。另外，《大全》將陳氏《集說》抄入時，並未加上「陳澔曰」等字，讀者很可能誤以爲是《大全》編者的說法。《大全》中所錄陳氏之說有數百處，皆未注出處。此種疏漏，實不可原諒。

(五)《春秋大全》

顧炎武等人皆以爲《春秋大全》襲自汪克寬《春秋胡傳纂疏》，而稍去其冗。（註一〇）今以《大全》和汪氏《纂疏》一一核對，可知《大全》以《纂疏》爲底本，再略加增刪。且將汪氏書中的「愚按」改爲「汪氏曰」。當時，汪氏的注解，未加上「愚按」二字的也不少。《大全》的編者抄錄時，也未加上「汪氏曰」字樣。這些說法很多，讀者很容易誤以爲是《大全》編者的說法。

至於顧炎武所說：「但改其中『愚按』二字爲『汪氏曰』，及添廬陵李氏等一、二條而已。」此種說法，與事實略有出入。因為，《大全》所加入的宋、元人說法甚多，並不像顧氏所說的一、二條而已。

就上文的述說，《五經大全》確實取材於元人的著作。顧炎武等人的指陳，大抵可信。惟各經《大全》所根據的底本，則與顧氏等人的說法略有出入。大概顧氏等人，僅將《大全》和元人的經書匆匆過目，並未詳加核對，所以才有此疏誤。

現在，要提出討論的是，《五經大全》的編者何以要取材於元人的著作？在政治上，明人推翻了元朝；在學術上，明初經學卻成了元人的附庸，這是相當有趣的事。如何為這種現象作合理的解釋？筆者以為元代和明初在政治上雖是敵對的，但他們都是尊崇朱學的，在意識形態上已取得共通點，且也都認為提倡朱學是弘揚聖學最有效的途徑。《五經大全》的編者，大多生於元末，他們全是讀元人著作長大的。如認為纂集宋、元人的經學可弘揚聖學，則像董眞卿的《周易會通》、陳櫟的《尚書集傳纂疏》、劉瑾的《詩傳通釋》、陳澔的《禮記集說》、汪克寬的《春秋胡傳纂疏》等書，皆已匯集不少宋、元人的經說，《五經大全》的編者以上述諸書為底本，自可事半功倍。此點與《五經正義》取材於南、北朝學者的道理是一樣的。所不同者，《五經正義》標明取自何書，《五經大全》則不云所出，遂被指為剽竊。然不論如何，《五經大全》取材於元人經說，不但是前代修書傳統的延續，也是元、明經學不可分割的最佳例證，說《五經大全》承繼元人經說有不得不然的歷史因素在內，一點也不為過。

五、與明代經學衰微的關係

《五經》、《四書大全》修纂完成後，成祖即令禮部刊行，並頒降於府、州、縣學，作爲士人讀書的參考用書。後代學者往往指責《大全》採宋、元人的說法，使漢、唐古義淪亡，經學也跟著衰落。有關的言論，如費燕峰《弘道書．道脈譜論》說：

> 明永樂專用熹說，《四書》、《五經大全》，命科舉以爲程式，生徒趨時，遞相祖受，七十子所遺，漢、唐相傳共守之實學殆絕。

劉師培《國學發微》也說：

> 夫明人經學之弊，在于輯《五經》、《四書大全》頒爲功令，所奉者宋儒一家之學，故古誼淪亡。（頁四九）

這兩段話的意思大抵相同。費、劉二氏皆以爲《五經》、《四書大全》所採的都是宋人的說法，當時採爲考試的用書，使孔門弟子所留傳給漢、唐學者的經書古義淪亡殆盡。這是清代以來學者論及明代經學時，都會提到的說法。此種說法是否正確？這要先看《五經》、《四書大全》是否僅是宋、元人的說法，全無古義？

這要分別來看待，《五經大全》是以元人的經說爲底本，元人的經說則是對宋人經說的疏釋；宋人經說採擷的漢、唐古義也不少。蔡沈《書集傳》有很多的注釋，都是轉錄自《僞孔傳》，如《堯典》中的「稽，考也」；「允，信；克，能也」；「章，明也」；「宅，居也」；「寅，敬也」；「中，重也」；「訛，化也」；「咨，嗟也」；「允，信；釐，治；工，官；……績，功；咸，皆；熙，廣也」；「庸，用也」；「啓，開也；「采，事也」；「洪，大也」；「鳩，聚；僝，見也」；「割，害也」；「族，類也」；「載，年也」；「師，衆；錫，與也」……等等都是。其他各篇也是如此。蔡沈的《書集傳》，是元人陳櫟《尚書集傳撰疏》的底本；陳氏的《撰疏》，又是《書傳大全》的底本。則《書傳大全》中存有不少漢、唐時的古義，自是不爭的事實。

朱熹的《詩集傳》有很多的注解，轉錄自毛《傳》鄭《箋》，如《周南．關雎》中的「窈窕，幽閒之意；淑，善也」；「荇，接余也」；《葛覃》中的「覃，延；施，移也；中谷，谷中也；萋萋，盛貌」；「喈喈，和聲之遠聞也」；「濩，煮也；精曰絺，麤曰綌；斁，厭也」；「師，女師也」；「私，燕服也」；「害，何也；寧，安也」等都是。朱子《集傳》其他各篇采自毛《傳》者亦不少。元人劉瑾作《詩傳通釋》，集宋、元人之說以疏通朱《傳》；《詩經大全》又根據《詩傳通釋》增刪而來，其存有漢人古義，也是很明顯的事。

但是，宋人經學所以號稱「新經學」，自有其所以新的理由，除了《書集傳》、《詩集傳》二書外，朱子的《周易本義》、陳澔的《禮記集說》，胡安國的《春秋傳》，它們是《周易大全》、《禮記大全》、《春秋大全》的祖本，所引漢、唐古義已少之又少。從這一部分來看，自可以稱爲新經學。此外，宋人講經比較重視經書中義理的闡釋，即使採用漢、唐古義，也僅止於字義層面的需要而已，至於經書中義理層面的闡釋，倒不一定援據漢、唐古義。如《尚書·大禹謨》的「十六字心傳」：「人心惟危，道心惟微，惟精惟一，允執厥中。」《僞孔傳》僅說：「危則難安，微則難明，故戒以精一，信執其中。」（《尚書注疏》，卷四，頁八—九）宋、元人卻以爲是堯、舜、禹、湯、文、武、周公、孔子，代代相傳的心法。這種說法唐以前根本沒有學者提過。可見宋、元人對於經書中的某些觀念，自有一套解釋方法，且自認爲是遙契聖心，自不屑於遵循漢、唐人之說。所謂漢、唐古義，就在宋、元人鄙視漢、唐之學的心態下，有逐漸失落的可能。

此外，當時的考試制度，也是造成士人廢棄古義的重要原因。爲探究這一問題，必得先從明初鄉、會試的考試科目和出題形式談起。明洪武三年（一三七〇）八月在京師及各省舉行鄉試。考試共分三場：

第一場：考《四書》義三道，每道二百字以上；經義四道，每道三百字以上。

第二場：考論一道，三百字以上；判語五條；詔誥表內科一道。

第三場：考經史時務策五道，未能者許減二道，俱三百字以上。

第一場所謂「四書義」，當然是從《四書》中出題。所謂「經義」，是指從《五經》中出題。明人考《五經》，並非每一應考者五部經書全部考，而是祇選其中的一經來考。由於五經祇需讀一經，慢慢地就形成楊愼所說的：「本朝以經學取人，士子一經之外，罕所通貫。」（《升菴外集》，卷六一，頁三，〈舉業之陋〉條）的現象。這已不僅是經書古義喪失的問題，而是經學程度的普遍低落。

再從以上三場考試的出題形式來看，大多是考今人所說的作文，每篇作文，至少要二百或三百字以上。出題的範圍呢？如第一場的《四書》義和《五經》義，當然從《四書》、《五經》中出題。考生答題一定要用聖賢的語氣來回答，寫出來的文章，要符合規定的格式。茲舉黃子澄的文章爲例。黃氏是洪武十八年（一三八五）會試第一。當時考試的題目出自《論語》「天下有道，則禮樂征伐，自天子出」。他的文章是這樣的：

治道隆於一世，政柄統於一人。夫政之所在，治之所在也。禮樂征伐，皆統於天子；非天下有道之世而何哉！昔聖人通論天下之勢，首舉其盛爲言，若曰：天下大政，固非一端。天子至尊，實無二上！是故民安物阜，群黎樂四海之無虞。天開日明，萬國仰一人之有慶。主聖而明，臣賢而良，朝廷有穆皇之美也！治隆於上，俗美於下，海宇皆熙皞之休也！非天下有道之時乎！當斯時也，語離明，則一人所獨居也；語乾綱，則一人所獨斷也。若禮若樂，國之大事，則以天子制之，而掌於宗伯。若征若伐，國之大柄，則以天子操之，而掌於司馬。一制度，一聲容，議之者天子，不聞以諸侯而變之也！一生殺，一予奪，制之者天子，不聞以大夫而擅之也！皇靈丕振，而堯封之內，咸懍聖主之威嚴！王綱獨握，而禹甸之中，皆仰一王之制度！信乎！非天下有道之盛世，孰能若此哉！（見梁章鉅撰：《制義叢話》）

這樣的論文，只要粗通《四書》、《五經》的大義，再熟讀一、二百篇範文，就可寫得出來。即使宋、元人的經說也可棄置一邊，更何況漢、唐人的古義？考試的方式，引導了士人讀書的方向。到後來，考生連經書也不讀了，只讀一些「講章」之類的作文範本。顧炎武曾說：

明初三場之制，雖有先後，而無重輕。乃士子之精力多專於一經，略於考古。主司閱卷，復護初場所中之卷，而不深求其二三場。夫昔所謂三場，非下帷十年，讀書千卷，不能有此三場也。今則務於捷得，不過於《四書》一經之中，擬題一二百道，竊取他人之文記之。入場之日，抄謄一過，便可僥倖中式。而本經之全文，有不讀者矣。率天下而爲欲速成之童子。學問由此而衰，心術由此而壞。（《日知錄》，卷一九，頁四七五，《三場》條）

只要背誦範文一、二百道即可僥倖中式，有誰願意下帷十年，讀書千卷？當時考時文的負面影響竟有如此之大，大概是明初定科舉程式的人所始料未及吧！清初陳廷敬的〈經學家法論〉，也有一段話說：

欲正經學之失，須革時文之弊；時文之弊革，然後學者可以旁通諸家之說，以求聖人精意之所存，而士不苦於無用之空言，國家收實學之效也。（《午亭文編》，卷三二，頁一八）

陳氏認爲：經學研究的偏失，是因時文的弊端所造成。如果能革除這些弊端，學者可以不必墨守一家，而可以旁通諸家，進而可以求得聖人之眞意，不必浪費時間於無用之空言。陳氏的話最能闡明時文與經學興衰的關係。

就以上的分析可知《五經大全》中雖存有部分漢、唐古義，但這些古義在宋元人鄙視漢唐人的心態下，也逐漸淪亡。而且，當時科舉考試僅考八股文。這一如現今的大學聯考，如果僅考一篇作文，有幾個人願意讀讀國文課本或課本中的註解。當時，因大家僅讀八股文範本，或經書的節文，經書的原本自沒有人願意讀，更何況漢、唐古義？所以，明代經學的衰落，與當時科舉考試的出題形式應有相當密切的關係。

六、結　論

前文就《五經大全》的修纂動機、修纂人、取材問題、與經學衰微之關係等問題，加以分析，所得之結論如下：

其一，就修纂動機來說：《五經大全》的《御製序》和胡廣等人的《進書表》所說的，旨在闡明聖人之道，進而「使家不異政，國不異俗。」這可以說是藉修書以贏取「正統」地位的國君，最堂皇的動機。此外，成祖奪取帝位後，殺戮之慘，爲歷代帝王所僅有。爲籠絡當時士人，消除不平之氣，不得不修纂《永樂大典》和三部《大全》。此種既可收攬人心，又能表現尊儒、崇儒的工作，成祖當然樂意去做。

其二，就修纂人來說：前人皆以《五經》、《四書大全》爲胡廣等四十二人所修。惟胡廣、楊榮、金幼孜等人，常隨成祖出巡，恐無法實際參加修纂。以三人領銜，可能是酬庸他們的辛勞。至於全祖望以爲三部《大全》都是《永樂大典》都總裁陳濟一人所爲，並無其他佐證。也許陳氏德高望崇，當時修纂人曾向他請教過編纂的方法，後人遂以爲全出陳氏之手。

其三，就取材問題來說：明清以來的學者，大都未將《大全》和元人的經說細加核對。所以，前人幾乎以爲是定論的取材問題，也有不少新的發現。如前人以爲《周易大全》取材於董楷、董眞卿、胡一桂、胡炳文等人的書。實則，僅取自董眞卿的《周易會通》，再加入少數宋、元人之說而已。前人以爲《書傳大全》本於陳櫟、陳師凱兩人的書。實則，除取自陳櫟的《尙書集傳纂疏》外，兼採董鼎的《書蔡傳輯錄纂註》。陳師凱的《書蔡傳旁通》實未採入。《詩傳大全》除以劉瑾的《詩傳通釋》爲底本外，並採錄不少宋、元人之說，其中以朱子之說最多。至於，《禮記大全》和《春秋大全》，確實取自陳澔、汪克寬二人之書。元人之經書輯錄各家說法已相當豐富，《大全》既在求資料之全，取材於元人諸書，自可收事半功倍之效。

其四，就其與明代經學衰微的關係來說：前人以爲《五經》、《四書大全》僅錄宋、元人之說，古義因而淪亡。《書傳大全》和《詩傳大全》雖存有不少漢、唐古義，但是因宋元人鄙視漢唐經說，所謂漢唐古義也逐漸淪亡。此外，當時科舉考試，《五經》僅考其中一經，答題則用八股文，士人爲求速成，僅讀八股文的範本或經書的節文，宋、元人之說皆已摒棄，更何況漢、唐古義。經學也在這種學術風氣下逐漸衰微。

本文研究《五經大全》，除糾正不少前人成說外，也發掘出一些新的問題。但願能因這篇短文引起大家對這三部《大全》的注意，進而有更深入的研究成果出現。

【附註】

註一　相關論文，請參考林慶彰主編《經學研究論著目錄》（臺北：漢學研究中心，一九八九年十二月），頁四〇—四一、頁一八五—一八六、頁二六四、頁四五九、頁五五二—五五三、頁六二二。

註　二　見《明實錄》，卷五一二，嘉靖四一年八月乙丑，《詔重錄永樂大典詔書》。

註　三　見高岱撰：《鴻猷錄》（明萬曆刊本），卷七，《長驅金陵》。

註　四　詳參商傳撰：《永樂皇帝》（北京：北京出版社，一九八九年三月），第五章第一節《在尊儒的背後》。

註　五　談遷撰：《國榷》（臺北：鼎文書局，一九七八年七月），成祖十三年九月。朱彝尊撰：《經義考》（京都：中文出版社，一九七八年八月），卷四九，頁八，《周易傳義大全》條；卷八七，頁六，《書傳大全》條；卷一一二，頁四，《詩集傳大全》條；卷一四四，頁一，《禮記大全》條；卷二〇〇，頁一，《春秋集傳大全》條，都列有修撰者名氏。

註　六　《四庫提要》（臺北縣：藝文印書館，一九六九年），卷五，經部，易類六，《周易大全二十四卷》提要，將蕭時中，誤作「葉時中」。

註　七　朱彝尊撰：《經義考》，卷四九，頁八，《周易傳義大全》條說：「《易》則天臺、鄱陽二董氏；雙湖、雲峰二胡氏。」《四庫提要》，卷五，頁一，《周易大全二十五卷》提要說：「天臺董氏者，董楷之《周易傳義附錄》；鄱陽董氏者，董眞卿之《周易會通》；雙湖胡氏者，胡一桂之《周易本義附錄纂疏》；雲峰胡氏者，胡炳文之《周易本義通釋》也。」

註　八　《經義考》，卷八七，頁六，《書傳大全》條引吳任臣說：「大旨本二陳氏。」《四庫提要》，卷十二，頁一四，《書傳大全十卷》提要說：「二陳氏者，一爲陳櫟《尙書集傳纂疏》；一爲陳師凱《書蔡傳旁通》。」

註　九　顧炎武撰：《日知錄》（臺北：明倫出版社，一九七〇年十月，三版），卷二〇，頁五二六，《四書五經大全》條說：「《詩經大全》則全襲元人劉瑾《詩傳通釋》。」《經義考》，卷一一二，頁四，《詩集傳大全》條說：「是書止抄襲安成劉瑾《通釋》一書，僅刪去數條。而劉本以《詩小序》隸各篇之下，是書則別爲一編，若似乎不同者。要之，當日元未嘗纂修也。」《四庫提要》卷一六，頁一〇，《詩經大全》提要說：「此書，名爲官撰，實本元安福劉瑾所著《詩傳通釋》而稍損益之。……大約於其太冗蔓者略刪數條，而餘文如故，惟改其中『瑾案』二字爲『劉氏曰』。又劉氏以《小序》分隸各篇，是書則從朱子舊本，合爲一篇，小變其例而已。」

註一〇　《日知錄》，卷二〇，頁五二五，《四書五經大全》條說：「《春秋大全》，則全襲元人汪克寬《胡傳纂疏》。但改其中『愚按』二字謂『汪氏曰』，及添廬陵李氏等一二條而已。」《經義考》，卷二〇〇，頁一，《春秋集傳大全》條說：「其發凡云：紀年依汪氏《纂疏》；地名依李氏《會通》；經文以胡氏爲據；例依林氏。其實，全襲《纂疏》成書。雖奉敕纂修，而實未纂修也。」《四庫提要》的說法，見卷二八，頁二二，《春秋大全七十卷》提要。因與《經義考》相同，故不錄。

——原載《中國文哲研究集刊》創刊號（一九九一年三月），頁三六一——三八三。

王陽明的經學思想

一、陽明的經學著作

就經學詮釋的歷史來說，歷代學者幾乎都是依附經書來表達自己的思想。其中以宋、明學者的著作最爲明顯。宋明儒者，所重視的是《論語》、《孟子》、《大學》、《中庸》、《易傳》等書。把這幾部經書作爲發揮自己思想的素材。他們並不重視經書中一章章、一句句的考據、訓詁，而是選擇其中幾個足以建構自己思想體系的概念，來大加發揮。此點宋代的朱熹和明代的王陽明表現最是透徹。朱子爲建立其思想體系，以堯、舜、禹、湯、文、武、周公、孔子之心傳爲「人心惟危，道心惟微，惟精惟一，允執厥中」。又以《大學》格致誠正修齊治平，爲聖人內聖外王之道，而加以闡釋發揮。明代學者順著這種思想理路而下，講學的要旨，大抵也環繞在這幾個問題上面。朱熹和王陽明所研究的也許是同一種經書，但觀點卻大不相同。從朱、王的異同，吾人也可以看出宋明數百年理學發展的軌跡，和儒學經典內部所潛藏的矛盾。

王陽明身處的是朱學逐漸僵化的時代，從他早年和晚年經說的演變，正可看出一個早年在朱學籠罩之下的學者，如何建立自己的學說體系。爲從陽明的經說中看出他有關經學的新見解。吾人必須先就他所有的經說，包括已佚和現存的，稍作檢討。

陽明的經學著作，應以《五經臆說》爲最早。《王文成公全書》所錄《五經臆說序》篇題下標明「戊辰」，戊辰是正德三年（一五〇八年），陽明三十七歲，時在貴州龍場驛。《五經臆說序》說：

龍場居南夷萬山中，書卷不可攜，日坐石穴，默記舊所讀書而錄之，意有所得，輒爲之訓釋，期有七月，而《五經》之旨略過，名之曰《臆說》。蓋不必盡合於先賢，聊寫其胸臆之見，而因以娛情養性焉耳。……夫說凡四十六卷，經各十，而禮之說尚多缺，僅六卷云。（《文集》，卷二，頁四〇—四一）

可見《五經臆說》有四十六卷，禮說僅六卷，其餘皆十卷。《序》說：「不必盡合於先賢，聊寫其胸臆之見。」可見陽明的《五經臆說》，有不少異於先賢的見解。可惜，這四十六卷的《臆說》，今已不存。錢德洪說：

師居龍場學得所悟，證諸《五經》，覺先儒訓釋未盡，乃隨所記憶，爲之疏解，閱十有九月，《五經》略遍，命曰《臆說》；既後，自覺學益精，工夫益簡易，故不復出以示人。洪（錢德洪）嘗乘間以請，師笑曰：「付秦火久矣。」洪請問，師曰：「只致良知，雖千萬經典，異端曲學，如執權衡天下，輕重莫逃焉；更不必支分句析，以知解接人也。」後執師喪，偶於廢稿中得此數條，洪竊錄而讀之，乃嘆曰：「吾師之學，於一處融徹，終日言之不離，是矣，即此以例全經，可知也。」（《文集》，卷六，頁九五）

可見《五經臆說》所以亡佚，是陽明把它「付之秦火」。陽明所以這樣做，是因爲「致良知」即可權衡天下，不必再一經經、一篇篇的加以解析。既如此，《五經臆說》也就多餘的了。至於今存的十三條，是錢德洪從陽明廢稿中翻檢所得，庶幾可略窺陽明早年對經學的見解。

其次，是武宗正德十三年（一五一八年）七月，陽明四十七歲，所刊刻的《古本大學》。《年譜》說：

> 先生在龍場時，疑朱子《大學章句》非聖門本旨，手錄古本，伏讀精思，始信聖人之學，本簡易明白，其書止爲一篇，原無經傳之分；格致本於誠意，原無缺傳可補。以誠意爲主，而爲致知格物之功，故不必增一敬字；以良知指示至善之本體，故不必假於見聞，至是錄刻成書，傍爲之釋，而引以敘。（《王陽明年譜》，頁二四）

就《年譜》所說，陽明刊刻《古本大學》，並加以旁釋，即今傳《古本大學注》，或稱《大學古本旁釋》（註一），所作之敘，即《大學古本序》。

嘉靖四年（一五二五年），陽明五十四歲。四月，作《稽山書院尊經閣記》，旨在闡釋「經學即心學」的思想。又作《重修山陰縣學記》，則在闡明十六字心傳之意旨，進而申述聖學與禪學的不同。嘉靖六年（一五二七年），陽明五十六歲。九月，應門人之請，作《大學問》（註二）。錢德洪說：

> 吾師接初見之士，必借《學》《庸》首章以指示聖學之全功，使知從入之路，師征思、田，將發，先授《大學問》，德洪受而錄之。（《大學問》辨言）

所謂「思、田」，是指廣西思恩、田州。當時有苗猺之亂，陽明出兵征討。出發前，就《大學問》首章，發揮他自己的思想。嘉靖七年（一五二八年），陽明由於旅途勞瘁，而卒於歸途，年五十七。則《大學問》一書，可說是陽明最後的教典。

此外，《傳習錄》中也有不少討論經學的話。《傳習錄》分三卷，卷上刻於正德十三年（一五一八年），陽明四十七歲，有徐愛所錄十四條，陸澄所錄八十條，薛侃所錄三十五條。卷中，即續刻《傳習錄》，刻於嘉靖三年（一五二四年），陽明五十三歲。收陽明論學書九篇，分別是：《答徐成之》二篇、《答人（顧東橋）論學書》、《答周道通書》、《答陸元靜》二篇、《答歐陽崇一》、《答羅整庵》、《答聶文蔚》。卷下，即《傳習續錄》，刻於嘉靖三十五年（一五五六年），有陳九川錄二十一條、黃直錄十五條、黃修易錄十一條、黃省曾錄十八條、黃以方錄二十七條。清咸豐三年（一八五三）高郵胡泉，將散見於《傳習錄》的經說，照《五經》、《四書》次序分成四卷，名為《王陽明先生經說弟子記》（註三）。使陽明散見於《傳習錄》中的經學見解集中於一書，頗為方便。然該書之體例，僅錄《傳習錄》中的經說，至於陽明的《五經臆說》十三條、《古本大學注》、《稽山書院尊經閣記》、《重修山陰縣學記》、《大學問》等文，並未加以收錄。所以，研究陽明的經學思想，除了《經說弟子記》一書外，仍需參考陽明全集中有關的論著。

二、早期經學思想大要

如以《五經臆說》十三條，和《傳習錄》卷上所錄，作為陽明早期的經說來看，陽明當時對各種經書也僅是隨文疏解，並未就某一經書來建構自己的理論系統。《五經臆說》作於正德三年（一五〇八年）以前。今所傳計有《左傳》三條、《易經》五條、《詩經》五條。《左傳》三條在討論「元年春王正月」和「鄭伯克段于鄢」。《易經》五條，論述「貞」字、卦、遯卦、明夷卦等。《詩經》五條，論述《周頌》中之《時邁》、《執兢》、《思文》、《臣工》、《有瞽》等五首詩。如《左傳》「元年春王正月」條，陽明闡釋說：

元年者，人君爲國之始也。當是時也，群臣百姓，悉意明目，以觀維新之始；則人君者，尤當洗心滌慮，以爲維新之始，故元年者，人君正心之始也。（《文集》，卷六，頁九六）

以爲「元年」，是人君「正心」之始。《詩經．思文》詩：「思文后稷，克配彼天，立我烝民，莫匪爾極，貽我來牟，帝命率育，無此疆界，陳常于時夏。」陽明申釋說：

《思文》八句，言思文后稷，其德眞可以配上天矣。蓋凡使我烝民之得以粒食者，莫非爾后稷之德之所建也。斯固后稷之德矣。然來牟之種，非天不生，則是來牟之貽我者，實由上帝以此命之后稷而使之遍養夫天下。是以天下之民，皆有所養而得以復其常道，則后稷之德，因亦莫非上天之德也。此蓋郊祀后稷以配天之詩，故頌后稷之德，而率歸之於天云。（《文集》，卷六，頁九九）

這僅僅對《思文》詩的字句作較淺顯的解釋，宛如現在的翻譯，並無特殊之見解。正如陽明《五經臆說序》所說：「意有所得，輒爲之訓釋」而已。

《傳習錄》卷上，徐愛所錄部分，也是陽明較早期之經說，值得注意的是孔子刪述《六經》和《五經》皆史兩個論點。孔子是否刪述《六經》，古今聚訟紛紜。陽明以為孔子刪述《六經》，乃是不得已的做法。何以刪述《易經》？陽明說：

自伏羲畫卦，至於文王、周公。其間言《易》，如《連山》、《歸藏》之屬。紛紛籍籍，不知其幾。易道大亂。孔子以天下好文之風日盛，知其說之將無紀極，於是取文王、周公之說而贊之。以為惟此為得其宗。於是紛紛之說盡廢。而天下之言《易》者始一。（《傳習錄上》，頁一九－二〇）

可見孔子所以刪述《易經》，是因為《易》道大亂，藉刪述《易經》來使《易》道歸一。至於刪述《書》、《詩》、《禮》、《樂》、《春秋》等經，其道理也是如此。陽明又說：

《書》自典謨以後，《詩》自《二南》以降，如九丘、八索，一切淫哇逸蕩之詞，蓋不知其幾千百萬篇。《禮》《樂》之名物度數，至是亦不可勝窮。孔子皆刪削而述正之，然後其說始廢。如《書》、《詩》、《禮》、《樂》中，孔子何嘗加一語？今之《禮記》諸說，皆後儒附會而成。已非孔子之舊。至於《春秋》，雖稱孔子作之，其實皆魯史舊文。所謂筆者，筆其舊；所謂削者，削其繁，是有減無增。（同上）

此處特別強調孔子之刪述，是削繁就簡。所以《詩》、《書》、《禮》、《樂》，孔子未嘗加一語。而今之《禮記》則為後儒附會。《春秋》一書也是根據魯史筆削而成，絕無增益的成分。由此可見孔子刪述《六經》的用意是懼繁文之亂天下，所以要使「天下務去其文，以求其實。」而最終的目的是在「正人心」，是要「存天理」「去人欲」。以刪述《六經》是在「正人心」，後來陽明以「經學爲心學」，於此已可見其端倪。

至於《五經》皆史說，在《傳習錄》卷上，徐愛所錄的部分有兩條。前一條說：

愛曰：「先儒論《六經》，以《春秋》爲史。史專記事。恐與《五經》事體終或稍異。」先生曰：「以事言謂之史。以道言謂之經。事即道，道即事。《春秋》亦經。《五經》亦史。《易》是包犧氏之史。《書》是堯、舜以下史。《禮》、《樂》是三代史。其事同，其道同，安有所謂異？」（《傳習錄．上》，頁二五）

陽明以爲《六經》，就其記事來說是「史」，就其中有聖人之道來說是「經」。所以《易》是包犧氏的史，《書》是堯、舜的史，《禮》、《樂》是三代史，但各書也是包犧氏、堯、舜、三代的經。既如此，「經」當然也是「史」。清中葉章學誠的「六經皆史」說，與陽明此一觀點甚爲相近。近代學者對章氏之說闡發甚多，對陽明則未予應有的注意。實令人不解。後一條又說：

《五經》亦是史，史以明善惡，示訓戒。善可爲訓者，時存其跡，以示法。惡可爲戒者，存其戒而削其事，以杜奸。愛曰：「存其跡以示法，亦是存天理之本然，削其事以杜奸，亦是遏人欲於將萌否？」先生曰：「聖人作經，因無非是此意。然又不必泥著文句。」（同上）

聖人作《六經》既有獎善懲惡的作用。則與史的本質正好相同。而所謂「存其跡以示法」「削其事以杜奸」的功能，正好可以「存天理」「去人欲」二語釋之。其目的則在「正人心」。此又爲陽明以後「經學即心學」下一註腳。

三、恢復《大學》古本

在《傳習錄》卷上，徐愛所錄部分，已可看出陽明解說《大學》和朱子頗有出入，如「在親民」，朱子作「在新民」，陽明以爲《大學》下文論治國平天下時，於「新」字皆無所發明，其中所說「君子賢其賢而親其親，小人樂其樂而利其利」、「如保赤子」、「民之所好好之，民之所惡惡之」，都是「親」字的意思，所以「親民」有教養的意思，如說「新民」，意思便有所偏。又如徐愛問，「知止而後有定」，朱子以爲「事事物物皆有定理」，似與陽明之說相左，陽明回答說：

> 於事事物物上求至善，卻是義外也。至善是心之本體。只是明明德到至精至一處便是。然亦未嘗離卻事物。本註所謂「盡夫天理之極，而無一毫人欲之私」者，得之。（《傳習錄．上》，頁五）

陽明以爲「至善是心之本體」，不當於事事物物上求之，只需「盡天理之極，無一毫人欲之私」，即是至善。此等相左，使陽明對朱子《大學章句》甚爲不滿。此點可從陽明《答羅整菴少宰書》中看出來。陽明說：

> 《大學》古本，乃孔門相傳舊本耳。朱子疑其有所脫誤改正補緝之。在某則謂其本無脫誤，悉

從舊而已矣。……且舊本之傳，數千載矣。今讀其文詞，既明白而可通，論其功夫，又易簡而可入；亦何所按據而斷其此段之必在於彼，彼段之必在於此，與此之如何而缺，彼之如何而誤，而遂改正補緝之，無乃重於背朱，而輕於叛孔已乎！（《傳習錄．中》，頁一六六—一六七）

陽明以爲《大學》古本，乃孔門相傳舊本，內容並無脫誤，朱子不應重加改訂。又由於朱子改本分經一章，傳十章，傳的第五章是「釋格物致知」，第六章是「釋誠意」，如以朱子的意思來說，是先窮理然後意誠。陽明對朱子此種工夫次第，甚不以爲然。他在《答王天宇書》中說：

《大學》次第，但言物格而后知至，知至而後意誠。若窮理之極而後意誠，此則朱先生之說如此，……與《大學》本旨，卻恐未必盡合耳。（《王陽明全書》，卷二，頁一五）

陽明以爲大學只說「物格而後知至，知至而後意誠」，並沒有說「窮理之極而後意誠」。所以，朱子以「格物致知」章在前，「誠意」章在後，並不合《大學》本旨。

由於朱子的《大學章句》與陽明思想扞格的地方太多，所以陽明乃在一五一八年，刊刻《大學》古本，並爲之作旁釋，對流行數百年的《大學章句》中的注釋一概不取。他的《大學古本序》說：

《大學》之要，誠意而已矣；誠意之功，格物而已矣；誠意之極，止至善而已矣。……是故不務於誠意，而徒以格物者，謂之支；不事於格物，而徒以誠意者，謂之虛；不本於致知，而徒以格物誠意者，謂之妄；支與虛與妄，其於至善也遠矣。合之以敬而益綴，補之以傳而益離；吾懼學之日遠於至善也；去分章而復舊本，傍爲之什，以引其義，庶幾復見聖人之心，而求之

者有其要。（《文集》，卷一，頁一四）

此一段序，有數個要點：其一，陽明以爲《大學》的要旨在「誠意」一事，「格物」是誠意的功夫，既如此，朱子先「格物」後「誠意」，實非《大學》之本旨。其二，「誠意」和「格物」不可相離，離誠意而專事格物，則流於「支」；離格物而專事誠意，則流於「虛」。然「誠意」和「格物」，都應本於「致知」。能「致知」，則可免支、虛、妄之病。其三，朱子之《大學章句》既有支、虛、妄之毛病，則應回復《大學》古本，聖人作《大學》之本意也才能凸顯出來。

陽明恢復《大學》古本的用意，自是因朱子《大學章句》無法彰明聖人作《大學》的本旨有以致之。然此一事，更徹底表明朱子經說雖懸爲功令，但義理上的矛盾確也不少。對朱子的權威確實造成不少的打擊。另外，「格物」、「誠意」的先後問題，要徹底解決，不得不回復到聖人的本經來，則有啓導後人重新思考經學價值的意義在內。因而對漢代以來的經說重新檢驗，更是明末清初辨證群經的先導。

四、《大學問》的中心思想

陽明對朱子不滿，主張恢復《大學》古本，是教人以孔門本眞的古本作爲成聖成德的指南。但要一般人對《大學》本旨有透徹的理解，則非有更簡易的解說不爲功。所以陽明又在嘉靖六年（一五二七）作《大學問》以指引後學。《大學問》是就《大學》首章加以申釋。全文首在論釋大人和小人之學，以爲「大人者，以天地萬物爲一體者也。」大人所以能與天地萬物爲一體，是因爲他有「與天地萬物爲一體」的「仁心」（良知）但陽明認爲此種「仁心」，小人也有。他說：

> 豈惟大人，雖小人之心亦莫不然。彼顧自小之耳。是故見孺子之入井，而必有怵惕惻隱之心焉，是其心之與孺子而爲一體也。孺子猶同類者也；見鳥獸之哀鳴觳觫，而必有不忍之心焉，是其仁之與鳥獸而爲一體也。鳥獸猶有知覺者也；見草木之摧折而必有憫恤之心焉，是其仁之與草木而爲一體也。草木猶有生意者也；見瓦石之毀壞而必有顧惜之心焉，是其仁之與瓦石而爲一體也。是其一體之仁也，雖小人之心亦有之，是乃根於天命之性而自然靈昭不昧者也。（《大學問》）

陽明認爲小人之仁，雖爲氣質所拘，私欲所蔽，不能時時呈現，但當小人面對一種特殊情境時，這種與生俱來的仁心，就會流露出來。而這「仁心」本是靈昭不昧的，是自明的，所以稱爲「明德」。

再者，人如果能「明明德」，仁心才能透顯呈現，所以陽明說：

> 明明德者，立其天地萬物一體之體也；親民者，達其萬物一體之用也。（同上）

「明明德」是在立其「體」，「親民」是在達其「用」。由立體而達用，則是由內而外，亦即由內聖而外王。能內聖而外王的就是「盡性」。能盡性的，就是「止於至善」。可見，必須明明德於天下，然後吾人之性才能獲得圓滿的體現。而能明明德、親民，以至於至善的，稱爲「大人之學」。

至於有關八德目之闡釋，陽明以爲格物、致知、誠意、正心、修身爲一事，他說：

格、致、誠、正、修者，是其條理所用之工夫，雖亦皆有其名，而其實只是一事。(同上)

此可說是陽明論八德之總綱領，然後再分論「修身在正心」、「正心在誠意」、「誠意在致知」、「致知在格物」。

陽明以爲吾身不能爲善去惡，必須吾心先爲善去惡，吾身才能爲善去惡。所以，要修身必須先正心。何以又說「正心在誠意」？陽明以爲意念發動後有不正，所以正其心，是就意念之所發來糾正。如果意念無所不誠，心自然無所不正。再就「誠意在致知」來說，陽明以爲「致知」的「知」是「良知」。他說：

良知者，孟子所謂「是非之心，人皆有之」者也。是非之心，不待慮而知，不待學而能，是故謂之良知，是乃天命之性，吾心之本體，自然靈昭明覺者也。(同上)

此一良知，是「是非之心」亦即一種知善知惡的能力；又是人的最高主體，所以說「吾心之本體」。如就是非之心來說，自是一種價值判斷之根源，陽明說：

凡意念之發，吾心之良知無有不自知者，其善歟，惟吾心之良知自知之；其不善歟，亦惟吾心之良知自知之，是皆無與於他人者也。(同上)

良知可判別善惡，意念是否誠，惟良知知之，所以要誠意，必先致知，亦即「致良知」。又何以「致知在格物」？陽明以爲要致良知，並非恍惚而懸空無實，必須從「格物」入手，所謂「格物」，陽明以爲：

> 物者，事也。凡意之所發，必有其事。意之所在之事謂之物。格者，正也。正其不正以歸於正之謂也。（同上）

陽明之「物者，事也」，「事」是指人的行為，所以說「凡意之所發，必有其事」，亦即意念一發動，必有行為出現。既如此，欲致吾之良知，就必須端正自己的行為。

就以上所論，陽明以為格物、致知、誠意、正心、修身，就自我昇進的過程來說，自有其一貫性，所以說，格、致、誠、正、修者，其實只是一事。《大學問》最後強調格、致、誠、正之說，正所以闡明堯舜「人心惟危，道心惟微，惟精惟一，允執厥中」的心傳。而這格、致、誠、正，正是孔門的「心印」，即傳心的準據。（註四）

五、經學即心學

由陽明早期經說，至恢復《大學》古本，作《大學問》，陽明所秉持的一貫思想是，經學是聖人之心學。此點在嘉靖四年（一五二五）七月所作的《稽山書院尊經閣記》一文，發揮的最為透徹。該文首先以為《六經》之理，皆是常道之發用流行，所以說：

> 經，常道也。其在天謂之命，其賦於人謂之性，其立於身謂之心。……是常道也，以言其陰陽消息之行焉，則謂之《易》；以言其紀綱政事之施焉，則謂之《書》；以言其歌詠性情之發焉，則謂之《詩》；以言其條理節文之著焉，則謂之《禮》；以言其欣喜和平之生焉，則謂之《樂》；以

言其誠僞邪正之辨焉，則謂之《春秋》。（《文集》，卷一，頁二三）

《六經》之義雖各有所偏重，都是心性天命之理。都是常道，所以陽明說：「《六經》非他，吾心之常道也。」又說：「《四書．五經》，不過說這心體。」這些話，可能來自象山所說：「學苟知本，六經皆我註腳。」而象山則遠承孟子：「萬物皆備於我，反身而誠，樂莫大焉。」可見此種觀念有很深的歷史淵源。陽明既以《六經》為吾心之常道，則要尊經，求之吾心即可。他說：

君子之於《六經》也，求之吾心之陰陽消息而時行焉，所以尊《易》也；求之吾心之紀綱政事而時施焉，所以尊《書》也；求之吾心之歌詠性情而時發焉，所以尊《詩》也；求之吾心之條理節文而時著焉，所以尊《禮》也；求之吾心之誠僞邪正而時辨焉，所以尊《春秋》也。（同上）

可見尊經，即在尊吾心之常道，亦即尊性、尊命。而後世之學者不知求《六經》之實理於吾心，而唯知考求其名物度數之形跡，拘牽於文義訓詁之末，以為《六經》之大義不外這些。此正是「貧兒說富」。所以，陽明大聲疾呼地說：

嗚呼！《六經》之學，其不明於世，非一朝一夕之故矣！尚功利、崇邪說，是謂亂經。習訓詁、傳記誦，沒溺於淺聞小見，以塗天下人之耳目，是謂侮經。侈淫辭，競詭辯，飾奸心盜行，逐世壟斷，而猶以為通經，是謂賊經。若是者，是併其所謂記載而割裂之矣！寧復知所以為尊經也乎！（《稽山書院尊經閣記》）

也因有亂經、侮經、賊經之事，所以經學不復被尊。此外，陽明在《重脩山陰縣學記》中更指出：「夫聖人之學，心學也，學以求盡心而已。」（《文集》，卷一，頁二四）而所謂心學即「人心惟危，道心惟微，惟精惟一，允執厥中」之古訓。但是，此種「心學」卻被誤以爲是禪學，所以陽明才會感嘆地說：「嗚呼！心學何由而復明乎！」（註五）

就《稽山書院尊經閣記》和《重脩山陰縣學記》二文來說，其主旨無非在闡釋「經學即心學」的道理。這也是陽明經學思想的總綱領。陽明所有有關經學的言論，幾乎都收攝在這一句話的概念內涵中。

六、結　論

從上文的論述，吾人可以發現，陽明對於經學的闡釋，有幾點值得注意：

其一：孟子講「萬物皆備於我」，所謂「我」即指「心」，陽明講「經學即心學」，可見陽明的思想理路，直接契會先秦之孟子。如果以最接近先秦儒學之本質者爲儒學之正統，則陽明在紛紛以提倡道統爲使命的宋明理學家中應該算是「正統」中的「正統」了。

其二：陽明藉恢復《大學》古本，以凸顯朱子《大學章句》的不合理，可看出他想突破宋學範限，直探聖人本旨的用心。此點對往後考據之學的發展自有一定的推動作用。蓋陽明所以欲恢復《大學》古本，無非要解決義理上之糾紛，而《大學》古本正是孔門眞傳。恰可決斷義理之是非。後來的學者逐漸體會出孔門之學所以不得眞相，乃因後代之僞經充斥所致，欲窺孔門眞面目，必先黜退僞經，清初的群經辨僞也在這種機緣下產生。

其三：陽明既收攝經學爲心學。則《四書》、《五經》所說的也不過這個「心」（良知）。而「致良知」在陽明的觀念，可以不必藉知識的累積來達成。既如此，讀經已非昇進過程中絕對必要的事。陽明尊經學爲心學，並大聲疾呼世人要尊經。實則，他的尊經使經學「經世致用」的作用大大的縮小，明末學者提出經學致用之說，可能是對陽明「經學即心學」的一種反動。

【附註】

註一　《大學古本旁釋》，今收入《百陵學山》和《函海》中。陳榮捷先生《王陽明傳習錄詳註集評》說：「《大學旁釋》早佚，《函海》所載《大學旁釋》爲僞作。《王文成公全書》不載。」（頁一七九）按：《函海》本之《大學旁釋》出自《百陵學山》，《百陵學山》編成於明隆慶二年（一五六八）。可見《大學古本旁釋》出現的時間甚早。

註二　《大學問》收入《王陽明全集·文集》（台北：文友書店，一九八〇年八月）卷六《雜著》，頁八九—九三。近年研究陽明《大學問》的論文有三：⑴王美奐《王陽明大學問之批判》，《華岡學報》五期（一九六九年三月），頁二五三—三二三。⑵成中英《論王陽明「朱子晚年定論」與「大學問」所涵攝的知識問題》，《傳習錄》二期（一九八三年十月），頁五九—七八。⑶蔡仁厚《王陽明「大學問」思想析論》，《中國書目季刊》二〇卷一期（一九八六年六月），頁三——一六。

註三　一九七五年四月，台北廣文書局曾將本書影印出版。

註四　本小節參考蔡仁厚先生撰《王陽明「大學問」思想析論》，《中國書目季刊》二〇卷一期（一九八六年六月），頁三——一六。勞思先生撰《中國哲學史》第三卷上冊（香港：友聯出版社，一九八〇年六月），頁四三五——四八五。

註五　本小節參考蔡仁厚先生撰《王陽明「經學即心學」的基本義旨——〈稽山書院尊經閣記〉之疏解》，《中華文化復興月刊》八卷九期（一九七五年九月），頁五〇——五二。

——原載《陽明學學術討論會論文集》（臺北：台灣師範大學人文教育中心，一九八九年三月），頁一四三——一五四。

晚明經學的復興運動

一、緒言

傳統觀念裏，明代是經學最衰落的時代。各種著作中，貶抑明代經學的言論可說俯拾即是。現在鈔錄數段作爲例證：其一，張廷玉撰《明史·儒林傳》說：

專門經訓授受源流，則二百七十餘年間，未聞以此名家者。經學非漢、唐之精專，性理襲宋、元之糟粕，論者謂科舉盛而儒術微，殆其然乎！（卷二八二，頁七二二二）

其二，《四庫提要》說：

明自萬曆以後，經學彌荒，篤實者局於文句，無所發明，高明者騖於玄虛，流爲恣肆。（卷五，經部易類五，頁一七，《易義古象通》八卷提要）

其三，皮錫瑞《經學歷史》說：

論宋、元、明三朝之經學，元不及宋，明又不及元。（頁二八三）

所以皮錫瑞的《經學歷史》就逕稱宋以後的經學爲「積衰時代」。其他經學史的書，敘述明代經學的發展，也特別簡略（註一）。雖然也有不少學者注意到梅鷟的《尚書考異》、陳第的《毛詩古音考》，但大多把他們二人的成就認爲是一種孤立事件，而未詳加探究此種著作所以產生的原因。數百年來，較能正視明代經學的發展，而給予客觀評價的是劉師培。劉氏《國學發微》一書，就明代經學、文字聲韻學、目錄學、諸子學的發展，說明明代學術之可貴者有十點，以爲「近儒之學，多賴明儒植其基，若轉斥明學爲空疏，夫亦忘本之甚矣。」（註二）此外，章太炎的《說林》一文對明人之學也甚爲推崇，他說：

> 儀徵劉光漢，贈余《字詁》、《義府》，明黃生作也。其言精塙，或出近世諸師上。夫僞古文之符證，發于梅鷟；周秦古音之例，造端於陳第。惟小學，亦自黃氏發之，孰謂明無人乎？顧獨唱而寡和耳。（《章氏遺書》，下冊，《太炎文錄初編》，卷一，頁一一七）

劉光漢，即劉師培。劉氏贈書給章氏，自有表彰明學之意。章氏所說周秦古音之例，造端於陳第；小學由黃生發之，皆非的論。但他對明學採肯定的態度，則毫無可疑。劉氏和章氏都是清末民國初相當有影響力的學者，他們的話應該得到學界的重視才對；可是當時並沒有多大的反映。後來，章氏的說法卻遭到陳登原的反駁。陳氏《國史舊聞》說：

> 章謂明人經學，開清人之先路，核實言之，章說殊爲矜奇。（頁一四四六，第五四八節，《明人經學》）

陳氏所謂「核實言之」，是否將明人的經學一一考核，不得而知。也許僅沿用前人之言來立論而已。但他深受傳統觀念的影響，則毫無疑問。

明代經學既被貶抑得如此厲害，學者們當然缺乏研究的興趣。自民國以來有關明代經學的論著也相當罕見。綜論明代經學發展的，僅日人山本正一的《明代中葉以降の經學について》（《東洋文化》第一九四期，昭和十六年三月）一篇而已。山本氏之文，國內甚爲罕見，注意者並不多。專論一家之經學者有數篇，論豐坊的，有平岡武夫的《豐坊與古書世學》、筆者之《豐坊與姚士粦》；論楊愼的，有筆者《楊愼之詩經學》；論梅鷟的，有戴君仁《第一個蒐集證據證明僞古文尙書的人——梅鷟》、劉文起《梅鷟尙書考異述略》；論陳第的，有楊崇煥《陳第古音學出自楊升菴辨》、李焯然《焦竑與陳第——明末清初古音學研究的兩位啓導者》、王天昌《陳第的毛詩古音考》等（註三）。各文皆僅探討一家之學術，對整個經學發展的脈絡，則無暇顧及。雖不專論明代經學，而能從學術思想史內在理路探討明學發展的，有胡適的《費經虞與費密——清學的兩個先驅者》、嵇文甫的《晚明考據學風的興起》、余英時先生的《從宋明儒學的發展論清代思想史——宋明儒學中知識主義的傳統》和《清代思想史的一個新解釋》等篇（註四）。各篇皆以爲清學已導源於明代中葉。此外，拙著《明代考據學研究》（註五），分論楊愼、梅鷟、陳耀文、胡應麟、焦竑、陳第、周嬰、方以智等人考據工作的成就，並證成胡適、嵇文甫、余英時等人的論點。以上各文雖已將明學與清學之間的傳承關係闡述至明，然畢竟非爲明代經學而作，實未能全面的展示晚明經學的研究成果。可見要從現有的論著中了解晚明經學的發展，並非易事。所以筆者才想藉本文來論究明代經學發展的大較，並驗證前人之言的是非。

所謂晚明，應該從萬曆年間算起較合理，然當時經學的復興，實始於嘉靖年間，所以本文的研究範圍，自以嘉靖至明亡這一百餘年間爲主。所引用的材料，除晚明這階段現存的經書外，也兼及：㈠當時的各種史書；㈡考據家雜考的書；㈢各種詩文集；㈣現代人的研究成果。所用的研究方法，是從閱讀的材料中，選取較特出的論點和內容，加以歸納，並闡明其意義。全文共分爲：㈠明初以來經學的衰落；㈡漢宋學問題的提出；㈢揚漢抑宋與漢宋兼採；㈣斥疑經改經之非；㈤經書眞僞之辨；㈥考訂文字音義；㈦考訂名物制度；㈧經書的輯佚工作等八項。這八項可說是晚明經學研究的八個方向，它們的成就如何？與清學的關係又如何？皆是本文要詳加討論的地方。

二、明初以來經學的衰落

自先秦至唐代孔穎達撰《五經正義》，這千餘年間的經學傳統，一般稱爲古注疏時代。漢人用傳注來傳經，偏重訓詁、名物的探討。六朝至唐的義疏，堅守「疏不破注」的原則，可見其注疏的精神仍舊承自漢人。後代的學者，如果特別強調漢人的傳經精神，就把這一階段的經學稱爲「漢學」。宋以後，開始提倡一種新的經學運動，以反對唐以前的古注疏傳統。宋人的經學運動，大抵表現在下列數方面：㈠重新檢討經傳的作者；㈡懷疑經書篇章字句的可靠性；㈢重新思考前人經說的正確性；㈣藉經書來闡發義理（註六）。這是一種全面性的經學運動，且與古注疏傳統有相當大的距離。所以後人稱這階段的經說爲「新經學」。且因爲是宋儒所提倡，又可稱爲「宋學」。

宋人為建立新的注經方式，一再強調漢儒對經學缺乏貢獻，漢人之經說也不可從。雖然如此，我們如果細檢宋人的經說，仍可看出不少參用古注疏的地方。可見宋儒與漢學傳統間的關係，仍未完全斷絕。傳統的理性成分仍舊在指導宋儒，使其不違失太遠。經學仍可維持一相當的水準。元代以後，開始將宋人經說立於學官，但仍參用古注疏。明初官學，稍承元代之舊，科舉所用的經注是：

1.《四書》主朱子《集注》。
2.《易》主程《傳》、朱子《本義》。
3.《書》主蔡沈《傳》及古注疏。
4.《詩》主朱子《集傳》。
5.《春秋》主《左氏》、《公羊》、《穀梁》三傳及胡安國、張洽《傳》。
6.《禮記》主古注疏。（《明史》，卷七十，《選舉志》，頁一六九四）

可見宋學和古注疏兼用。由於兼用漢、宋學，學者也可習得兩派說經之長，經學還不致趨於荒陋。但是，這種古今兼用的局面終被明成祖打破。永樂十二年敕胡廣、楊榮、金幼孜等人修《五經・四書大全》，僅用一年時間即完成。大部份內容是抄錄宋、元人經說，略去姓名，雜湊而成。根據前人的研究，各經大全的資料來源是：

1.《周易大全》，取材於董楷《周易傳義附錄》，董眞卿《周易會通》、胡一桂《周易本義附錄纂疏》、胡炳文《周易本義通釋》。

2. 《書傳大全》，大旨本於陳櫟《尙書集傳纂疏》、陳師凱《書蔡傳旁通》。
3. 《詩經大全》，全襲劉瑾的《詩傳通釋》，略變其體例。
4. 《春秋大全》，全襲汪克寬的《春秋胡傳纂疏》，而稍去其冗。
5. 《禮記大全》，以陳澔《禮記集說》爲主，兼採諸儒四十二家之說。
6. 《四書大全》，剽剟倪士毅的《四書輯釋》，而略加增刪。（註七）

可見已將古注疏全部摒棄。《大全》完成後，即成爲當時科舉考試的用書。而當時科舉又以八股取士，經學與八股結合爲一，經學遂日漸疏陋。後代學者，對《大全》所產生的影響，批評甚多。顧炎武以爲「經學之廢，實自此始。」（《日知錄》，卷二〇，頁五二五，《四書五經大全》條）又說：「自八股行而古學廢，《大全》出而經說亡。」（同上，頁五二六，《書傳會選》條）足見《大全》與經學興衰之關係。費燕峰《弘道書》也說：

> 明永樂專用熹說，《四書．五經大全》命科舉以爲程式，生徒趨時，遞相祖受，七十子所遺漢唐相傳共守之實學殆絕。（《道脈譜論》）

費氏特別提出《五經．四書大全》專用朱子之說，棄絕漢唐相傳之實學，此爲經學衰微之主因。今人馬宗霍對《大全》更有極激烈的批評。馬氏《中國經學史》說：

> 夫明修《大全》，與唐修《正義》，其爲官學同。然《正義》所據者，皆漢魏六朝之遺，且歷時十餘年，修改兩、三次，而後頒行。綜其事者，又爲經術湛深之大儒，故其書不徒該洽可觀，抑

亦淵源有自，然以頗雜讖緯，歐陽修猶有不正之譏。《大全》所據者，乃僅元人之遺耳。其去《正義》所據，已不可以道理計。而又不及一年，書即完成，無暇甄擇，自亦勢所必至，宜朱彝尊亦有《大全》乃至不全之譏也。(頁一三二)

《五經正義》總結前代經說，千餘年經學精神盡萃於該書。《五經大全》剽竊元人之說而成，成為經學興衰的一大關鍵。馬氏以此兩部書相比，最能看出經學的興衰演變之跡。馬氏又說：

明自永樂後，以《大全》取士，四方秀艾，困于帖括，以講章為經學，以類書為策府。其上者復高談性命，蹈于空疏，儒林之名，遂為空疏藏拙之地。(同上)

這段話痛陳經學與科舉結合後的弊病，和當時學者日蹈空疏的弊病。綜合前人諸說，《五經四書大全》給經學的不良影響，大概有下列幾點：

1.盡棄漢、唐人之說，以宋、元人的經說為主，使學者與古注疏隔絕，無法領受漢、唐人注經的精神。

2.所謂用宋、元人經說，乃剽剟抄襲而成，非能用心加以甄別。使後代學者以為經書之撰作，不過如此而已。

3.以《大全》作為取士的教科書，士人讀經僅止於取得功名，能用心鑽研經學的，少之又少。

《五經·四書大全》與科舉結合後所產生的種種弊端，當時學者也頗有指陳。如楊慎說：

本朝以經學取人，士子一經之外，罕所通貫。近日稍知務博，以譁名苟進，而不究本原，徒事末節。《五經》諸子則割取其碎語而誦之，謂之蠡測；歷代諸史，則抄節其碎事而綴之，謂之策套。其割取抄節之人已不通經涉史，而章句血脈皆失其眞。有以漢人爲唐人，唐事爲宋事者，有以一人析爲二人，二事合爲一事者。（《升菴外集》，卷六一，頁三，〈舉業之陋〉條）

可知在當時科舉下，大家爲求簡易、速成、已無人下苦功去鑽研經學。詹景鳳的話，也透露了這種消息。詹氏《詹氏小辨》說：

嘉靖中年而後，士人專以誦習時文爲逕捷，不但古經傳生平目未睹見，即國朝經書中傳注義訓一切抹去，止留揔語讀之，以求經書速完。如業《易》，則不復辨《詩》、《書》、《春秋》、《禮記》爲何物，或教以誦《五經》諸名言，曰：「經語可用者，時文中自有之。」乃不讀。……（卷三〇，頁三〇）

這些話和楊愼所說的非常相近。他們兩人都指出當時學者因科舉之故，僅習一經，罕能貫通他經。且爲取得功名，僅割取經書碎語，或時文引用經書之語誦習之。在這種情況下，經學那有不敗壞的道理。類似的話，曹安《讕言長語》也說過：

《周易》，人多讀《本義》，不讀傳，不知傳義不可闕；《書》，讀《禹貢》節要；《詩》，不讀變風雅；《春秋》，不詳崩、薨、卒、葬；《禮記》，《喪服》、《大記》等多不考；《學》、《庸》、多不讀《或問》；《論》、《孟》，多不讀序說。經有節文，史有略本，百家諸氏之書，皆有纂集，以爲一切目前苟且速成之計。父兄以是誇子弟，師儒以是訓學徒。近時

書坊又刊時文以衒末學，不使義理淹貫，可勝嘆哉！（卷上，頁六）

這種經學與科舉的結合，使經學淪爲利祿的工具，士人之研習經書也失去崇高的目標。經學中所蘊涵的眞義已無多少人了解。求聖人之道，應從經書中求之，也爲當時學者所忽略；以致成聖與讀經已分爲二事。所以，陳獻章即有反經學的傾向，他的《答張內翰廷祥書括而成詩呈胡希仁提學》說：

古人棄糟粕，糟粕非眞傳。……吾能握其機，何必窺陳編。（《白沙子全集》，卷六，頁六）

所謂「糟粕」，即指古聖人之書。莊子設齊桓公與輪扁的對話，道出讀古聖人書並無好處。白沙即引用這個典故來申明本心自足，不必讀陳編。古人書既沒有研讀的價值，非「糟粕」，是什麼？獻章的《藤蓑》五首之五又說：

朽生何所營，東坐復西坐，搔頭白髮少，攤地青蓑破，千卷萬卷書，全功歸在我，吾心能自得，糟粕安用那？（同上，卷六，頁九）

這正是糟粕《六經》，反對知識的明證。至王守仁出，深受陳獻章的影響，對於經驗知識更大爲反感。王氏說：

有訓詁之學，而傳之以爲名；有記誦之學，而言之以爲博；有詞章之學，而侈之以爲麗。若是者紛紛籍籍，群起角立於天下，又不知其幾家。萬徑千蹊，莫知所適。……記誦之廣，適以長其傲也；知識之多，適以行其惡也；聞見之博，適以肆其辨也；辭章之富，適以飾其僞也。（《傳習錄》，卷中，頁一三二）

這是陽明反對知識的明證。所以陳第要說：「書不必讀，自新會始也；物不必博，自餘姚始也。」（《謬言》，頁三五）此後，王學弟子於讀書一事皆不甚措意，即陽明大弟子王艮，讀書也僅止於《孝經》、《論語》、《大學》而已（《明史》，卷二八三，頁七二七四，《王艮傳》）。至於王學末流，更是束書不觀。焦竑曾感慨的說：「今子弟飽食安坐，典籍滿前，乃束書不觀，遊談無根。」（《筆乘續集》，卷四，頁二三四，《韓忠獻》條）《六經》爲士人所棄，自也是必然的事。

除上述諸事足以影響經學發展外，筆者以爲弘治、正德間的復古運動，也是經學中衰的重要因素。當時前後七子的口號是「文必秦漢，詩必盛唐。」他們以爲漢以後的文章，盛唐以後的詩，都不足效法。這也可視爲對宋學的一種反動。然如細加分析，他們所說的「文必秦漢」，並非宗秦、漢及其以前的經書，而是如周亮工《因樹屋書影》所說：「取司馬遷、班固之言，摘其字句，分門纂類，因仍附合。」（頁五）而已。可見當時之復古，非但不是恢復古聖人之道，也非從《史記》、《漢書》中探尋歷史散文的眞精神，而僅是尋章摘句，邯鄲學步罷了。這種與經學看似無關的復古運動，實也助長了經學的衰落。

以上《五經．四書大全》的編纂，及其對科舉所產生的影響，陳獻章、王陽明的反知識心態和前後七子的復古運動等，皆是影響經學發展，使其日趨庸陋的關鍵。閻若璩的話很明確的道出這段事實經過。他的《潛邱劄記》說：

予嘗發憤太息，三百年來學問文章，不能上追漢、唐，下不及宋、元者，其故有三：一壞於洪武十七年甲子定制，以八股取士，其失也陋。再壞於李夢陽等，提倡古學而不以《六經》爲根本，其失也俗。三壞於王守仁，講致良知之學，至於以讀書爲禁，其失也虛。（卷二）

若璩雖說「學問文章」，經學實已包括在內。

三、漢宋學問題的提出

在王學家提倡心學，反對經驗知識的浪潮中，理學中人經過深刻的反省，已開始強調經驗知識的重要，以糾正當時學界的頽風。首先，發出這種訊息的是王廷相。他的《雅述·上編》說：

> 近世儒者，務爲好高之論，別出德性之知，以爲知之至，而淺博學、審問、愼思、明辨之知爲不足，而不知聖人雖生知，惟性善、近道二者而已，其因習、因悟、因過、因疑之知，與人大同，況禮樂名物，古今事變，亦必待學而後知哉！（《王廷相集》，第三冊，頁八三六—七）

王氏以爲聖人雖有先驗之知，但僅止於性善、近道兩者而已。其他各種禮樂、名物仍須待學而後成。他又說：

> 夫聖賢之所以爲知者，不過思與見聞之會而已。世之儒者乃曰思慮見聞爲有知，不足爲知之至，別出德性之知爲無知，以爲大知。嗟乎！其禪乎，不思甚矣。（同上，頁八三六）

這段話斥責世人以聞見之知非知之至的謬誤。王氏這種強調經驗知識的言論，雖非專爲經學而立。但經學是古人智慧的結晶，對一個學者來說，並非先驗的知識。非先驗的知識，當然要靠經驗的累積而成。王氏肯定經驗知識的重要，正告訴當時學者沈潛累積工夫的重要。經學也就在這種微弱的空氣中逐漸復甦。

當時理學家所爭論的，不論是「性即理」或「心即理」，他們都強調是孔孟的意思，而非自己的看法。要解決這種論爭，最有效的方法是從孔、孟的書中去找立論的根據。這無疑地要涉及經典的研究。所以，王陽明要解決朱、陸異同，乃從經典的編輯考訂入手。其所以要恢復《大學》古本，即是因各種《大學》今本，皆不足以解決義理上的種種因難。他說：

《大學》古本，乃孔門相傳舊本耳。朱子疑其有所脱誤，而改正補緝之，在某則謂其本無脱誤，悉從其舊而已矣。……今讀其文詞，既明白而可通；論其工夫，又易簡而可入：亦何所按據而斷其此段在於彼，彼段之必在於此，與此之如何而缺，彼之如何而補？而遂改正補緝之，無乃重於背朱而輕於叛孔已乎？（《傳習錄》，卷中，頁一六六—一六七）

陽明以爲古本《大學》爲孔門之眞，其義理必得孔門眞傳，其文詞又明白可通，工夫又易簡可入，所以《大學》必不可改，成聖工夫祇須遵循《大學》古本即可。這種肯定古本《大學》價值的言論，已爲漢、唐經學的復興發出微弱的訊息。

當時，朱學派的羅欽順，曾因陽明《朱子晚年定論》一書，首先致書攻擊陽明。他知道純就理論的探討，而無所憑依，實不足以解決朱陸異同的問題。陸象山自謂因讀《孟子》而自得之，欽順則以爲《孟子》之言，與象山之學自有分別，故時引《孟子》之言來糾正象山的錯誤，並云象山之言和聖人之經不合（註八）。是故惟有窮究經書，始能明義理之是非。則想了解心性之學的學者，非下苦功窮究經學，是不足以濟事的。

從心學家爲求義理之眞，轉而重視經學的研究，來探究經學復興的跡象，也許僅能告訴我們心學與經學的復興仍有不可忽視的關係。但是，從前述的現象來看，這種脈動仍舊相當微弱。經學的復興運動，還要靠當時某些學者從漢宋儒的比較批評中，作較理性的選擇，然後揚漢學抑宋學，逐漸導經學於正路。

本文緒言部分說過，宋儒之解經，因襲漢儒者不少。但他們的意識裏大多是標榜新方法、新見解的。爲凸顯經學之新，對漢儒經說及其貢獻，也就刻意抹殺。這種現象已可說是一種漢宋之爭——宋代人和漢人經學精神的一種衝突。當時，漢人已是作古的人，宋人憑其主觀經驗對漢人作惡意的攻擊，而不會遭到反駁。這種刻意凸顯本身形象的新經學運動，經元人加以傳承，至明初《五經·四書大全》修撰後已逐漸變質。明中葉以後的學者，在厭倦宋人經說之餘，必定會拿漢學來與宋學相比較，重新檢討這兩派經說的功過得失。當時，這一類的言論，可說多得不勝枚舉。王鏊《震澤長語》說：

漢初六經，皆出秦火煨燼之末，孔壁剝蝕之餘，然去古未遠，尚遺孔門之舊。……諸儒掇拾補葺，專門名家，各守其師之說，其後鄭玄之徒，箋注訓釋，不遺餘力，雖未盡得聖經微旨，而其功不可誣也。宋儒性理之學行，漢儒之說盡廢，然其間有不可得而廢者。今猶見於《十三經注疏》，幸閩中尚有其板。使閩板或亡，則漢儒之學幾乎熄矣。（卷上，頁一）

王鏊生於明代宗景泰元年（一四五〇），比王陽明大二十二歲。已提出漢儒「去古未遠，尚遺孔門之舊」的看法。此乃漢學在明中葉時已逐漸復興的鐵證（註九）。雖然王鏊祇強調漢學不可廢，但本為宋學獨霸的局面，將逐漸變為漢宋兼採。這正表示宋儒影響力的漸次縮小，和漢學勢力的逐次膨脹。楊慎也說：

宋儒之失在廢漢儒而自用己見耳。……《六經》作于孔門，漢世去孔子未遠，傳之人雖劣，其說宜得其眞。宋儒去孔子千五百年矣，雖其聰穎過人，安能一但盡棄其舊而獨悟於心邪？（《升菴外集》，卷二六，頁三一五，《日中星鳥》條）

又說：

《六經》自火於秦，傳注于漢，疏釋于唐，議論于宋，日起而日變，學者亦當知其先後。近世學者往往舍傳注疏釋，便讀宋儒之議論，蓋不知議論之學自傳注疏釋出，特更作正大高明之論爾。傳注疏釋於經十得其六七，宋儒用力勤，剷僞以眞，補其三、四而備之也。（同上，卷六〇，頁一，《劉靜修論學》條）

楊慎這兩段話的意思，一如王鏊，以為漢世去孔子未遠，漢人經說應得其本眞。然他比王鏊更進一步的是，強調漢儒和宋儒在經典闡釋的一種傳承關係，所以他說宋人議論出於漢唐的傳注疏釋。漢唐的傳注疏釋傳經學十之六、七，宋人之新注傳十之三、四，恰好得經學之全。這不但肯定漢儒的地位，對宋人也不鄙薄，足見其態度甚為客觀。時代略後於楊慎的鄭曉也說：

> 宋儒有功於吾道甚多，但開口便說漢儒駁雜，又譏訕訓詁，恐未足以服漢儒之心。宋儒所資於漢儒者十七八，宋諸經傳注，儘有不及漢儒者。宋儒議漢儒太過，近世又信宋儒太過。要之，古注疏終不可廢也。（《經義考》，卷二九七，頁一〇上引）

鄭曉也強調漢、宋儒的傳承關係。然他已明白的表示宋儒有不及漢儒的地方。黃洪憲也說：

> 經藝奧微，漢儒精通其旨。使非注疏先行于世，則扃鐍未啓，宋儒之學未必能窺其堂奧。即使宋儒生經殘籍滅之後，其所窺識，未必能過古注疏也。矧漢去古未遠，表章之後，遺書肆出，諸儒校讎，未必無據，焉可盡訾哉！（費密撰《弘道書》，卷上，頁二一引）

黃氏一如鄭曉，已置宋儒於漢儒之下，所以才說「即使宋儒生經殘籍滅之後，其所窺識，未必能過注疏也。」當然，要宋儒生於經殘籍滅的漢代，就歷史事實來說，是根本不可能的。因此，有關宋儒之見解是否能超過古注疏，也是無法比較的問題。但是，我們所關心的，不在黃氏的話是否能兌現，而是從這些話中可看出學者對宋儒的態度已大加轉變。甚至已把漢儒置於宋儒之上。了解這種趨勢，則清初學者之推崇漢學，也是必然的事，費密說：

> 然漢儒，冢子也；後儒，叔季也。漢儒雖未事七十子，去古未遠，初當君子五世之澤，一也。尚傳聞先秦古書，故家遺俗，二也。未罹永嘉之亂，舊章〔未〕散失，三也。（同上，頁二七）

這些話當然是傳承明中葉以後學者的觀點而來。是一貫學風下的自然流露，並非費氏的刻意提倡。胡適先生以爲費氏之言代表清代學者的「漢學運動」（《胡適文存》，第三集，卷一，頁六九），但不可忽略他的運動是從明儒傳承而來。

從明中葉王鏊等人的漢宋兼採，至鄭曉、黃洪憲等人的置漢儒於宋儒之上。正是經學史上漢學復興的一場序幕。當然，宋儒與漢儒的優劣，必須根據個別經書，甚至個別的條目來定高低。籠統的甄別，根本不易得客觀的結論。但是，我們所要珍視的是明中葉以後的學者，似乎有意將那從學術舞台消失近五百年的漢學，重新把它恢復過來，胡適說：「人人皆知漢學盛于清代，而很少人知道這個尊崇漢儒的運動在明朝中葉已很興盛。」（同上，頁七〇）這觀點最爲正確，也最能道出明儒的心聲。

四、揚漢抑宋與漢宋兼採

前節引述明儒比較漢、宋儒，並分別其高下的話，主要是證明漢學已在明中葉時逐漸復興。這種漢學的復興運動並不僅僅是前文所引的那些議論而已，而是一種有系統，且全面性的學術活動。本文從本節以下將逐次舉證說明這種漢學運動的內容大較。首先，討論他們表彰漢學的具體內容。

明儒表彰漢學的口號是漢儒「去古未遠」。要申明這口號的最好方法是儘量凸顯漢儒與孔子及其後學的關係。要證明這種關係，可從兩方面來考慮。第一、兩者的時代是否相近或相承接。孔子及其弟子所在的春秋戰國時代，漢朝恰可與之承接，中間僅隔一秦朝而已。這點是歷史事實，根本無法否認。第二、漢人的經說是否能傳承孔門的精神。這點比較難證明，所以宋儒才會否定其間的關係。現在，如果能證明漢儒與孔門間的關係，則提倡漢學不但不受阻力，且也是天經地義的事。明儒如何來解決這問題？最好的方法是將傳經的統系加以釐清。

明代中葉起，這種追溯經學源頭的書也逐漸多起來。如張朝瑞的《孔門傳道錄》，專門記載孔門七十弟子，目的即在追尋經學的源頭。源頭一明，支脈也就井然有秩。其次，朱睦㮮的《授經圖》（註一〇），更是表彰漢學，明漢儒授受源流的大著作。朱氏曾說：「本朝經學，一稟宋儒，古人經解殘闕放失。乃訪求海內通儒，繕寫藏弆，晚年遂著是編，名之曰《授經圖》。」（《授經圖》，卷首，李錫齡引）全書二十卷，《易》、《書》、《詩》、《春秋》、《禮》，每經各四卷。各經皆分義例、圖表、諸儒傳略、著述四項討論。圖表部分，為各經傳授源流，只錄漢人；諸儒傳略，也只錄漢代經師，其表彰漢學的心態已甚為明顯。《四庫提要》說：

> 睦㮮之作是書，大旨論漢學之失傳，因溯其專門授受，欲儒者飲水思源，故所述列傳止於兩漢。其子勤美跋，亦稱秦燼之餘，《六經》殘滅，漢興諸儒頗傳不絕之緒，於是專門之學甚盛。至東京則授受鮮有次第，而經學亦稍稍衰矣。故是編所列多詳於前漢云。（卷八五，史部目錄一，頁一六，《授經圖》二十卷提要）

朱氏撰作此書之目的，已述之甚明。其他，如鄧元錫作《學校志》，從七十子述及近代，亦有闡明經學授受統系的作用。王圻作《道統考》，取儒林世系，收秦、漢、魏、晉、南北朝、隋、唐諸儒於宋儒之前。以為宋以前諸儒不可廢。明末清初的費密，更著《弘道書》。其中《道脈譜》，敘述七十子之後經學傳授的統系，以為儒學的傳授實不曾中斷，並無宋儒所說的「孟子沒而不得其傳焉」的事，以證明宋儒以周敦頤、二程、張載、朱子等人爲道統所寄的說法是錯誤的。費氏以爲秦、漢以來傳經諸儒都是七十子的眞正傳人，其中以漢儒特別重要。

可見，自明中葉以後，對經學授受源流的探究，旨在申明漢儒在經學傳授，或道統承續上的嫡傳地位。這種地位是不容宋人加以抹殺的。由於明代學者對漢儒的表彰，宋代學者想絕斷衆流，自以爲得孔、孟嫡傳的說法，自要被揭穿。一般人對於明儒汲汲於編著經學傳授源流的書，似不解其意，本文的闡述，或可作一注腳。

其次，再從經書注解來看當時經學的發展。當時經注的兩個趨向是：其一，刻意表彰漢人的注經方式；其二，突破宋人經說的束縛，而傾向漢、宋學兼採。如就提倡漢學最力的楊愼來說，《升菴外集》中攻擊宋儒之言，可說不計其數。當中免不了有小失而大譏的地方。但是，當時在宋學勢力籠罩之下，不有非常的破壞，必不能爭脫束縛。經說部分，譏刺朱子者也不少。如以朱子所以不明言《易圖》出於陳摶，乃「掩耳盜鐘」、「藏頭露尾」（《外集》，卷二四，頁八，《希夷易圖》條；頁九，《易圖考證》條）。又《井卦》，朱子以爲「井者，穴地出水之處」，楊氏則說：

朱子生南方，又兵戈隔絕，不見北方井制，書中考見之，不如目睹之眞也。故其解多支離。（《外集》，卷二五，頁五，《巽乎水而上水》條）

此譏刺朱子受地域限制，見聞不廣，所以解經多支離。至於宋儒張載欲行井田，胡宏想恢復封建，皆未能如願，朱子曾加以惋惜。楊氏則譏其迂（同上，卷二五，頁一三，《俗儒泥古》條）。當時楊氏的書傳播甚廣，人人皆讀之，人人遂以爲朱子之說不可盡信，攻擊、批評朱子的，也愈來愈多。即不全攻擊朱子者，也已不全用朱說矣。

楊愼攻擊朱子，目的是在掙脫朱學的牢籠。由反朱學而反宋學，進而倡導漢學，這也是必然的過程。楊氏經說中對古注疏的提倡，可說不遺餘力，如《百姓》條說：

《堯典》「百姓昭明」，以百姓爲有爵命者，其說出孔安國《尚書》古注。安國爲漢人，孔子之後，其說必有所授。蔡氏生千年之後，何據而變之邪？（《外集》，卷二六，頁一，《百姓》條）

這裏所謂孔安國《尚書》古注，實爲晉人僞託，楊氏不知，以爲出自漢人。因其出自漢人，故值得採信。而蔡沈生千年之後，與孔門之時代相隔太遠，必不能得聖人之眞，所以其說也不可從。又如《詩·邶風·凱風》有「睍睆黃鳥」句，「睍睆」二字，《毛傳》說「好貌」，是指顏色說的。朱子以爲「清和圓轉之意」，是指鳥聲說的（《詩集傳》，卷二，頁一九）。楊氏以爲「二字从目，目視之，知其爲色也。今注皆以爲鳥聲，似不及古注之爲得。」（《外集》，卷二八，頁一三，《緜蠻睍睆》條）可見他有意貶朱《傳》而採《毛傳》。其他重古注的地方甚多，可不必詳舉。楊氏這種貶抑宋儒推崇漢儒的作法，對當時學界必有相當的影響。

如從個別的經書來觀察，以《周易》和《詩經》二書的漢學傾向最爲明顯。漢代《易》學以象爲主。這種重象的研究方法，自從王弼注《易》以後，即被一掃而空，轉而以義理爲主，至宋的陳摶，變而言數。明人說《易經》，言義理者牽引釋氏；言數者又流入道家（《四庫提要》，卷五，經部，易類五，頁八，《周易象旨決錄》七卷提要）。然自明中葉以後，漢《易》逐漸受重視。熊過是嘉靖時人，他初讀宋《易》，深覺不合，所以改而研究漢《易》，著成《周易象旨決錄》一書。其書以恢復漢學爲職志，據舊說以證今人之誤的，有證字一〇一，證音三十八，證句二十六，證脫字七十九，證衍文三十，證當移植者三十二，證舊以不誤爲誤的有三（同上）。足見其用心之勤。陳士元有《易象鉤解》四卷、《易象彙解》二卷，皆在提倡漢《易》。《易象鉤解》專門闡釋經文取象之義，其自序以爲「朱晦菴、張南軒，善談《易》者，皆謂互體、五行、納甲、飛伏之類俱不可廢。」（《易象鉤解》，卷首）而所謂互體、五行、納甲、飛伏等，都是漢人說《易》的方法。至於《履卦》注以爲京氏《易》爲太卜所藏（註一二），其說並無根據，但要在表彰京氏之學，則爲不爭之事實。魏濬的《易義古象通》，書前有明象總論八篇，即原古象、理傳象、八卦正象、六爻位、卦爻畫、卦變、互體、反對動爻。皆在申明漢人以象治《易》的大旨。書中於漢、魏、晉、唐諸儒所論象義，取其近正者，所以名爲「古象通」。則魏氏表彰漢學的意思已甚爲明顯。何楷的《古周易訂詁》，刻意恢復《周易》古本，且雜採舊說。《四庫提要》說：

> 楷之學雖博而不精，然取材宏富，漢、晉以來之舊說雜采竝陳，不株守一家之言，又辭必有據，亦不爲懸空臆斷，穿鑿附會之說，每可以見先儒之餘緒。明人經解空疏者多，棄短取長，不得已而思其次，楷書猶足采擇者，正不可以駁雜廢矣。（卷五，經部，易類五，頁二五，《古周易訂詁》十六卷提要）

何氏書兼採漢、晉以來之說，所以稱《古周易訂詁》。這些漢、晉以來的古注疏，足備後人研經時采擇之用，所以《四庫提要》以爲其書不可廢。至於朱謀㙔的《周易象通》，雖有改經之弊（註一二），然著書之意也在表彰漢學。可見從明中葉起，所謂漢《易》已復甦，《易》學家絀宋學的日多。漢《易》實不待清代的惠棟、張惠言來提倡也。

如就《詩經》來說，大多尊從毛、鄭，或主漢、宋兼採，如李先芳的《讀詩私記》，大多採毛、鄭之言，毛、鄭不足採用的，就參考呂祖謙之《呂氏家塾讀詩記》、嚴粲《詩緝》。如說《鄭風·子衿》，仍採《詩序》「刺學校廢」之義，而不取朱子「淫詩」之說（《詩集傳》，卷四，頁五四）。李氏又說《國風》、《大小雅》，本無正變之名，則不從漢人之說（註一三）。足見其漢、宋兼採，折衷調停之意。張廷臣的《張氏說詩》，以爲「《詩序》有所傳授，不應盡廢」。郝敬的《毛詩原解》，全在駁朱子《詩集傳》改《序》之非，於詩《小序》則主張以首句爲主。朱謀㙔的《詩故》，從書名就可知其推崇漢學之意。他主張以小序首句爲主，立說大多和朱子有所異同。章調鼎的《詩經備考》，則攻擊朱子不遺餘力。大抵來說，當時《詩經》學家，大多不滿朱子廢《詩序》，主張以《詩序》首句爲據，然後兼採漢、宋人之長。這種漢、宋間的消長演變，在這裏看得最清楚。

此外，在當時恢復漢學潮流中的另一現象，即僞造古經說。如：豐坊之僞造《古易世學》、《古書世學》、《魯詩世學》、《春秋世學》、《石經大學》、《石經中庸》、《子貢詩傳》，和王文祿的《申培詩說》（註一四），姚士粦的《孟子外書》等。當時學者大多信之不疑，或傳刻，或引用，或闡述，不一而足。這些僞書家，大多想藉所造的僞書，來提倡漢學。吾人正不可因其爲僞造，而忽略其時代意義。而當時學者所以篤信之，正因爲心向漢學，既有漢代的經說出現，自應尊崇。這是研究晚明經學思想者，所應特別注意的事。

五、斥疑經改經之非

在提倡漢學的過程中，如果承認經書是孔門眞傳，則經書不可隨意篡改也是必然的事。但是，自宋初以來疑經改經的事層出不窮，經書也變爲學者逞意妄作的試驗場。明代學者師宋人之餘技，改經者不少，這種風氣，已深深的斲傷了經書的尊嚴。經學之不受重視，實非意外。

如要重振經學的地位，當然要對前人的疑經改經加以譴責批評。這種批評的風氣，也起於明中葉。鄭瑗《井觀瑣言》說：

> 凡古書簡編錯亂，程、朱大儒亦不敢擅爲更張，但云某當作某，某當在某下，某當在某之前而已。惟《孝經》、《大學》傳文之錯，有經文可依據，故朱子考而正之。今此書任意移易，輒云當麗於此無疑，如內饔當膳羞，辨腥臊羶香之不可食者，遽取《內則》「牛夜鳴則庮」等辭以附之，豈先聖闕疑之意乎？（卷三，頁七一八）

鄭瑗以爲程、朱於經書，但有根據者始改之。如明知其錯簡，而無根據者，也只作「某當作某，某當在某之下，某當在某之前」而已，不敢擅爲更張。足見鄭氏對於客觀證據的重視。他的《

井觀瑣言》又說：

凡經傳之文，有錯簡者，須有顯證，方可移易，如《大學》傳文，有經文可證，乃可更定；《周書·武成》有月日事理可推，乃可更定，後之儒者率以己意所便，輒欲變移經文，如王魯齋只憑《漢·藝文志》《中庸說》二篇一辭，欲析《中庸》爲二篇，移易其文，使各以類相從。且魯齋最不信《家語》，謂朱子不當據《家語》以正《中庸》，似矣。班氏《漢志》獨可據以正《中庸》乎？況其所謂二篇，本指其注說，非指其正文也。又據《孟子》以「戎狄是膺，荊舒是懲」，爲周公之事，而欲移《魯頌》「泰山巖巖」，「保有鳧繹」兩章於「土田附庸」之下；而以「俾爾昌而熾」一段接於「亦其福女」之後。殊不知古人引經，只是斷章見意，不如後世之拘也。如「憂心悄悄，慍于群小」，孔子也；「肆不殄厥慍，亦不隕厥問」，文王也。雖魯齋其能強爲移易，以遷其說乎？（卷三，頁九—一〇）

又說：

〔魯齋〕又欲以《二雅》中不合於正雅者，皆歸之《王風》，又欲以《豳風》七詩，分入變雅。豫章熊與可本吳材老之說，以《洪範》「歲月日無易」等言爲四五紀疇文，「斂時五福」等言爲九五福疇文。雖剪截破碎，惑亂後學，然猶勉強可通。至於移「惟辟作福」等言爲六極疇文，於義何所取乎？凡此皆進退無據，而輕改聖經之舊，治經者所當深戒也。（卷三，頁一〇）

鄭氏這兩段話仍舊強調無明顯證據，不可輕改經文。並斥王魯齋等人之非。王魯齋即王柏，作有《書疑》及《詩疑》二書，將《書》、《詩》之篇章、文句任意移易，爲宋人改經之最嚴重者（註一五）。鄭氏明斥之，自是有感而發。《易經》的《雜卦傳》說：「晉，晝也；明夷，誅也。」宋人孫奕以爲「誅當作昧，明出地上爲晝，明入地下爲昧，庶得反對之義。昧叶音如暮。」楊慎說：

> 孫說似矣，而經文不可改也。既改字又改音，可乎？（《外集》，卷二五，頁一，《晉卦》條）

楊氏雖贊同孫氏以「誅」爲「昧」的說法，然對其改經則不以爲然，所以說「經文不可改」。楊氏又說：

> 《漢書‧律歷志》劉歆條奏引書曰：「先其祘命」，師古曰：「逸書也、言王者統業先立算數，以命百事也。祘，古算字。」近俗本改「祘」作「算」，而俗士不知算命之義，又顛倒其字作「先算其命」，成何語言，似星士招牌矣。可笑也，又可惡也。凡古書有古字不可輕改。若依古作「祘」則人雖罕識，而識之者必博古士也。（《外集》，卷二六，頁二五，《先其祘命》條）

這段話在斥責改「先其祘命」爲「先算其命」之非。以爲將「祘」改爲「算」，已是不可。又顛倒其字作「先算其命」，好像是相士的招牌。並重申「凡古書有古字不可輕改」。楊慎治學，或增纂詩文字句，或於經注中增刪文句，有時更僞撰文句，以證成己說（註一六）。然對保存經書字句的原來面目，不可加以增改，則有較高的自覺。於此可見經書在他心目中的地位。柴紹炳也說：

> 《春秋》載夏五、郭公、杞子伯、甲戌、己丑之類，以其傳疑，未嘗輒加增損。《論語》曰：「君子於其所不知，蓋闕如也。」至宋代儒者多以己意刪訂經文，二程改《大學》，朱子作《

孝經刊誤》，將舊文併省分屬經傳，而刪其字句。夫仲尼不敢改魯史，而程、朱改《孝經》、《大學》。此等事，聽先儒自爲之，勿效之也。（《經義考》，卷二九七，頁一六引）

此言孔子不敢改魯史，而程、朱竟敢改《孝經》、《大學》。已明言程、朱之大膽。最後，他雖婉言勸告勿效先儒之改經，但不以改經爲然，已溢於言表。明末清初的顧炎武也說：

萬曆末，吳中趙凡夫宧光，作《說文長箋》，將自古相傳之《五經》，肆意刊改，好行小慧，以求異于先儒，乃以「青青子衿」爲淫奔之詩，而謂衿即衾字，如此類者非一。（《日知錄》，卷二三，頁六一三，〈趙宧光說文長箋〉條）

此明斥趙宧光引用經文時肆意更改之非。顧氏又說：

改定經文，如程子改《易・繫辭》「天一地二」一節，於「天數五」之上；《論語》「必有寢衣」一節於「齊必有明衣布」之下。蘇子瞻改書「《洪範》曰：王省惟歲」一節於「五日曆數」之下，改《康誥》「惟三月哉生魄」一節於《洛誥》「周公拜手稽手」之上。朱子改《大學》「康誥曰」至「止於信」於「未之有也」之下；改「《詩》云：瞻彼淇澳」二節於「止於信」之下；《論語》「誠不以富」二句於「齊景公有馬千駟」一節之下；《詩・小雅・南陔》是鹿鳴之什，而下改爲白華之什，皆至當，無復可議。後人效之，妄生穿鑿。《周禮》五官互相更調。而王文憲作《二南相配圖》、《洪範經傳圖》、《重定中庸章句圖》，改《甘棠》、《野有死麕》、《何彼穠矣》三章於《王風》。仁山金氏本此，改「欽時五福」一節於「五曰考終命」之下，改「惟辟作福」一節於「六曰弱」之下。使鄒魯之傳書於今者幾無完篇，殆非所謂畏聖人之言者矣。（《經義考》，卷二九七，頁一六）

炎武之言，一如鄭瑗，於程、朱等人之改經，皆以爲至當，無復可議。其所以無復可議，乃因改經必須有充分之證據爲基礎。王柏（王文憲）、金履祥（仁山金氏）等人，沿波而起，肆意妄作，自爲炎武所不取。

從上引鄭瑗至顧炎武之言，可知明中葉至明末之學者，於前人或時人之改經，皆深致不滿之意。雖然，晚明學者之改經者仍層出不窮，如朱謀㙔的《周易象通》、華兆登的《周易古本》；何喬新的《周禮集注》、王應電的《周禮傳》、柯尚遷的《周禮全傳釋原》、舒芬的《周禮定本》、季本的《讀禮疑圖》、陳深的《周禮訓雋》、沈瑤的《周禮發明》、郭良翰的《周禮古本訂注》、郎兆玉的《古周禮》、陳仁錫的《重訂古周禮》等，還有作僞書的豐坊《子貢詩傳》，王文祿《申培詩說》等，也都移易經書順序。以上諸家之改經，或更甚於王柏。然鄭瑗以下諸學者，爲保全經書完整面目的苦心，是吾人所應特加注意的。而且，這種斥疑經改經之非的言論，對當時經學的復興自有某種程度的貢獻。

六、經書真僞之辨

當時經學研究的另一重要課題，就是經書眞僞之辨。其中以《周易》和《尚書》的研究較具成就。這種眞僞的論辨，即在剔除經書中非孔門眞傳的部分，以免因後人的附會而影響到經書的純正性。茲先從《易圖》說起。

朱子《周易本義》前列有九個圖，即《河圖圖》、《洛書圖》、《伏羲八卦次序圖》、《伏羲八卦方位圖》《伏羲六十四卦次序圖》《伏羲六十四卦方位圖》、《文王八卦次序圖》、《文王八卦方位圖》、《卦變圖》等。前八圖皆非朱子所作。河圖、洛書和伏羲四圖，即所謂先天圖。朱子《本義》的圖說云：「古伏羲四圖，其說皆出於邵氏，蓋邵氏得之李之才挺之，挺之得之穆修伯長，伯長得之華山希夷先生陳摶圖南者，所謂先天之學也。」（《易圖》，頁一〇）他只說易圖得之於陳摶，並未說明作者。文王二圖，朱子圖說云：「邵子曰：此文王八卦，乃入用之位，後天之學也。」（同上，頁一二）也沒有說明作者是誰。由於朱學的影響力特大，所以後人皆信前八圖爲伏羲、文王所傳。

在明中葉反宋學氣氛逐漸高漲下，易圖的眞僞問題，也首先被提出討論。楊愼說：

> 陳希夷曰：「《易》學意、言、象、數四者，不可闕一。其理具見於聖人之經，不煩文字解說。止有一圖，謂先天方圓也，以寓陰陽消長之說，與卦之生變，圖亦非創意以作，孔子《繫辭》述之明矣。」又作《易龍圖》，序曰：「龍圖者，天散而示之，伏羲合而用之，仲尼默而形之。」希夷以授穆伯長，伯長以授李挺之。挺之即邵康節師也。挺之謂邵雍曰：「科舉外有義理之學，義理外有物理之學，物理外有性命之學。雍悉傳之，作《後天圖》。」見於邵伯溫之序。朱子因其出於希夷而諱言之，殆掩耳盜鐘也。後作《周易啓蒙》，指孔子《繫辭傳》「天地定位」

曰：「此先天之學」；「事出乎震」一節曰：「此後天之學」；「數往者順」一節曰：「直解圖意」。庚圖誤人，似說《易》元有此圖矣。蓋康節因孔子《易傳》難明，因希夷之圖，又作《後天圖》以示人。如周子因孔子「易有太極」一句而作《太極圖》。今便謂先有《太極圖》而後有《易傳》，可乎？如《詩集傳》有《七月流火圖》，便謂先有此圖而後作《七月》詩，可乎？今程文及舉業有用先天、後天及橫圖、圓圖、直解圖意字於破題者，皆不通古今者也。茅塞一世，眩惑千古，莫此為甚。士不知此，何以謂之明經？（《外集》，卷二四，頁七一八）

楊氏這段話的重點，約有下列數項：

1.說明《先天圖》作於陳摶。《後天圖》作於邵雍，邵雍所以作圖，乃因孔子《易》學難明，作圖以闡發之。朱子所以不明言作者，是因為那些圖源於道士陳摶，不敢直接說出來。

2.朱子《易學啟蒙》，似乎以為先有易圖，然後才有《易繫辭》中的解說文字。楊慎舉《太極圖》，因「易有太極」一語而作；《七月流火圖》因《七月》一詩而作。以糾正朱子觀念的錯誤。

3.後人以易圖入科舉考試，實不明《易》學淵源所造成的荒謬行為。如果不明易圖的來源，即不可謂之明經。

其中，第三點說明要通經，需將附會於經書之假貨掃除，觀點最為正確。楊氏又說：

胡一桂云：「宋一代之《易》學，希夷先天一圖開象數之門，至邵子經世書而碩大光明。周子太極一圖，洪理義之門，至程子《易傳》而浩博弘肆。」愚觀此言，易圖先天始於希夷，而後天續於康節。朱子所以不明言者，非爲康節，直以希夷。恐後人議其流於神仙。藏頭露尾，亦何益哉！（《外集》，卷二四，頁八一九）

此條引胡一桂之言，再次強調易圖出於希夷，及朱子不敢明言的苦衷。此外，季本有《易學四同》八卷，《別錄》四卷。《別錄》中有《圖文餘辨》二卷，分內外二篇。內篇辨朱子《周易本義》所附九圖之誤。以爲《先天圖》頗有可疑，至《後天圖》則明指爲非文王所作（《四庫提要》，卷七，經部，易類存目一，頁二二，《周易四同》八卷、《別錄》四卷提要）。至於歸有光則有《易圖論上》、《易圖論下》、《易圖論後》三篇，以辨易圖之非。其《易圖論上》一開頭即說：「易圖非伏羲之書也，此邵子之學也。」並云伏羲所作僅八卦，並重之而已。接著說：

今世所謂圖學者，以此爲周之易而非伏羲之易，別出橫圖於前；又左右分析之以象天氣，謂之圜圖。於其中交加八宮，以象地類，謂之方圖。夫易之於天氣地類蓋詳矣。奚俟夫圖而後見也。且謂其必出於伏羲，既規橫以爲圜，又塡圜以爲方，前列六十四於橫圖，後列一百二十八於圜圖。太古無言之教，何如是之紛紛耶？（《歸震川全集》，卷一，頁一）

又說：

諸經遭秦火之厄，《易》獨以卜筮存，漢儒傳授甚明，雖於大義，無所發越，而保殘守缺，惟恐散佚，不應此圖交疊環布，遠出姬孔之前，乃棄而不論，而獨流落於方士之家，此豈可據以爲信乎。（同上，頁二）

《易圖論下》說：

> 自漢以來，說《易》者今雖不多見，然王弼、韓康伯之書尚在。其解前所稱諸章，無有以圖爲說者，蓋以圖說《易》，自邵子始。（同上，頁四）

歸有光三篇論文甚長，本文所引者僅上述三段。其要點有二；其一，伏羲所作者僅八卦，再重之爲六十四卦而已。並不作《先天圖》。且伏羲是聖人，行無言之教，必不作那種繁複的易圖。其二，就《易》學的傳授來說，宋以前皆不云有易圖；即使有，也不應落入方士家之手。以圖說《易》自邵子始。明末陳元齡的《思問初編》有《圖書》、《後天》兩條，明言邵雍牽合道家之說以爲圖，並斥朱子不信文王、孔子，而信邵子之非（註一七）。

可見明代的學者已能從多方面的觀點來證明易圖不出於伏羲、文王，而是出於陳摶、邵雍。後清初之辨易圖，如黃宗炎的《圖學辨惑》、《周易尋門餘論》、《周易象辭》；黃宗羲的《易學象數論》；毛奇齡的《河圖洛書原舛編》；胡渭的《易圖明辨》，祇不過較明人細膩深刻而已。學術之發展，往往由粗而精。明中葉至清初的一貫學風，也由此表露無疑。

其次，述《尚書》眞僞的論辨。自晉代《僞古文尚書》五十八篇出現以後，至宋人吳棫、朱子、元趙孟頫、吳澄、王充耘等人始漸疑其非眞（註一八）。至明中葉，考辨工作始大有進展。鄭曉著有《尚書考》二卷，據朱彝尊說：「中多辨證古文之非。」（《經義考》，卷八九，頁一）其書今已亡佚，但閻若璩《尚書古文疏證》頗有引用（註一九）。另鄭瑗的《井觀瑣言》，也有疑《古文尚書》

者兩條，已知用古器物和《尚書》經文比較（卷一，頁一—三）。然辨僞成就最高者，應屬梅鷟。梅氏作《尚書譜》、《尚書考異》二書（註二〇）。其著書之意，已見於其《尚書考異序》中。該序說：

> 愚每讀書至此，未嘗不嘆息痛恨于先儒也。夫所貴乎儒者之釋經，在能除聖經之蔽翳，使秕稗不得雜嘉穀，魚目不得以混明珠，華丹不得以亂窈窕焉耳。今反崇信僞書，以囚奴正經，予畏聖人之言，故不得是而正之，特作《考異》，使學者渙然知蔽塞之由，然後知余之恢復聖經，蓋有不得已焉，而非苟爲好辨者也。（卷首）

可見他的辨僞工作，是要分別眞書和僞書，使僞書不得囚奴正經。《尚書考異》六卷，卷一錄諸家有關《尚書》之記載，兼考辨各家說法的得失；卷二至卷五，將《僞古文尚書》二十五篇字句之來源一一指出，並批駁其謬誤矛盾的地方。卷六考伏生《尚書》字句之異。以卷二至卷五，最受贊賞。蓋朱子、吳澄等人之辨《古文尚書》，僅止於懷疑而已，並未詳加蒐證。梅氏則將二十五篇中各字句指出其來源。可說證據確鑿。但是，梅氏的結論以爲孔壁古文十六篇爲張霸僞作，又以爲東晉出現之僞古文爲皇甫謐僞作（註二一）。經後代學者的研究，梅氏的結論並不正確。然其能導風氣於先，已值得令人欽敬。

除梅氏之考辨外，歸有光有《尚書敘錄》一文，亦疑今文、古文之說（《歸震川全集》，卷一，頁九）。焦竑曾引梅鷟的話和歸有光的《尚書敘錄》，且云：「余嘗疑《尚書》古文之僞。」（《筆乘》，卷一，頁四，《尚書古文》條）其《國史經籍志》更斥唐人以晚晉雜亂之書定爲義疏，漢、魏專門之學遂廢。（卷二，頁一六）足見焦氏對《古文尚書》的態度。另郝敬作《尚書辨解》十卷，前八卷，解伏生所傳之二十八篇；後二卷，專辨伏生以外二十五篇之不可信。見解與梅氏相同者甚多（註二二）。可見明中葉以後，考辨《僞古文尚書》之風氣已甚盛。雖然，當時仍有守舊派，力主《僞古文》爲眞書，而反駁梅鷟之非的，如陳第的《尚書疏衍》四卷，和陳元齡《思問初編》中的《尚書古文駁駁》（註二三）。但是，這種辨僞的浪潮，已非守舊派的學者所能抵擋。明末清初，如黃宗羲、顧炎武、馬驌、朱彝尊、胡渭、閻若璩、馮景、姚際恒等人皆有考辨（註二四）。閻若璩之《尚書古文疏證》，更舉一二八條僞證，《古文尚書》是後人僞撰，始成定讞。

《詩經》本身之問題較少，倒是僞託子貢、申培所撰的《子貢詩傳》、《申培詩說》二書，在當時學界有不少影響力。二書出現後，爲其傳刻、闡釋的學者不少。也有一些學者懷疑是僞撰。如周應賓辨《申培詩說》云：

> 近又有刻《詩說》者，其體與《毛詩小序》相類，云是申公所著，其說與豐氏盡同，惟篇次稍異耳。……是又依倣豐氏而爲之者耳。（《九經考異．詩經考異》，頁一）

以《申培詩說》與豐坊的《魯詩世學》盡同，可能是依仿豐氏而作。朱朝瑛的《讀詩略記》，也有論辨（註二五）。陳元齡《思問初編》有《詩說》、《詩傳》兩條，《詩說》條說：「今所傳《申公詩說》一卷，不詳其出於何時，以余所覩考之，大抵後人僞作也。」然後舉出五點證據，證明非漢代的《魯詩》。而以爲「大抵此書嘉、隆以前俱不經見。其出近時贗撰無疑。至《子貢詩傳》尤《詩說》

之後乘也。」（《思問初編》，卷三，頁六）《詩傳》條，則斥《詩傳》改經之妄謬。

上述有關《詩傳》、《詩說》之考辨，或疑其僞，或已知爲僞，但未能確定作者。明末清初的學者承繼這傳統，如朱彝尊的《經義考》，也有論辨（卷一〇〇，頁一），毛奇齡更著《詩傳詩說駁議》，詳舉二書的僞跡，以爲皆出於郭子章僞作。姚際恒的《古今僞書考》和《詩經通論》，對二書也都有駁斥（註二六）。足見明、清學者辨僞工作的傳承關係。

至於《周禮》一書之眞僞，宋人已有辨之者，明代學者也有考辨，如：王道說：

文、武、周公，聖人也。其所講畫必簡易明達，決不至如《周禮》之煩冗瑣屑。以爲治岐之政，理財之書，斷斷其不然矣。然謂之陰謀之書，則實迂謬不類乎陰謀，謂之附會，則實片段不類乎附會。惟斥之以爲「末世黷亂不驗之書」，庶切爲中其病。（張心澂《僞書通考》，頁三五九引）

此以聖人之書必簡易明達，《周禮》煩冗瑣屑必非聖人之書，而以爲「末世黷亂不驗之書」，最能切中其病。金瑤有《周禮述注》六卷，謂「《周禮》之文爲漢儒所竄改，其中有僞官亂句，悉爲考定。」（《四庫提要》，卷二三，經部，禮類存目一，頁六，《周禮述註》六卷提要）可見金氏以爲《周禮》中有漢人竄入之字句。陳仁錫則以爲《周禮》有四疑點。陳氏說：

1.墨辠五百，劓辠五百，刖辠五百，太平之世残形刻膚，赭衣菲屨，交臂歷指而塞路。疑一也。

2.泉府之職，官與民市，吏不能皆才，民不能皆愿。吏橫則欺民，民猾則欺吏。疑二也。

3.周家祭祀，莫詳於頌。《昊天》之詩，郊祀無分祭之文。《般》之詩，望祀四岳，河海四望與山川無異祭之文。既右烈祖，亦右文母，妣與祖無各祭之文。其作樂亦未聞有用歷代之奏以分祀之禮。疑三也。

4.周西都則關中也，東都則洛陽也，以千八百國計之，公五百里，侯四百里，伯三百里，子二百里，男百里，而海內之地方千里者九，何以封？疑四也。（《僞書通考》，頁三六〇引）

陳氏所述四疑點，已較能客觀的論辨。尤以第四點最爲合理。當時辨《周禮》之風氣雖不如《尚書》之盛，所用之方法也不夠周密。但是，入清以後，萬斯大有《周官辨非》、毛奇齡有《周禮問》、姚際恒有《周禮通論》、方苞有《周官辨》等，或以爲《周官》非周公之書，或以爲出於戰國之末，或以爲出西漢之末，或云經劉歆竄亂。說法不一而足。這正表示大家對《周禮》都有高度的興趣。

另外，豐坊的《石經大學》，說是魏政和石經，當時學者亦有所考辨。陳耀文曾就石經刊石之時代，及《禮記》之傳授辨之（註二七）。瞿汝稷也說：

魏者僞，魏無政和而言政和，亡是子虛之謂也。（《經義考》，卷一六〇，頁一，《豐坊石經大學》條引）

吳應賓也說：

《石經大學》非眞石經也，……按魏文帝始以黃初起元；在明帝則爲太和，爲青龍，爲景初；在齊王芳則爲正始，爲嘉平；在高貴鄉公，則爲正元，爲甘露；在元帝則爲景元，爲咸熙；而禪於晉。未嘗有政和之年號。（同上）

瞿氏和吳氏都從年號來立論，以魏無政和年號，所以《石經大學》不可信。其後，謝兆申有《石經考證》、吳秋圃有《大學通考》、陳龍正有《學言詳記》等（註二八），皆辨《石經大學》之僞。入清以後，毛奇齡著《大學證文》、朱彝尊《經義考》和翟灝《四書考異》（註二九），更詳加論辨，《石經大學》之僞，始成定讞。

以上述及《易圖》、《古文尙書》、《子貢詩傳》、《申培詩說》、《周禮》、《石經大學》等書眞僞之辨，大多是明人已開其端緒，然後清人再作更周密、詳盡之辨證。明、清兩代學術的傳承關係，從考辨僞書一項觀之，脈絡最爲清楚。

七、考訂文字音義

當時糟粕經書的另一重大影響，即不重視字學，所以明中葉以前研究文字音義者甚少，較受注意者僅趙謙一家而已（註三〇）。這種不重視字學的風氣，對不窮究古學的人來說，並沒有什麼不便。但是，在一片提倡漢學的聲浪中，要讀經書或其他古書，必會遇上文字上的種種困難。此種困難就得有文字學或聲韻學的知識來克服。所以，當時的考證家也漸漸領悟文字音義對於讀古書的重要性。楊愼《六書索隱序》說：

今日此學（指字學），景廢響絕。談性命者，不過剽程、朱子菑魄；工文辭者，止於拾《史》、《漢》之聱牙。示以形聲、孳乳，質以《蒼》、《雅》、《林》、《統》，反不若秦時刀筆之吏，漢

代奇觚之童，而何以望古人之宮牆哉！（《升菴全集》，卷二，頁二〇）

楊愼感嘆當時學者僅知剽程、朱之糟粕，拾《史》、《漢》之聱牙，而字學的造詣反不如秦的刀筆吏，漢的奇觚童。這些話正是當時學術風氣的正確反映。此外，楊氏還提出一嚴肅的問題，就是：不通字學，不能望古人之宮牆。亦即要讀通古書，應該要先通字學。這種觀念，對當時沈迷於空談心性的學者來說，必有相當大的震撼力。此後，和楊氏相近似的言論隨處可見。焦竑說：「今人不通字學，而欲讀古書，難矣哉。」（《筆乘》，卷二，頁三二，《徐廣註誤》條）他爲李行周《書文音義便考》作序時也說：

嗟乎！士未有不通古人之經，而能知其義者，亦未有不通古人之字，而能知其經者。學者尚（倘）繇此編而觸類以得之，毋謂古道之終難還也。（《焦氏澹園集》，卷一五，頁五五一）

焦氏以爲欲通古人之經，必先通字學。這種觀念在其所作《俗書刊誤》，也有強調。他說：「此編（指《俗書刊誤》）所載其略也。學者能觸類以求之，通經學古，此亦其津筏也夫。」（《俗書刊誤·自序》）當時文字音義的研究，所以駸駸然盛，楊愼和焦竑等人的刻意提倡，必是主因。明末，方以智對字學的重要，有更進一層的強調。方氏說：

備萬物之體用，莫過于字；包眾字之形聲，莫過于韻，是理事名物之辨當管庫也。……此小學必不可少者也。（《通雅》，卷首二，《襍學考略》，頁七下）

又說：

函雅故，通古今，此鼓篋之必有事也。不安其藝，不能樂業；不通古今，何以協藝相傳，詎曰

訓詁小學可弁髦乎？理其理，事其事，時其時，開而辨名當物，未有離乎聲音文字而可以舉以正者也。（《通雅序》）

方氏以文字音義之學爲「理事名物辨當之管庫」，以爲訓詁小學不可弁髦。足見他對文字音義的重視。

但是，如果僅空談文字的重要，而未作實際的研究，要扭轉學風並沒那麼容易。明代的考據家在這一方面，可說個個都是實行家，每人都有相當多的研究成果。楊愼曾述其研究小學的經過說：

愼自志學之始，已嗜六書之藝，枕籍《說文》，以爲折衷，迨今四十餘年矣。（《升菴全集》，卷二，頁二〇，《六書索隱序》）

足見他在小學研究所下的功夫。因此，他有關小學的著作，也多至十數種，如：

1.文字學類：《說文先訓》、《六書練證》五卷、《六書索隱》五卷、《奇字韻》、《古音複字》一卷、《古音駢字》一卷、《俗言》一卷。

2.聲韻學類：《轉注古音略》五卷、《古音略例》一卷、《古音餘》五卷、《古音附錄》一卷、《古音獵要》五卷、《古音叢目》五卷、《古音拾遺》五卷、《古音後語》一卷。

另外，《升菴外集》中雜考音義的條目也不少。最值得注意的是他對《說文》的重視。前面引文述及他沈潛於《說文》四十多年，在《六書索隱序》中，他也推重許愼的《說文》，「盛宗古今，不雜臆見，可謂有功於小學矣。」（同上）且著有《說文先訓》一書。後來趙宧光作《說文長箋》，方以智和顧炎武之糾正《說文》（註三二），都是承繼楊愼的精神而來的。

如就楊慎有關文字、聲韻的著作加以研究，可看出當時研究小學，大多從釐訂字音、訂定字義、考訂聯綿字、考訂方言俗語等方面入手。這些本不是專爲經書之研究而設，實是對小學的全面性研究。但其中以字義和字音的研究，與經書的關係最爲密切。如果就《升菴外集》經說部分加以考察，即可看出他那種不因襲舊說的創新精神。他論古今音之不同時說：「予綴《古音》一書，或以今韻反切不同規予者，予曰：既曰古音，豈能悉合今韻乎？」（《外集》，卷二七，頁一五，《零露漙兮》條）既知古音不同今音，考古音必用古代韻語資料，而《詩經》又是古代韻語之祖，故楊氏的古音著作中，時舉《詩經》爲例，以明某字當音某（註三二）。其後的焦竑，有《俗書刊誤》，專門訂正字形、字音、字義的訛誤。他研究《詩經》的讀音時，發現古來所通行的叶音說，實不可信。所以，爲陳第《毛詩古音考》作序時，已透露出他對叶音說的不滿，他說：

詩必有韻，夫人而知之，乃以今韻讀古詩，有不合，則歸之於叶，習而不察，所從來久矣。（《毛詩古音考》，卷首，頁三）

《筆乘》中更有《古詩無叶音》條，申論叶音說之不合理，他說：

詩有古韻、今韻，古韻久不傳，學者於《毛詩》、《離騷》，皆以今韻讀之，其有不合，則強爲之音曰：「此叶」。（《筆乘》，卷三，頁六三，《古詩無叶音》條）

然後舉例說：

1.騶虞，一虞也，既音牙，而叶葭與豝；又音五紅反，而叶蓬與豵。

2.好仇，一仇也，既音求，而叶鳩與洲；又音渠之反，而叶逵。（同上）

遂大加批評說：「如此東亦可音西，南亦可音北，上亦可音下，前亦可音後。凡字皆無正呼，凡詩皆無正字矣，豈理也哉。」（同上）言辭可說非常激烈。他爲了證明古音和今音不同，舉例甚多，如「服」字，今在尾韻，焦氏以爲古皆作「迫」音。他的證據是：

1.《關雎》：「寤寐思服。」下韻爲「輾轉反側」。

2.《有狐》：「之子無服。」上韻爲「在彼淇側」。

3.《騷經》：「非時俗之所服。」下韻爲「依彭咸之遺則」。

4.《大戴記》：「孝昭冠詞，始加昭明之元服。」下韻「崇積文、武之寵德」（同上）

他以爲「服」字，應音「迫」，始可與「側」、「則」、「德」等字押韻，則「服」字古必音「迫」。這種歸納的研究法，後來由陳第加以發揚光大。陳氏著有《毛詩古音考》四卷、《讀詩拙言》一卷、《屈宋古音義》一卷。他首先提出「時有古今，地有南北，字有更革，音有轉移。」（《毛詩古音考》，卷首，頁五，自序）的語音史觀。爲了證明「古今音不同」的觀念，他曾將《詩經》的押韻現象，略加歸納，證明《詩經》所押的韻是古音。《詩經》之音既爲古音，則當時人用叶音的方法來讀《詩經》，必非古人之眞。他說：

> 自唐顏師古、太子賢注《兩漢書》，於長卿、子雲、孟堅、平子諸賦，音有與時乖者，直以合韻叶音當之，後儒相緣，不復致思，故自《毛詩》、《易象》、《楚辭》、漢賦，與凡古昔有

韻之篇，悉委於叶之一字矣。（《屈宋古音義》，卷首，自序）

這種觀念正與楊慎、焦竑等人相似。他也採用楊、焦兩人的歸納法來證明《毛詩》、《楚辭》所押的都是古音。他的《毛詩古音考》，考證《詩經》韻字四百九十七字，各字皆依十五《國風》、《小雅》、《大雅》、《周頌》、《魯頌》、《商頌》的順序來排列。《屈宋古音義》考證《楚辭》韻字二百三十四字。其中，與《毛詩古音考》相同者有八十餘字。合計兩書之不同韻字約六百五十。各字皆立本證、旁證兩種。他說：「本證者，詩自相證也；旁證者，采之他書也。」（《毛詩古音考》，卷首，頁五，自序）爲了說明方便，舉「樂」字爲例。陳氏以爲「樂」字應音「撈」，證據是：

本證

1.《關雎》：「參差荇菜，左右芼之；窈窕淑女，鐘鼓樂之。」

2.《溱洧》：「且往觀乎洧之外，洵訏且樂，維士與女，伊其相謔，贈之以勺藥。」

旁證

1.《楚辭·九歌》：「獨耿介而不隨兮，願慕先聖之遺教；處濁世而顯榮兮，非余心之所樂。」

2.東方朔《七諫》：「願無過之設行兮，雖滅沒之自樂；痛楚國之流亡兮，哀靈修之過到。」

3.馮衍《顯志賦》：「游精神於大宅兮，抗玄妙之常操，處清靜以養志兮，實吾心之所樂。」

4.潘岳《西征賦》：「收罟課獲，引繳舉效，鰥夫有室，愁民以樂。」

本例舉本證兩條，即是歸納詩經《關雎》、《溱洧》二詩的韻字，以證明詩中「樂」字皆音「撈」。

再舉旁證四條，以證明他書「樂」字，也都音「撈」。合本證、旁證，即可證成「樂」字古音「撈」。這是一小論證。《毛詩古音考》、《屈宋古音義》，即合數百小論證而成。所謂「古今音不同」的種種論據，即在其中矣。這種研究方法最具科學精神。至明末清初，顧炎武作《音學五書》，即承襲楊愼、焦竑、陳第等人的研究方法，而加以發揚光大的。《四庫提要》說：「自陳第作《毛詩古音考》、《屈宋古音義》，而古音之門徑始明，然創闢榛蕪，猶未及研求邃密。至炎武乃探討本原，推尋經傳，作《音學五書》以正之。」（卷四二，經部，小學類三，《音論》三卷提要）肯定陳氏與顧炎武研究古音的傳承關係。而最能肯定陳氏之地位的是張裕釗。張氏《重刊毛詩古音考序》說：

> 我朝經學度越前古，實陳氏有以啓之，雖其後顧、張諸賢之書，宏博精密，益加於前時，然陳氏創始之功，顧不偉哉！有明一代蔑棄古學，譌謬相循，沈潛遺籍，傑出元解，陳氏一人而已。（《毛詩古音考》，卷首，頁二）

從這些推崇的話，也可看出陳氏在清儒心目中的地位。而清代古音學之所以興盛，可謂是其來有自了。

此外，值得注意是當時學者對經書異文的研究。注意經書中的異文，楊愼已啓其端緒。梅鷟《尚書考異》卷六，即在考訂伏生《尚書》字句的異同。陳士元更有《五經異文》十一卷。該書的《序》說：

> 予讀《十三經注疏》及秦、漢、晉、唐書所載經語，有與今文異者，輒私識之，輯十一卷。（《五經異文》，卷首）

他搜集異文方法，是就《十三經注疏》及秦、漢、晉、唐書所引及的經語，校其異同。陳氏這種工作，後來為周應賓所承繼，作成《九經考異》十二卷，計有《論語》、《大學》、《中庸》、《孟子》、《周易》、《尚書》、《詩經》、《禮記》、《春秋》等九種。書前《題辭》說：

晚乃得應城陳君《五經異文》讀之，則知昔人於此，固已先得我心之同已。陳君最稱博洽，無書不搜，然其所遺尚十有二三，而陳之所有者，余或未之悉也。（《九經考異》，卷首）

可知周氏書乃為補陳書之不足而作，足見他們從事這種工作是有傳承關係的。茲將周氏考訂異文的方式，舉《論語．學而篇》中數例如左：

1.傳不習乎○傳，《魯論》作專。

2.子貢○貢，蔡邕《石經》作贛，後同。

3.未若貧而樂○今《石經》樂下有道字。（《論語考異》，頁一）

各經蒐錄異文的方式大抵如此。周氏所錄異文最多，態度也相當嚴謹，足代表明人研究異文的最高成就。另沈萬鈳的《詩經類考》，卷三十為《群書字異考》，搜羅也很豐富。至方以智說：「曩者嘗列十三經之異同，以便參證，今失其本。」（《通雅》，卷八，頁三〇）他的十三經異同，或許也是訂正文字異同之作。可知明中葉以來，研究經書字句異同的已不乏其人。

從上文的敘述，可知明中葉至明末，不論是研究字義、字音，考訂異文，皆有相當的成就。清人研究文字音義，自是此種學風下的自然發展。

八、考訂名物制度

在經學復興的過程中，另一值得注意的是名物制度的探討。漢人由於去古未遠，注解各種名物制度時，都相當簡略。晉、唐的義疏，大多偏重於字句義蘊的疏釋，名物制度的考究反在其次。宋人較重經書義理的闡發，於名物制度的考證，更加疏忽。明中葉以後，名物制度的研究，始逐漸受注意。當時的考據家已逐漸了解要通經義，必先通字學。但字義的了解，與名物制度的研究也有很密切的關係。要了解字義，自要同時考究名物制度。焦竑的話最能表達通經與考究名物的關係。他說：

夫詩有實有虛，虛者其宗趣也，而以穿鑿實之；實者其名物也，而以孤陋虛之，欲通經學古，以遊聖人之樊，豈可得哉！（《焦氏澹園集》，卷一四，頁一，《詩名物疏序》）

他以爲研究《詩經》有虛、實兩個方向。所謂虛，指詩篇旨趣的研究；所謂實，指名物制度的研究。要通經兩者缺一不可。而名物制度的研究，最重要的是要戒孤陋。反過來說，即要博洽。當時考據家都很博洽，所以考證名物制度，也游刃有餘。楊慎《升菴外集》一百卷，分二十七類，其中天文、地理、宮室、人物、器用、飲食、動物、植物等類，可說都在考訂名物制度。如純就《經說》的部分加以考察，考辨名物制度的條目也不少。各條目之結論是否正確，姑且不論，但楊氏的辨證方法、旁徵博引的博證精神，已與明中葉以前大異其趣。前人每以辟雍爲天子之學，泮宮爲諸侯之學，朱子《詩集傳》也說：「諸侯之學，鄉村之宮，謂之泮宮。」（卷二〇，頁二三九）楊慎則旁徵博引證明辟雍是宮名，泮宮乃泮水旁之宮（《外集》，卷二九，頁六，《泮宮》條）。這種說法，雖不一定始於楊愼，但舉證之繁，推理之細密，前賢恐都無法企及。後來，方中履的《古今釋疑》，有《辟雍、泮宮非學名》條，也引楊氏之言來證成他的說法。清代學者，像姚際恒的《詩經通論》、戴震的《毛鄭詩考正》、馬瑞辰的《毛詩傳箋通釋》、方玉潤的《詩經原始》，所論大抵與楊愼相合。足見楊氏之說確鑿有據。又如《周禮》九嬪鄭玄《注》，述群妃御見天子的方法，以爲「卑者宜先，尊者宜後。女御八十一人，當九夕；世婦二十七人，當三夕；九嬪九人，當一夕；三夫人，當一夕；后當一夕。亦十五日徧云，自望後反之。」（《周禮注疏》，卷七，頁二四）楊愼以爲這種說法既迂而譎，反駁說：

1.苟如此，則王后一月之間，不過兩御於王，當其朔與晦爾。不知小盡之月肯通融否？是又奪三夫人之一夕矣。

2.王后當夕之外，三夫人一夕，其餘皆九人一夕。聖王制禮，本以防淫，黃老養生，亦惟寡欲，一人之身而一夕九合，雖金石之軀，亦將亟銷而速沕矣。

3.況古者人君，圜丘、方澤、朝日、夕月、山川、社稷、禴、祠、烝、嘗，爲禮至緐。動輒三日齋，七日戒，而可以無夕不御女乎？（《外集》，卷三四，頁四，《群妃御見》條）

楊氏就王后不當一月兩夕，九夫人不當一夕，典禮齋戒不當御女，以見鄭玄注經之謬。從這條論辨，吾人更可了解，楊愼之反宋學，提倡漢學，並非一種主觀盲從的心理態度，而是有理性做基礎的學術運動。即使是漢學的鄭玄，一有錯謬，仍加以駁正。此種實事求是，不阿所好的精神，在楊氏的著作中時時可見。

前文所舉兩條，僅在抽樣說明楊愼考證方法的縝密，和結論的正確。並非表示他的考證僅止於此而已。《升菴外集》中，有關名物的研究，條目至繁，這些雖不專爲經學而設，但足以啓導經學的研究，則是不爭的事實。

在各種經書中，以《詩經》最能看出名物制度研究的傾向。由於《詩經》中的名物特多，所以孔子要說，學詩可以「多識於鳥獸草木之名」（《論語．陽貨》篇）。明代的經學家要考證名物制度，自不能忽略《詩經》。所以，考究《詩經》名物的著作不少。馮復京有《六家詩名物疏》五十四卷，全書依《詩經》三百五篇的順序，將各篇中的名物詳加考辨。如《周南．關雎》篇，考辨的名物有雎鳩、河、洲、女、荇菜、琴、瑟、鐘、鼓等；《卷耳》篇有卷耳、筐、周行、崔嵬、馬、金、罍、岡、兕、觥、砠、僕等。各條大抵先引前人之說，然後加按語。全書所引前人著作，計經部二三八種，史部一一五種，子部一八三種，集部四十五種（註一三七），合計五百八十一部。足見馮氏的博洽。《四庫提要》說：

> 徵引頗爲賅博，每條之末，間附考證。……其議論皆有根柢，猶爲徵實之學者。（卷一六，詩類二，頁一三，《六家詩名物疏》五十四卷提要）

可說是持平之論。劉師培也以是書爲陳啓源《毛詩稽古編》、包世榮《毛詩禮徵》的濫觴。（《國學發微》，頁四九上）

其次，是何楷的《詩經世本古義》二十八卷。何氏將《詩經》三百五篇，依其時代先後為次，納入二十八宿中。首為角部，收《公劉》、《七月》、《大田》、《甫田》、《豐年》、《良耜》、《載芟》、《行葦》八篇，以為夏少康之詩；最後是軫部，收《曹風．下泉》篇，以為周敬王之詩。何氏這樣做，自是承襲當時改經的餘緒而來，本不足取。後人批評何氏，也針對此點而發。但書中於各種名物，皆詳引前人之言，並加以辨證。所以，《四庫提要》說：

楷學問博通，引援賅洽，凡名物訓詁，一一考證詳明，典據精核，實非宋以來諸儒所可及。（卷一六，詩類二，頁一五，《詩經世本古義》二十八卷提要）

此外，如林兆珂的《毛詩多識篇》七卷，分草、木、鳥、獸、蟲、鱗介七部，引據也很詳博。沈萬鈳的《詩經類考》三十卷，其中如天文、時令、地理、列國、人物、宗族、官制、飲食、服飾、宮室、器具、珍寶、禮、樂、井田、封建、賦役、刑獄、兵制、四夷、禽蟲、草木等卷，引據雖稍嫌駁雜，但亦可見其苦心。黃文煥的《詩經考》十卷，分世系、畿甸、人物、天時地利、兵農、禮樂、動植物等類，徵引頗繁富，所考人物皆立一小傳。毛晉的《毛詩草木鳥獸蟲魚疏廣要》二卷，則為增廣陸璣《毛詩草木鳥獸蟲魚疏》而作。全書分釋草、釋木、釋鳥、釋獸、釋魚、釋蟲等部，引證也很淹博。其他，如鍾惺的《詩經圖史合考》二十卷、吳雨的《毛詩鳥獸草木考》二十卷，性質也都和前述諸書相近。足見名物制度之考證已成為當時學者研究《詩經》重要工作。了解當時考證名物風氣之盛，則李時珍的《本草綱目》所以出現，也就不足為奇了。

考訂《四書》名物的，如陳士元的《論語類考》二十卷，將《論語》二十篇中之名物，分爲天象、封國、地域、田制、官職、人物、禮儀、樂制、兵法、宮室、飲食、車乘、冠服、器具、鳥獸、草木等部，有的一部數卷，有的數部一卷。各部中每條都先列舊說，然後加上按語。所引前人之言，漢人有馬融、鄭玄等；宋元人以洪邁、朱熹、邢昺、鄭樵、趙匡、許謙、金履祥、馬端臨等爲多。可見陳氏的爲學態度，是漢宋兼採，或漢宋調和。蔡清的《四書圖史合考》，依《四書》篇章順序，將應考的名物標出，各條引證頗爲詳博，文句之深奧者也加以簡單的闡釋。因此，《續修四庫提要》頗推崇其書，以爲「主藥空疏。」（經部，頁一三六五）此外，當時《四書》考之類的書甚多，如陳仁錫的《四書備考》、薛應旂的《四書人物考》、薛寀和朱焯的《注解四書人物考》等都是。這些書大多供作時文者獺祭之用，但其書必稱「考」，也可見當時的風氣。

至如方以智的《通雅》五十二卷，分二十五目，其中如天文、地輿、身體、稱謂、姓名、官制、事制、貨賄、禮儀、樂曲、樂舞、器用、衣服、宮室、飲食、算數、植物、動物等十八目，皆與名物制度有關。考證之精核，可說夐乎前儒之上。其書雖不是純經學的著作，但是，它是考訂名物制度學風下的必然產物，則是不爭的事實。

從前文的論述，可知考證名物制度的風氣啓導於明中葉。考證家大多採博證的方法，所以引書甚多。但因前人注經非常簡略，在缺乏傳統的指導下，明代學者要建立一以博證爲主的考證學規範，就相當不容易。因而在甄別資料時，就煞費思量，像黃文煥的《詩經考》，將所考人物皆立一小傳；毛晉的《毛詩陸疏廣要》，《鶴鳴於九皋》條，竟附有《焦山瘞鶴銘考》一篇。皆因前無所承，自創體例時，甄別不精所致。自清代考證學大盛以後，學者每以清人考據學著作的精當，譏刺明人的駁雜。但如果沒有明人自創體例，作為後人研究的基石，則清初恐無法達到那麼高的學術水平。明白這些，對明人也就不忍心苛責矣。

九、經書的輯佚工作

當時提倡復古，許多古書相繼出現。一些已經亡佚的書，也逐漸有人輯出來。所輯的書，經、史、子、集各部都有，若純就經書來說，成果也相當可觀。前人對明代學者的輯佚工作，皆不甚明瞭，茲依各經之順序，提出討論。

首先，討論《詩經》的輯佚工作。楊愼作《風雅逸篇》十卷，蒐集三百篇以外的逸詩、逸句。各卷的內容是：

1. 卷一：錄黃帝《彈歌》至伯夷《薇歌》。
2. 卷二：錄琴操歌謠詞曲三十一篇。
3. 卷三：錄《石鼓詩》十章。
4. 卷四：錄逸詩篇名斷章存者十篇，有句亡篇名者四十四條。
5. 卷五：錄經傳所載孔子歌辭，及諸事涉及孔子者二十二篇。

6.卷六、七：錄魯、衛、齊、晉、鄭、宋、吳、越、成、徐、秦、楚，君臣、民庶、婦女、胥靡、俳優，雜歌、謳操、曲、誦、祝、相曲。

7.卷八：錄古諺語、古言、鄙詩、鄙詞、俗語、故語、民語、不恭之語，百五十條。

8.卷九：錄荀卿成相雜辭三章，詭詩一章，附蘇秦上秦王詩。

9.卷十：錄葛天氏八闋訖於師延濮角，有篇目逸其辭，存其名義。（《風雅逸篇》，楊慎序，頁一）

可見楊慎之蒐集甚廣。幾乎先秦諸書中的逸詩、逸句、諺語、俚語等，皆已輯入該書中。然所謂輯佚，應該是原有成書，而後亡佚；或書雖未逸，因斷簡或傳抄脫逸之字句爲限。《詩經》三百篇，古來的文獻記載的很清楚，除《笙詩》六篇外，亡佚的詩句甚少。楊氏書所輯的詩句，大多非三百篇中的逸句。說是補三百之不足則可，說爲三百篇輯佚，則使輯佚的定義太寬。但是，楊氏是明代較早從事此種工作的學者，由於他的引導，晚明的輯佚工作才蓬勃起來，所以首先要述及楊氏。焦竑《筆乘續集》也有《逸詩》條，輯先秦、兩漢典籍中之逸句數十條，焦氏說：「凡此數十處，其音響與三百篇何異，史稱古者詩三千餘篇，至孔子去其重，取可施於禮義，三百篇，皆弦歌之，以求合韶武雅頌之音，則當時刪取之餘，不爲不多，如是類是已」。（卷四，頁二二一）焦氏以爲有刪詩之事，所以必有不少逸詩。其所輯大抵與楊慎相近。沈萬鈳《詩經類考》，也從諸書中輯出古逸詩之篇名、逸句數十條。

關於《周易》古注的輯佚工作，大多由姚士粦、胡震亨、樊維城等人來推動。姚士粦輯有陸績的

《易解》一卷，計一百五十條。各條未明注出處。《四庫提要》對姚氏的輯佚工作，有相當高的評價。該書說：

> 昔王應麟輯鄭氏《易注》，為學者所重。士粦此本雖不及應麟搜討之勤博，而掇拾殘剩，存什一於千百，亦可以見陸氏易註之大略矣。（經部，易類一，頁八，《陸氏易解》一卷提要）

足見士粦之輯佚，甚有功於學術。此外，胡震亨有《鄭玄易解附錄》一卷，為補王應麟書之不足而作，計有數百條，也都未注明出處。震亨所輯偶有遺漏，士粦曾為其補輯二十五則（註二三）。樊維城也輯有干寶《易解》一卷，各條皆未注明出處（註二四）。以上數書，或收入《秘冊彙函》，或收入《鹽邑志林》中。《秘冊彙函》，是為蒐集罕見書而編；《鹽邑志林》則是蒐集地方文獻而成。則當時的輯佚工作因何而起，從這兩部叢書已可略窺一二。

有關《孟子》的輯佚，陳士元《孟子雜記》卷二輯有《孟子逸文》。士元說：

> 趙岐《孟子題辭》云：「秦焚經籍，其書號為諸子，得不泯絕。」今觀群書所稱《孟子》語，有七篇所逸者，豈出外書四篇耶？（《孟子雜記》，卷二，頁二〇）

士元以為《孟子》逸文，或出於《孟子外書》四篇。其所輯計有三十二條，各條皆明注出處，且有按語。如「孟軻云：堯、舜不勝其美，桀、紂不勝其惡」一條，是輯自《風俗通．正失篇》。士元的按語說：「應劭撰《風俗通》，所引經傳語，校之今本無異，惟引孟軻二語，今七篇不載，不知何也？」（同上，頁二四）可見士元輯《孟子逸文》的態度相當謹慎。至如姚士粦偽撰《孟子外書》，乃將不見於《孟子》七篇的孟子言論輯集而成。雖有不少杜撰之語，但其書乃輯佚而成，則爲不爭的事實。當時學者大多藉輯佚加杜撰，以這種半眞半僞的書，來充當古籍原本。今傳六朝小說，或唐宋人的詩文集，大多是明人用這種方式編成的。非止於經書中之《孟子外書》而已。

除了上述各經的輯佚外，也有將群經逸文作較全面性蒐採的。焦竑《筆乘》有《古逸經》條，從各書中輯出《逸詩》、《逸易》、《逸書》、《逸禮》、《逸論語》、《逸孟子》等，各十數條不等（《筆乘》，卷六，頁一四〇）。另外，輯佚規模較龐大的是周應賓的《九經逸語》。計輯有：

1.《逸論語》七條。

2.《逸孟子》二十一條。

3.《逸書》九十條。

4.《逸詩》四十六條。

5.《逸禮記》十六條。

合計一百九十條。每條皆明注出處。這是明代輯佚群經條數最多，範圍最廣的一家。周氏在卷前的序文說：

逸語者，正經所不見，而他書見之者也。孔子遺言散見於傳記者不可數記，惟稱《逸論語》者錄之。應城陳君所輯《孟子雜記》博矣，以多後人所撰，故不盡載也。《易》有錯簡而無缺文，今之所摭，意者緯書語耳。《書》、《詩》，孔子所刪，逸文甚夥，余於二經採拾頗廣。唯諸家所紀逸詩，有以歌爲詩者，有以古語爲詩者，有以一時之作爲詩者，類皆不合，故文多詘焉。逸禮間見漢儒，至於《王度》、《本命》、《別名》、《三正》等篇，雖有遺文，然在《大小戴禮》之外，故亦略之也。《學》、《庸》、《春秋》亡逸。嗚呼！採遺珠於滄海，掄美材於鄧林，非博洽有識者不足以與此。余自愧不能也。聊以備攷古者之一覽耳。（《九經考異》，附《九經逸語》，頁一）

這段話，除告訴後人其輯佚的目的，爲備攷古者之參考外，也提示不少輯佚工作的原則，如：

1. 輯佚的材料應有所甄別。他輯《論語》逸文時，惟稱《逸論語》者才輯入。陳士元的《孟子逸文》太駁雜，他曾加刪汰。前人所輯逸詩，每以歌，以古語，以一時之作入詩，皆不合要求。且逸禮之文，不在大、小戴者也不收。可見他的態度相當嚴謹。

2. 他曾見陳士元《孟子逸文》，並加刪汰。可見當時的輯佚工作，是有相互影響的。

3. 他認爲輯佚工作，「非博洽有識者不足以與此。」已將從事輯佚所應具備的條件道出。所謂「博洽」，應是輯佚人員最起碼的條件。然單有這個消極條件，乃不免於貪多務得，夾泥沙以俱下。所以必須以「有識」爲積極的條件。有識則能甄別，能甄別則不至泛濫無所歸。

周氏的時代已至萬曆末年，從他的輯佚理論，和所輯的資料皆明注出處，即可知當時的輯佚工作，已相當的縝密。與周氏時代相近的祁承㸁，有《澹生堂藏書約》，中有《購書訓》說：

如書有著于三代而亡於漢者，然漢人之引經多據之；書有著于漢而亡于唐者，然唐人之著述尚存之；書有著于唐而亡于宋者，然宋人之纂集多存之。每至檢閱，凡正文之所引用，注解之所證據，有涉前代之書而今失其傳者，即另從其書，各爲錄出。如《周易坤靈圖》、《禹時鈎命訣》、《春秋考異郵》、《感精符》之類，則于《太平御覽》中間得之；如《會稽典錄》、張璠《漢紀》之類，則於《北堂書鈔》間得之；如晉簡文《談疏》、《甘澤謠》、《會稽先賢傳》、《諸宮故事》之類，則于《太平廣記》間得之。諸如此類，悉爲裒集。又如漢、唐以前，斷文殘簡，皆當收羅。此不但吉光片毛，自足珍重；所謂舉馬之一體，而馬未嘗不立於前也。（《澹生堂藏書約》，頁二〇）

這段話雖不專爲輯經書而設，然其旨在建立輯佚之理論。根據祁氏所述，像《太平御覽》、《北堂書鈔》、《太平廣紀》等，都是當時佚書的大淵藪。在祁氏之前，從類書中輯佚者已甚多，楊慎即是其中之一。祁氏把前人的經驗理論化，以作爲後人輯佚的指導原則。此外，又述及《周易坤靈圖》等數種緯書，引發後人輯集緯書的動機，也擴大了輯佚的範圍。明末孫瑴的《古微書》，可說是明人輯佚書的最高成就。其書共分四部：

1. 刪微：輯各種緯書。
2. 焚微：輯秦以前逸書。
3. 線微：輯漢晉間箋疏。
4. 闕微：徵皇古七十二代之文。

今存者僅第一部分，所以後人以爲孫瑴的《古微書》，即指古代的緯書。這種觀念並不正確。孫氏所錄的緯書計有《尚書緯》十二種、《春秋緯》十五種、《易緯》七種、《禮緯》三種、《樂緯》三種、《詩緯》三種、《論語緯》五種、《孝經緯》七種、《河圖》十種、《洛書》五種，合計七十種。各條下皆有孫氏的按語，大多引古書以證緯書的話非虛，可謂用心良苦。假如古微書的其他三部分未曾亡佚。我們將可看出這種輯佚工作更豐盛的成果。

自明中葉以來，這種輯佚的傳統，已廣泛的被學術界注意，清初朱彝尊編《經義考》時，輯有《逸經》三卷，收錄《易》、《書》、《詩》、《禮》、《樂》、《春秋左氏傳》、《論語》、《孝經》、《孟子》、《爾雅》之逸句數百條（《經義考》，卷二六〇—二六二），當是本著這種傳統而來。且《經義考》中著錄的各種緯書，多引孫瑴之言。其受孫氏《古微書》之影響，自不待言。

十、結論

如就明代的經學著作加以分析，有承宋人餘緒而無所發明者；有爲時文獺祭之用者；有倡導漢學，傾向考證者；有好奇炫異，以古篆書寫而成者；有作僞以欺世者。這些著作，或存或佚，存者有原書可覆按；亡佚的，可查《千頃堂書目》、《經義考》、《四庫提要》、《續修四庫提要》等書目，略窺各書之內容大要。綜而計之，陋略之書多於嚴謹之作，乃不容爭辨的事實。當時提倡漢學的經學著作，所佔的分量雖不甚重，但吾人絕對不可忽略他們復興經學的努力。綜合上文各節的論述，這一批經學家的工作重點，約可歸納爲下列數項：

其一，他們開始懷疑或批評宋人注解的可靠性。書中開始兼採漢儒之說，甚或以漢儒之注代替宋人經說。這正表示宋學勢力的逐漸衰退。他們並不完全偏阿漢儒，但是有意提倡漢學，則是不爭的事實。

其二，他們爲確立經書的權威地位，對於先儒的疑經、改經，開始作較激烈的批評。以爲經書是孔門眞傳，不可隨意妄改。這種觀念自明中葉至明末，都有學者提出。這是提高經書地位的最先決條件。

其三，經中的僞書，不但影響經書的神聖性，也使義理眞假難辨。所以，他們對於各經的眞僞也都有考辨。辨《易圖》、《僞古文尚書》、《子貢詩傳》、《申培詩說》、《周禮》、《石經大學》者，皆有之。

其四，他們以爲通經學古必須從字學入手，所以開始研究小學，以便從小學的研究中，達到通經的目的。由於研究小學的需要，《說文》一書也成爲他們爭相研究的對象。

其五，名物制度的研究，亦有益於通經學古，所以自楊愼起，就有不少人注意名物的研究。其中考訂《詩經》和《四書》中的名物制度爲最多。

其六，經書經秦火，及後人傳鈔，字句脫逸者甚多，爲全面性的了解經書的內容，輯佚工作也跟著產生。各經皆有學者考輯，但以《詩經》、《尙書》、《孟子》的成就最高。

其七，他們以實事求是的考證方法來研究經書，從蒐集證據、歸納證據，然後再求出結論。論證的過程，由明中葉至明末，逐漸趨於嚴謹。

這幾項經學研究的內容和方法，告訴我們這些經學家正從事一項新的經學運動。這種運動，不同於宋人以義理爲主的「新經學」，而是逐漸與漢儒精神相契合的漢學運動。現在，如果把清人研究經學的成果，和明代這些經學家的著作相比，清人的著作當然更嚴謹、更有系統。但是，他們研究經書的方法還是蒐證、歸納，研究的內容還是提倡漢學、辨僞、考訂字義、名物制度、輯佚，實未逸出明人的範圍。明乎此，則今人以爲漢宋之爭和考證學皆起於清初的說法，實不足深信。

明中葉起的經學復興運動，既是清代學術的遠源；那麼，像劉師培、章太炎等表彰明學的學者，他們的睿智，更應受到我們的欽敬。而且，在了解晚明經學的眞正面目後，不但要糾正以前的某些錯誤觀念，也應即知即行，對這階段學術思想的發展，作加倍的關心。

【附註】

註　一　馬宗霍的《中國經學史》（台北：臺灣商務印書館，一九六八年），第十一篇元明之經學，敘述明代之經學，僅論《五經．四書大全》之來源；其後把各經中較重要的著作略舉數種而已。本田成之的《中國經學史》（臺北：古亭書屋，一九七五年），第六章唐宋元明底經學，論明代經學部分，僅舉《五經．四書大全》、《尙書考異》，明人造僞書等項討論而已。二書於晚明經學家提倡漢學的運動皆未涉及。

註　二　劉師培所述明學之可貴者十點，詳見《國學發微》（臺北：國民出版社，一九五九年），頁四八—五〇。茲將各條鈔錄如左：

(一)梅鷟作《尚書考異》，又作《尚書譜》，以辨正《古文尚書》，其持論具有根柢，又近儒閻、惠、江、王之說所由出也。而《古文尚書》之僞，自此大明。若陳第《尚書疏衍》，則篤信古文，與梅鷟立異，是猶西河、伯詩之互辯耳。

(二)朱謀㙔作《詩故》，以《小序》首句爲主，說詩確宗漢詁，而馮復京作《六家詩名物疏》、毛晉作《毛詩陸疏廣要》，咸引據淹博，乃近儒陳氏《毛詩稽古編》、包氏《毛詩禮徵》之濫觴。

(三)朱謀㙔作《易象通》，以爲自周迄漢，治《易》者咸以象爲主，深闢陳、邵言數之說，厥後二黃及胡渭之書，均闢陳、邵之圖，而惠氏、張氏治《易》均以象爲主，實則朱氏開其先。

(四)陸粲作《左傳附註》、馮時可作《左傳釋》，均發明訓詁，根據經典，近儒顧氏、惠氏補正杜註之失，大抵取法于斯書。

(五)方孝孺、王守仁均主復《大學》古本，近世汪中作《大學評議》，與之相同。

(六)1.趙宧光、趙撝謙均治《說文》，若陳矩《說文韻譜》，以韻爲綱；田藝衡《大明同文集》，以諧聲之字爲部首，以從此字得聲之字爲子，則近儒黃春谷、朱駿聲，字以右旁爲聲之說所由昉也。

2.楊愼作《古音叢目》、《古音獵要》、《古音餘》、《古音略例》，陳第作《毛詩古音考》、《屈宋古音義》，程元初作《周易韻叶》，張獻翼作《讀易韻考》，潘恩作《詩韻輯略》，屠峻作《楚騷協音》，雖昧于古韻分部之說，然考訂多精，則近儒顧、江、戴、孔、段、王，考訂古韻所由昉也。

3.楊愼作《六書練證》，《六書索隱》、《古文韻語》、《古音駢字》、《奇字韻》，李氏舜臣作《古文考》，則近儒桂、段、錢、阮，考證古籍，訂正金石所由昉也。

4.王元信作《切字正譜》、陳競謀作《元音統韻》、呂維祺作《音韻日月燈》，則近儒江氏《四聲清切韻》、洪氏《示兒切語》所由昉也。

5.《駢雅》作于朱謀㙔，《通雅》作于方以智，則有資于訓詁。疊韻譜于黃景昉，雙聲譜于林霍，則有裨于聲音。

(七)黃道周作《洪範明義》，又作《表記》、《緇衣》、《坊記》、《儒行集說》，近儒莊氏說經之書，發明微言大義，多用此體。

(八)焦竑作《經籍志》，由《通志·校讎略》，上探劉氏《七略》之旨，近代浙東學派宗之。章氏作《文史》、《校讎》二通義，多採其言。

(九)趙孟靜表彰荀學，並以楊、墨之學亦出于古先王，焦竑立說略同。近儒雜治子書，如孫、汪之表墨子、汪、錢之表荀卿，皆暗師其說。

(十)楊愼、焦竑，皆深斥考亭之學，與近儒江藩、戴震之說略同。

劉氏所述大抵持其平。惟第三點以朱謀㙔之《易象通》開清人研究漢《易》之先。似有待斟酌。因熊過的《周易象旨決錄》、陳士元的《易象鉤解》，都提倡漢學。二書都在朱氏書之前。

註　三　《豐坊與古書世學》，見《東方學報》，十五冊，三、四分（昭和二十一年十一月、二十二年六月）。《豐坊與姚士粦》，爲筆者在東吳大學中國文學研究所的碩士論文，一九七八年，自印本。《楊愼之詩經學》，見《孔孟月刊》二〇卷七期（一九八二年三月）。《第一個蒐集證據證明僞古文尚書的人——梅鷟》，見《新時代》一卷二期（一九六一年二月）；《梅鷟尙書考異述略》，見《木鐸》五、六期合刊（一九七七年三月）；《陳第古音學出自楊升菴辨》，見《國風半月刊》五卷十、十一期合刊（一九三四年十月一日）；《焦竑與陳第——明末清初古音學研究的兩位啓導者》，見《語文雜誌》七期（一九八一年六月）；《陳第的毛詩古音考》，見《書和人》四五三期（一九八二年十月）。

註　四　以上各論文，《費經虞與費密——清學的兩個先驅者》見《胡適文存》（臺北：遠東圖書公司，一九五三年），第二集，卷一，頁四八—九〇。《晚明考據學風的興起》，見《鄭州大學學報》一九六三年三期。《從宋明儒學的發展論清代思想史——宋明儒學中知識主義的傳統》和《清代思想史的一個新解釋》二文，見余英時著《歷史與思想》（臺北：聯經出版事業公司，一九八〇年），頁八七—一一九和頁一二一—一五六。

註　五　該書爲筆者在東吳大學中國文學研究所的博士論文，一九八三年四月，自印本。同年七月由臺灣學生書局出版。

註　六　有關宋人新經學運動的大概情形，可參考屈翼鵬師，《宋人疑經的風氣》，《大陸雜誌》二十九卷三期

（一九六四年八月）。葉國良撰：《宋人疑經改經考》，國立臺灣大學中國文學研究所碩士論文，一九七八年五月。

註　七　參見顧炎武撰：《日知錄》（臺北：明倫出版社，一九七〇年），卷二十，頁五二五，《四書五經大全》條。朱彝尊撰：《經義考》（京都：中文出版社，一九七八年），卷四九，頁七，《周易傳義大全》條；卷八七，頁六，《書傳大全》條；卷一一二，頁四，《詩集傳大全》條；卷一四四，頁一，《禮記大全》條；卷二〇〇，頁一，《春秋集傳大全》條；卷二五六，頁三，《四書大全》條。《四庫全書總目》，卷五，頁一，《周易大全》二十四卷提要；卷十二，頁一三，《書傳大全》十卷提要；卷十六，頁九，《詩經大全》二十卷提要；卷二十一，頁九，《禮記大全》三十卷提要；卷二十八，頁二二，《春秋大全》七十卷提要；卷三十六，頁一三，《四書大全》三十六卷提要。顧、朱二氏的說法，並不完全正確，本書所收《五經大全之修纂及其相關問題探究》一文有辨證，可參考。

註　八　羅欽順說：「蓋嘗偏閱象山之書，大抵皆明心之說，其自謂所學因讀《孟子》而自得之，時有議之者云：除了先立乎其大者一句，全無伎倆，且亦以爲誠然。然愚觀《孟子》之言，與象山之學自別，於此而不能辨，非惟不能識象山，亦不識《孟子》矣。《孟子》云：『耳目之官不思，而蔽於物，物交物，則引之而已矣。心之官則思，思則得之，不思，則不得也。此天之所以與我者，先立乎其大者，則其小者，不能奪也。』一段言語，甚是分明，所貴乎先立其大者何？以其能思也。能思者心，所思而得者，性之理也。是則《孟子》喫緊爲人處，不出乎思之一言，故他日又云：『仁、義、禮、智，非由外鑠我也，我固有之也。弗思耳矣。』而象山之教學者，顧以爲『此心但存，則此理自明；當惻隱處，自惻隱；當羞惡處，自羞惡；當辭遜處，自辭遜；是非在前，自能辨之。』又云：『當寬裕溫柔，自寬裕溫柔；當發強剛毅，自發強剛毅。』若然，則無所用乎思矣。非《孟子》先立乎其大者之本旨也。夫不思而得，乃聖人分上事。所謂生而知之者，而豈學者之所及哉！苟學而不思，此理終無由而得。凡其當如此，自如此者，唯或出於靈覺之妙，而輕重、長短，類皆無所取中，非過焉，斯不及矣。遂乃執靈覺以爲至道，謂非禪學而何？蓋心性至爲難明，正在於此。」詳見羅氏撰：《困知記》（臺北：廣文書局，一九七九年，《和刻影印近世漢籍叢刊》本），卷二，頁一四－一八。

註　九　余英時先生撰，《清代思想史的一個新解釋》，以爲顧憲成提出爲學必須「質諸先覺，考諸古訓」的口號，是清儒「訓詁明而後義理明」、「漢儒去古未遠」的先聲。詳見余氏撰，《歷史與思想》，頁一三四。按：王鏊以下諸儒皆有「漢人去古未遠」、「漢晉去古未遠」的話。這些話都比顧憲成所說的要直接的多。余先生該文皆未引及。由此可知清儒「漢儒去古未遠」的口號，是承繼明中葉的風氣而來。

註一〇　本書曾經黃虞稷增益，李錫齡序云：「《易》先復古，《書》首今文，悉經改易，凡增入古今作者二百五十五人，經解七百四十一部，六千二百一十八卷，刊於白下。」詳見《授經圖》（臺北：臺灣商務印書館，一九七八年，臺一版），卷首。今傳板本有明萬曆刊本、清文淵閣《四庫全書》本、《惜陰軒叢書》本、《叢書集成初編》本、《叢書集成簡編》本、《國學基本叢書》本、廣文書局本、《人人文庫》本等，或爲原本，或爲黃虞稷改本，應知其別。

註一一　陳士元說：「京房之學授受有自，而易傳存其槩耳，今之學士大夫，擯棄不取，曰京氏專卜筮也。嗚呼！使四聖不因卜筮而作易，惟欲立言垂訓，則畫卦揲蓍也何爲哉？朱子曰：《易》之取象，固必有所自來，而其爲說，必已具於太卜之官，顧今不可復考，則姑闕之。亦不可謂象爲假設，而遂忘之也。然則京氏之學安知非太卜所藏者耶！」詳見《易象鉤解》（臺北縣：藝文印書館，一九六五年，《百部叢書集成》影印《守山閣叢書》本），卷一，頁一四。

註一二　有關朱氏書改易經文的情形，可參考《四庫提要》，卷八，經部，易類存目二，《周易象通》八卷提要。

註一三　李先芳說：「先儒舊說，二南二十五篇爲正風，《鹿鳴》至《菁莪》二十二篇爲正小雅；《文王》至《卷阿》十八篇爲正大雅，皆文武成王時詩，周公所定樂歌之詞。《邶》至《豳》十三國爲變風，《六月》至《何草不黃》，五十八篇爲變小雅，《民勞》至《召旻》十三篇爲變大雅，皆康昭以後所作，及考安成劉氏曰：『詩人各隨當時政教善惡，人事得失而美刺之，未嘗有意於爲正爲變，後人比而觀之，遂有正變之分，所以正風雅爲文、武、成王時詩，變風雅爲康、昭以後所作。而《豳風》不可以爲康、昭以後之詩也。』大抵就各詩論之，以美爲正，以刺爲變，猶之可也。若拘其時事，分其篇帙，則其可疑者多矣。」詳見李氏撰：《讀詩私記》（臺北：臺灣商務印書館，一九八三年，影印文淵閣《四庫全書》本），卷一，《辨詩本無變風變雅之名》條。

註一四　有關豐坊作僞書的情形，詳見筆者撰：《豐坊與姚士粦》一書各節。又《申培詩說》爲王文祿僞撰，非出自豐坊，筆者之書也有辨正，可參考。

註一五　有關王柏學術之研究，可參考程元敏撰：《王柏之詩經學》（臺北：嘉新文化基金會，一九六八年）和《王柏之生平與學術》（臺北：作者自印本，一九七五年）二書。

註一六　相關情形，可參考筆者撰：《明代考據學研究》，第二章〈楊愼〉。

註一七　陳元齡云：「……是後天之說，出於邵子，邵得之之才种放，放得之陳圖南，圖南得之方外。此實道家抽坎塡離之說，故以坎離居南北，而邵子因之牽合於出震之一章。泥於乾西北之位，遂以謂文王八卦從先天變出，先天爲體，後天爲用。夫用之與體，一而未始不二，安有名目相同，取其方位而移易，而遂欲分體用乎？況天、地、山、澤、雷、風、水、火，皆陰陽之用于天地，而必爲之分體，則太極又何物也。嗟嗟！邵子不信全易而信方外，朱子又不信文王、孔子，而信邵子。甚矣！世之舍經而任傳矣。」詳見陳氏撰：《思問初編》（臺北：臺灣學生書局，一九七一年，影印本），卷一，頁一二，〈後天〉條。

註一八　有關宋、元人疑《古文尚書》的大概情形，可參考戴君仁撰：《閻毛古文尚書公案》（臺北：中華叢書委員會，一九六三年）頁七—一四。

註一九　閻若璩撰：《尚書古文疏證》，卷一，第七條後云：「按：鄭端簡曉，亦疑古文《泰》誓，謂僞《泰誓》爲《孟子》諸書所引用者，人遂不之信，安知好事者不又取《孟子》諸書所引用者以竄入之，以圖取信於人乎？」又卷五上第六十五條後云：「按：鄭瑞簡，予得其手批吳氏《尚書纂言》，於二十八字上批云：『曰若』句襲諸篇首，『重華』句襲諸《史記》，『濬哲』掠《詩・長發》，『文明』掠《乾・文言》，『溫恭』掠《頌・那》，『允塞』掠《雅・常武》，『玄德』掠《准南子鴻烈》，『乃試以位』掠《史記・伯夷傳》。正見其蒐竊之蹤。」詳見《皇清經解續編》（臺北縣：漢京文化事業公司，一九八〇年），第二冊，頁七〇一和七六三。

註二〇　研究梅氏的相關論著，請參見註三所引戴君仁、劉文起二文。和筆者撰《明代考據學研究》，第三章〈梅鷟〉。筆者之文分析較爲深入。

註二一　梅氏《尚書考異》（清嘉慶十九年刊《平津館叢書》本）云：「孔僖紹孔安國以下世傳《古文尚書》，實即十六篇張霸等所作之古文。」（卷一，頁六）又《僞孔序》云：「……王又升孔子堂，聞金石絲竹之音，乃不壞宅，悉以書還孔氏。」梅氏云：「此蓋張霸所僞經之時造爲斯事，以示信於人，而班固誤信之。」（卷一，頁二二）可見梅氏以古文十六篇爲張霸僞造。梅氏又云：「東晉之古文，乃自皇甫謐而突出。」（卷一，頁一六）可見梅氏以爲皇甫謐僞造《古文尚書》。

註二二　有關郝敬《尚書辨解》之研究，詳見傅兆寬撰：《明梅鷟、郝敬尚書古文辨之異同》（台北：中國文化大學中國文學研究所博士論文，一九八二年）。

註二三　見《思問初編》，卷二，頁八。梅鷟著有《尚書古文駁》，以爲《古文尚書》十六篇爲張霸僞作，陳氏爲文以駁之。

註二四　上述諸家考辨僞《古文尚書》之大概內容，可參考古國順撰：《清代尚書學》（臺北：文史哲出版社，一九八一年），第二章《僞古文尚書之辨證》，頁五三——六六。

註二五　朱朝瑛說：「嘉靖初，有僞爲子貢《傳》及申培《詩說》，更其舊而變亂之。最異者，以《魯頌》爲《魯風》，而取《鴟鴞》諸詩以冠其首；更以《定之方中》爲僖公之詩附益焉，而題之曰《楚宮》，當時好事者翕然稱之。如黃泰泉、季彭山，雖未之深信，已不能無惑其說。豐一齋則著《魯詩正說》，信之最深，子南禺任誕而多才，又加緣飾焉。然其書猶未見稱於世。萬曆中，鄒肇敏復爲《詩傳闡》，廣據博引，以證其不謬，於是讀之者目眩而不能察，舌撟而不能下，幾無以別其眞僞矣。」然後又舉史事證明《詩傳》之非，以爲《詩傳》和《詩說》皆僞作。詳見朱氏撰：《讀詩略記》，卷首，頁九－一一。

註二六　姚際恒《古今僞書考》之說，文繁不錄。詳見黃雲眉撰：《古今僞書考補證》（臺北：文海出版社，一九七二年），頁三三。《詩經通論》云：「《子貢詩傳》、《申培詩說》，皆豐道生一人之所僞作也。名爲二書，實則陰相表裏，彼此互證，無大同異。又暗襲《集傳》甚多，又襲《序》爲朱之所不辨者，見識卑陋，于斯已極。何苦作僞以欺世？既而思之，有學問識見人豈肯作僞，作僞者正若輩耳！」詳見《詩經通論》（臺北：廣文書局，一九七一年，再版），卷前，《詩經論旨》，頁六。

註二七　陳耀文云：「據環傳遡魏志，則覬之死太和三年也，時松年十五歲，會方五歲耳。松信才矣，豈十五即受考正《五經》之詔耶！會夙成矣，五歲即能與覬等書石耶！正始中立石經已轉失淳法，則覬死已十五、六年，而淳之卒久矣，可云與會等書石耶？且石經《禮記》碑上有馬、蔡名，會十三已誦《周禮》、《禮記》，可云始行《禮記》，而《學》、《庸》傳耶？逵傳止云四經，不及《禮記》，則逵之言出何典記耶！文昔官諫垣時，曾與鄭公曉同事，恨未早見公之書，得以面稽其疑云。」詳見陳氏撰：《經典稽疑》（臺北：臺灣商務印書館，一九七一年，《四庫全書珍本二集》本），卷上，頁二七。

註二八　錢謙益撰：《初學集》（《四部叢刊初編》本），卷四九，頁五六五，《湖廣提刑按察司僉事晉階朝列大夫管公行狀》云：「綏安謝兆申作《石經考證》，尤爲詳覈。」劉宗周撰：《大學古文參疑》（清嘉慶十二年默齋校刊《劉子全書》本），自序云：「近見海鹽吳秋圃著《大學通考》，輒辨〈石經大學〉以爲贋鼎。」以上謝兆申、吳秋圃二人之書，今皆未見。陳龍正《學言詳記》十七卷，收入《幾亭全書》（清康熙三年刊本）中。國立臺灣大學文學院聯合圖書室有藏本。

註二九　毛奇齡之說，見《大學證文》（臺北：臺灣商務印書館，影印文淵閣《四庫全書》本），卷二，頁二，魏正始石經改本。朱彝尊之說，見《經義考》，卷一六〇，頁一，《豐坊石經大學》條。翟灝之說，見《四書考異》（清武林竹簡齋刊本），總考四，《僞石經大學》條。

註三〇　趙氏著有《六書本義》十二卷、《聲音文字通》三十二卷。

註三一　方以智《通雅》卷首一，有《說文概論》，指陳《說文》收字之疏漏，說解的舛誤，引書的異同等。卷首二有論說文源流和字學家辨定《說文》的情形兩節。正文卷一、二，論古篆古音時，對《說文》的辨正。這一部分最能看出方氏研究《說文》的成果。顧炎武《日知錄》，卷二十二，頁六一〇，有《說文》條；頁六一三，有《趙宧光說文長箋》條，可看出顧氏研究《說文》的成果。

註三二　楊愼這一方面的研究成果，可參閱筆者撰：《明代考據學研究》，第二章《楊愼》，第三節《考訂經書》，第二小節《詩經》部分，和第四節《考訂文字音義》。

註三三　姚士粦《易解附錄後語》說：「孝轅搜拾鄭註不見《易解》者一卷，大都一準王氏集本意。以王極博贍，無復遺脫。偶閱《正義》、《釋文》，則王氏猶有絓漏者，……凡二十五則，錄示孝轅。孝轅曰：君尋校至勤，何可抹煞，不妨書附，用爲王氏忠臣，因刻以附卷尾。」詳見嚴靈峰編：《易經集成》（臺北：成文出版社，一九七六年），第一七六冊，《鄭玄易解附錄》，頁八五。

註三四　嚴靈峰所編《易經集成》，第一七七冊，收《干寶易解》一卷，題明姚士粦輯。本書實爲樊維城輯，誤題爲姚士粦。另有陸公紀《京氏易註》三卷，亦題明姚士粦輯。實爲陸續所註之京房《易傳》，書名已作《陸公紀京氏易傳》，不知何以誤作姚士粦。又陸氏《周易述增補》一卷，亦題明姚士粦輯。實爲清孫堂增補姚士粦輯本而作，非姚士粦所輯。

——原載《書目季刊》第十八卷三期（一九八四年十二月），頁三—四〇。

楊愼之經學

一、前言

大家都知道清代學術的主流是考證學，啓導這種考據學風的是顧炎武。但是，如果細加考究，此種考據的風氣應導源於明中葉的楊愼（註一）。

明初以來，朱學的勢力籠罩整個學界。至明中葉，起而反動者，有陳獻章、王守仁、楊愼等人。獻章、守仁，從義理上與朱學立異，遂創明代心學一派。楊愼則從考證方面來反對宋學和朱學。聞風而起的有陳耀文、胡應麟、焦竑、陳第、張萱、來斯行、周嬰、方以智等人。至於各種經學著作中，以考證的形態出現的，更所在多有。這種風氣，已足稱爲一種學派。而前代學者，對這一與心學派並行的考證學派，幾乎完全忽略，更不會有人平心靜氣的論述楊愼的學術。

前代學者對楊愼的批評，大多著重在他的缺點方面，胡應麟《丹鉛新錄引》說：「余嘗竊窺楊子之癖，大概有二：一曰命意太高，一曰持論太果。太高則迂怪之情合，故有於前人之說，淺也鑿而深之，明也汨而晦之。太果則滅裂之釁開，故有於前人之說，疑也驟而信之，是也驟而非之。」（《少室山房筆叢》，頁七一）胡氏沈潛於楊愼的著作數十年，曾著有《丹鉛新錄》、《藝林學山》二書，專糾楊氏的錯誤。此處僅能論楊氏之短，而不能道其長，似非的論。王世貞《藝苑巵言》則說：「楊工於證經，而疏於解經。」（卷六，頁一〇）陸元輔也說：「用修經說喜推陳出新，貶駁宋儒，然小智則有之，聞道則未也。」（朱彝尊《經義考》，卷二四八，頁一引）王、陸兩人，似皆責備楊慎不能深入經書的義理層面。但是，以考證的方法研究經書，是承漢人傳統而來，自有其歷史意義。王、陸兩人，似仍以當時學風範圍楊氏，而忽略楊氏啓導漢學風氣的功勞。至於《四庫提要》則說：「（楊慎）論說考證，往往恃於強識，不及檢核原書，致多疎舛，又恃氣求勝，每說多窒礙，輒造古書以實之。」（卷一七二，集部，別集類二十五，頁一，《升庵集》八十一卷提要）這也是從楊慎的缺點立論。梁啓超《古書眞僞及其年代》更說：「楊慎生平喜歡吹渊炫博，一心要看他人所未看之書。」（頁二三）由於這些批評者在所處的時代有相當的影響力，世人對楊慎的了解也逐漸定型，以爲他只不過是一好奇炫博，喜作僞書欺人的文人而已。晚近雖有周中孚、《續修四庫全書提要》持較客觀的說法，但已不足以改變世人對楊氏的看法。周中孚《鄭堂讀書記》說：「升庵精於考證，故說經之書，俱能引據確切，獨申己見，殊勝於株守傳注，曲爲附會者。」（卷二，頁一一，《升庵經說》條）周氏已能看出楊慎「引據確切」，且能「獨申己見」，實在難得。至《續修四庫全書提要》，則贊譽楊氏之經說是「明人經說之翹楚。」（經部，頁九七八）這雖已較能了解楊慎的貢獻，但對楊氏在整個學術思想史上的地位，仍舊無法體會。

今人研究楊慎學術的較重要文獻僅有楊崇煥《陳第古音學出自楊升庵辨》，梁容若《楊慎生平與著作》、《談楊升庵的作品》，和筆者《楊慎之詩經學》、《楊慎之考據學》等數篇而已（註二）。楊文在證明陳第的古音學襲自楊慎，觀點頗爲正確。梁氏二文則簡單介紹楊慎之生平和作品內容，是通俗性的學術文章。筆者撰《楊慎之詩經學》，旨在闡述楊氏研究《詩經》之成果。《楊慎之考據學》，爲筆者《明代考據學研究》一書之第三章，分《生平與考據學著作》、《治學方向》、《考訂經書》、《考訂文字音義》、《考訂史地》、《考據工作之缺失》等節，論述楊氏考據工作的成就和缺失。以上各文皆不專爲楊氏經學的研究而設，雖可從中獲得楊氏研究經學的部分成果，但楊氏經學在整個經學發展史，甚至整個學術思想史上的地位和意義，則皆不暇顧及。

根據前代書目著錄，楊慎的經學著作，有《升庵經說》十四卷（註三）、《經說叢鈔》六卷、《四詩表傳》一卷、《檀弓叢訓》二卷、《經子難字》二卷等五種。《升庵經說》有焦竑編《升庵外集》本，計分《周易》二卷（《升庵外集》卷二四、二五）、《尚書》一卷（卷二六），《毛詩》三卷（卷二七、二八、二九）、《春秋三傳》二卷（卷三〇、三一）、《禮記》二卷（卷三二、三三）、《周禮》一卷（卷三四）、《儀禮》和《禮記》一卷（卷三五）、《論語》一卷（卷三六）、《孟子》和《爾雅》一卷（卷三七）。這是有關《升庵經說》最完整的本子。後來李調元之《函海》和《叢書集成初編》所收者，皆根據此本而來。至於《經說叢鈔》六卷，朱彝尊《經義考》有著錄，爲《升庵經說》之另一別本（註四）。《檀弓叢訓》是楊慎貶官雲南時，採前人之注以補陳澔《禮記集說》之作。《經子難字》二卷，上卷經書部分，摘錄《易》、《詩》、《書》、《三禮》、《三傳》、《爾雅》十書之字音或文句，實隨手雜錄之作，本非有意著書。《四詩表傳》一卷，見於《四川通志》（註五）；《春秋地名考》一卷，見於《千頃堂書目》（註六）。二書皆已亡佚。今要研究楊慎之經學，最應注意的僅《升庵經說》一書而已。

二、研究經學的幾個特出論點

楊慎研究經學所以值得注意，乃因他不但能突破宋學的束縛，且能建立一新的典範。這種新典範的建立，可由他的重視古注疏、斥責改經之非、治經必先通字學等三個論點窺知。茲分述如下：

(一)重視古注疏：

明中葉以來，學者已逐漸發覺漢儒的注經方式也有不少優點，提倡漢學的言論也多了起來，比楊慎略早的王鏊，已有「（漢儒）去古未遠，尚遺孔門之舊。」（註七）的說法。楊慎於宋儒之批評更是不遺餘力，他說：

> 宋儒之失在廢漢儒而自用己見耳。……《六經》作於孔門，漢世去孔子未遠，傳之人雖劣，其說宜得其眞。宋儒去孔子千五百年矣，雖其聰穎過人，安能一旦盡棄其舊而獨悟於心邪？（《升庵外集》，卷二六，頁三，〈日中星鳥〉條）

又說：

> 《六經》自火於秦，傳注於漢，疏釋於唐，議論於宋，日起而日變，學者亦當知其先後。近世

學者往往舍傳注疏釋，便讀宋儒，蓋不知議論之學自傳注疏釋出，特更作正大光明之論爾。傳注疏釋於經十得其六七；宋儒用力之勤，剷僞以眞，補其三四而備之也。(同上，卷六〇，頁一，《劉靜修論學》條)

楊愼這兩段話，一如王鏊，以爲漢世去孔子未遠，漢人經說應得其本眞。然他比王鏊更進一步的是強調漢儒和宋儒在經典闡釋的一種傳承關係。所以，他說宋儒的議論出於漢唐的傳注疏釋，漢唐的傳注疏釋傳經學十之六七，宋人之新注傳十之三四，兩者相合恰得經學之全。這種觀點已置漢儒於宋儒之上。

楊愼爲了讓漢學取得應有的地位，遂一面批評朱子，一面讚譽古注疏。《升庵經說》中，攻擊朱子的話，可說俯拾即是。朱子《周易本義》未說明《易圖》出於陳摶，楊愼譏刺他是「掩耳盜鐘」、「藏頭露尾」(註八)。又井卦，朱子以爲「井者，穴地出水之處」，楊氏則說：「朱子生南方，又兵戈隔絕，不見北方井制，書中考見之，不如目睹之眞也。故其解多支離。」(《升庵外集》，卷二五，頁五，《巽乎水而上水》條)這是譏刺朱子受地域限制，見聞不廣，所以解經多支離。至於宋儒張載欲行井田，胡宏想恢復封建，皆未能如願，朱子曾加惋惜。楊氏則譏其迂(同上，卷二五，頁一三，《俗儒泥古》條)。當時楊氏的著作傳播甚廣，人人爭讀之，朱子之權威也隨著楊氏書的傳播而逐漸降落。

楊愼所以讚譽古注疏，除前述「漢世去孔子未遠」這一信念外，楊氏本身的氣質與漢人的治學方法較爲接近也是主因之一。《升庵經說》中，稱譽古注疏的話，幾隨處可見，如：

> 《堯典》「百姓昭明」，以百姓爲有爵命者，其說出孔安國《尚書》古注，安國爲漢人，孔子之後，其說必有所授。蔡氏生千年之後，何據而變之耶？（《升庵外集》，卷二六，頁二，百姓條）

所謂《尚書》古注，實爲晉人僞託，楊氏不知，以爲出自漢人。因其出自漢人故值得採信。而蔡沈生千年之後，與孔門之時代相隔太遠，必不能得聖人之眞，其說也不可從。又如：《大雅．靈臺》：「不日成之」，鄭《箋》：「不設期日而成之。」朱熹《詩集傳》：「不日，不終日也。」楊愼說：

> 愚按：不設期日既見文王之仁，亦於事理爲協，若曰不終日，豈有一日可成一臺者，此古注所以不可輕易也。（《外集》，卷二八，頁一四，《不日成之》條）

其他稱讚古注疏的話甚多，茲不具舉。但是，楊愼並非一味的佞古注，古注中有不通者楊氏仍舊加以批評糾正，《升庵經說》中糾正鄭玄解經之誤者甚多，且立有《鄭玄解經有不通處》一條（《外集》，卷三七，頁一八），批評鄭氏解《孝經》之疏漏。這正充分表現楊氏實事求是，不阿附漢人的客觀精神。

㈡斥責改經之非：

自宋朝以來，疑經改經之事層出不窮，經書也變爲學者逞意妄作的試驗場。明代學者師宋人之餘技，改經者也不少。這種作法，已深深的斲傷經書的尊嚴。如要重振經書之地位，當然要對宋明人之疑經改經加以譴責。此種批評風氣始於明中葉。在楊愼之前已有鄭瑗明斥王柏改經之非（《井觀瑣言》，頁七—一〇）。楊氏更承繼此種精神。《易經》的《雜卦傳》說：「晉，晝也；明夷，誅也。」宋人孫奕以爲「誅當作昧，明出地上爲晝，明入地下爲昧，庶得反對之義。昧叶音爲暮。」楊愼說：「孫說似矣，而經文不可改也。既改字，又改音，可乎？」（《外集》，卷二五，頁一，《晉卦》條）楊氏雖贊同孫氏以「誅」爲「昧」的說法，然對孫氏之改經則頗不以爲然，所以說「經文不可改」。楊氏又說：

> 《漢書・律歷志》劉歆條奏引《書》云：「先其祘命」，師古曰：「逸書也。言王者統業先立算數，以命百事也。祘，古算字。」近俗本改「祘」作「算」，而俗士不知算命之義，又顛倒其字作「先算其命」，成何語言，似星士招牌矣。可笑也，又可惡也。凡古書有古字不可輕改。若依古作「祘」，則人雖罕識，而識之者必博古士也（《外集》，卷二六，頁二五，《先其祘命》條）

這段話在斥責改「先其祘命」爲「先算其命」之非。以爲將「祘」改爲「算」，已是不可；又顛倒其字作「先算其命」，宛似相士招牌。並重申「凡古書有古字不可輕改」。此可見楊氏對經書之態度。楊氏之後，明人改經之風氣雖未稍加收斂，然此種重建經書地位的體認，對後代研究經書的學者，必有或多或少的影響。柴紹炳、顧炎武等人，皆有斥責改經的言論（註九），即承繼此種精神而來。

㈢治經必先通字學：

楊愼除了重視古注疏，斥責改經之非外，從研究的過程中更體會了研究經學必先通字學的道理。他在《六書索隱序》中說：

> 今日此學（指字學），景廢響絕。談性命者，不過剿程、朱之莤魄；工文辭者，止於拾《史》、《

> 漢》之聱牙。示以形聲、孳孔，質以《蒼》、《雅》、《林》、《統》，反不若秦時刀筆之吏、漢代奇觚之童，而何以望古人之宮牆哉！（《升庵全集》，卷二，頁二〇）

楊愼感歎當時學者僅知剽程朱之糟粕，拾《史》、《漢》之聱牙。而字學的造詣反不如秦之刀筆吏、漢的奇觚童。這些話正好反映了當時不重視字學的學術風氣。此外，楊愼還提出一嚴肅的學術問題，即：不通字學不能望古人之宮牆。亦即要讀通古書，應該要先通字學。這種觀念的提出，對當時沉迷於空談心性的學者來說，必有相當的震撼力。楊愼爲了將他的理論行動化，曾敘述他研究小學的經過說：「愼自志學之始，已嗜六書之藝，枕藉《說文》，以爲折衷，迨今四十餘年矣。」（同上）楊氏說他沉潛於《說文》研究四十餘年，並作有《說文先訓》一書，且推崇《說文》：「盛宗古今，不雜臆見，可謂有功於小學矣。」（同上）後來，趙宧光作《說文長箋》，方以智和顧炎武之糾正《說文》（註一〇），都是承繼這種精神而來。此外，楊愼有關小學的著作，也多至十數種。文字學類有：《說文先訓》、《六書練證》六卷、《六書索隱》五卷、《奇字韻》、《古音複字》一卷、《古音駢字》一卷、《俗言》一卷。聲韻學類有：《轉注古音略》六卷、《古音略例》一卷、《古音餘》五卷、《古音附錄》一卷、《古音獵要》五卷、《古音叢目》五卷、《古音拾遺》五卷、《古音後語》一卷等。這些字學著作，有一共通的特色，即具有不因襲舊說的創新精神。他以爲古音不同於今音，使古音之研究進入一新的境界。

楊愼研究經學有這三點體認，加上他能博引證據，並加以歸納，使他的《升庵經說》一新耳目。

下文論楊氏研究各經之成果時，將選擇較有創見的條目來討論。

三、研究《周易》與《尚書》的成果

楊愼研究《周易》，闡發義理與字義考證兼而有之，有關考證的條目，爲楊氏研《易》重點之所在，茲舉例如下：

首先爲《易圖》的考辨。今傳朱子《周易本義》前列有九個圖，即《河圖圖》、《洛書圖》、《伏羲八卦次序圖》、《伏羲八卦方位圖》、《伏羲六十四卦次序圖》、《伏羲六十四卦方位圖》、《文王八卦次序圖》、《文王八卦方位圖》、《卦變圖》等。《河圖》、《洛書》和《伏羲四圖》，即所謂《先天圖》。朱子《本義》的圖說說：

> 古伏羲四圖，其說皆出於邵氏，蓋邵氏得之李之才挺之，挺之得之穆修伯長，伯長得之華山希夷先生陳摶圖南者，所謂先天之學也。（《易圖》，頁一〇）

朱子只說《易圖》得之於陳摶，並未說明作者。《文王二圖》，朱子圖說說：「邵子曰：此文王八卦，乃入用之位，後天之學也。」（同上，頁一二）也沒有說明作者是誰。由於朱學的影響力很大，後人大都相信前八圖爲伏羲、文王所傳。楊愼對此事曾提出批評，他說：

> 陳希夷曰：「《易》學意、言、象、數四者，不可闕一。其理具見於聖人之經，不煩文字解說。止有一圖，謂《先天方圓圖》也，以寓陰陽消長之說，與卦之生變，圖亦非創意以作。孔子《繫

辭》述之明矣。」又作《易龍圖》，序曰：「《龍圖》者，天散而示之，伏羲合而用之，仲尼默而形之。」希夷以授穆伯長，伯長以授李挺之。挺之即邵康節師也。挺之謂邵雍曰：「科舉外有義理之學，義理外有物理之學，物理外有性命之學。雍悉傳之，作《後天圖》。」見邵伯溫之序。朱子因其出於希夷而諱言之，殆掩耳盜鐘也。後作《周易啓蒙》，指孔子《繫辭傳》「天地定位」曰：「此先天之學」；「弟出乎震」一節曰：「此後天之學」；「數往者順」一節曰：「直解圖意」。庚圖悞人，似說易原有此圖矣。蓋康節因孔子《易傳》難明，因希夷之圖，後又作《後天圖》以示人。如周子因孔子「易有太極」一句而作《太極圖》。今便謂先有《太極圖》而後有《易傳》，可乎？如《詩集傳》有《七月流火圖》，便謂先有此圖而後有《七月》詩，可乎？（《外集》，卷二四，頁八，《希夷易圖》條）

楊氏這段話的重點有二：其一，說明《先天圖》作於陳摶，《後天圖》作於邵雍，邵雍所以作圖，乃因孔子《易》學難明，作圖以闡發之。朱子所以不明言作者，是因爲那些圖源於道士陳摶，不敢直接說出來。其二，朱子《易學啓蒙》，似乎以爲先有《易圖》，然後才有《易．繫辭》中的解說文字。楊氏舉周敦頤《太極圖》因「易有太極」一語而作；《七月流火圖》因《七月》一詩而作，以糾正朱子觀念的錯誤。這種考辨《易圖》的風氣，後來由季本、歸有光、陳元齡等人所承繼（註一一），並啓導清初考辨《易圖》的風氣。

其次，在《易經》經文的考訂，楊氏也有特出的見解，茲舉例如下：

1.《大過・九二》：「枯楊生稊，老夫得其女妻。」朱子《周易本義》說：「稊，根也，榮於下者也。」楊氏反駁說：

(1)稊，按字書本不訓根，據《易》爻初爲木本，或可象根，至二爻則非根矣。

(2)柳之發榮自末稍始，唐詩所謂「解凍風來末上青」也，不自下而榮，其說戾矣。（《外集》，卷二四，頁二二，《楊稊柳稊》條）

楊氏之說甚爲確當。《周易集解》引虞翻說：「稊，稚也，楊葉未舒稱稊。」可知稊指葉子初生，不訓根。枯楊生稊，是說枯楊生葉，是反枯爲榮的樣子。

2.《漸卦・六二》：「鴻漸于般。」今本作「磐」，王弼說：「磐，山石之安者。」朱子《周易本義》說：「磐，大石也者。」楊氏反駁說：

裴龍駒注云：「般，水涯堆也。」《史・漢武紀》所引作般。今《易》解作大石，鴻固不棲石也。因磐字從石而誤說耳。（《外集》，卷二五，頁六，《鴻漸于般》條）

清王引之《經義述聞》也以爲應作水涯堆解，王氏根據前後爻的關係說：「初爻漸于干；干，水涯也；二爻漸于般，般爲水涯堆，則高於水涯矣；三爻漸于陸，則又高於水涯堆矣。」（《重編本皇清經解》，冊一八，頁四四—四五）王氏之說可證成楊愼的說法。

楊愼研究《尙書》，考證性的條目甚多，對馬融和蔡沈《書集傳》的疏失也頗有譏駁。茲舉例如下：

1.《舜典》：「咨，汝二十有二人。」馬融以爲合十一牧十二人，四岳四人，及禹、垂、益、伯、夷、夔、龍等計之（註二二）。後代說《尚書》者皆採用馬融的說法。宋人孔平仲則以爲四岳是一人，合稷、契、皐陶爲二十二人。楊愼很贊同這種說法，舉證說：

(1)《漢書》：「三公一人，爲三老；次卿一人，爲五更。」註：「五更，知五行者。」安知四岳非知四方者乎？

(2)書內有「百揆四岳」，以四岳爲四人，則百揆亦須百人矣。

(3)劉珥江曰：「五官中郎未聞五個，四門博士豈是四人。」（《外集》，卷二六，頁七，《四岳爲一人》條）

此外，楊愼又以明翰林之五經博士，欽天監之五官挈壺，皆僅一人，證成孔平仲之說。楊氏此說甚爲確當，馬融以四岳爲四人，而擯除稷、契、皐陶三人，實非通達之言。

2.《舜典》：「舜生三十徵庸，三十在位，五十載，陟方乃死。」「陟方」二字，蔡沈《書集傳》釋作「升遐」，楊氏反駁說：

(1)「陟方乃死」，《家語》作「五十載，陟方岳，死于蒼梧之野」，以方爲方岳，正與《國語》「舜勤民事而野死」之文相合，而文義亦順。

(2)今注以「升遐」訓之，與下文「乃死」重複。

(3)左思《吳都賦》：「梁岷豈有陟方之館，行宮之基與？」以「陟方」對「行宮」，蓋以爲天

下巡狩事也。亦與《國語》、《家語》合。（《外集》，卷二六，頁七，《陟方》條）

楊氏以爲「陟方」的「方」，是「方岳」，是說舜登方岳而卒於蒼梧之野。如此解釋，文理俱順。可見蔡沈之說並不確當。

四、研究《詩經》的成果

楊愼研究《詩經》，大抵從兩方面著手。其一是字義的考訂；二是字音的釐定。先論述第一項。

(一)字義的考訂：

1.〈豳風・東山〉：「町畽鹿場」（註一三），「町畽」二字，後人皆根據毛傳釋作「鹿跡」。楊愼以爲應解作「田野」，他以爲漢人所以誤解，乃因「町畽」下有鹿場二字，遂用「鹿跡」、「獸踐」附會之。實則鹿跡、獸踐僅能解釋「鹿場」，不可用來解釋町畽。詩人之意是：征夫久役不歸，町畽之地，已踐爲鹿場，並非町畽即鹿場。楊氏又舉證說：

(1)《說文》將「町畽」入田部，可見並非鹿跡或獸踐。

(2)《左傳》有「町原防，井衍沃。」干寶注云：「町，小頃。」

(3)張衡《西京賦》：「徧町成篁」。注云：「町，畎畞。」

(4)王充《論衡》：「町町如荊軻之廬。」《石鼓文》：「原隰既垣，疆理畽畽。《召伯敦銘》：「予既畽商。」《莊子》：「舜舉於童土之地。」成玄英《疏》：「童，土畽也。」四條皆指

田野，並無鹿跡之說。（《外集》，卷二七，頁二二一，町疃條）

朱熹《詩集傳》解釋「町疃」二字說：「舍旁隙地也，無人焉，故鹿以爲場也。」（卷八，頁九五）可見「町疃」已不解作「鹿跡」。楊氏旁徵博引，證成前人之說，足以表現他在論證上的工夫。且不採漢人之說，完全表現實事求是的客觀精神。

2.《小雅．正月》：「民今之無祿，天夭是椓。」楊氏以爲「天夭」應該作「夭夭」。他引證說：

(1)張衡云：「利端始萌，害漸亦牙，速速方轂，夭夭亦加，欲豐其屋，乃蔀其家。」可知張衡以「天夭」爲「夭夭」。

(2)詩中佌佌、速速、夭夭連文，如作「天夭」，與詩中句法不合。

(3)「夭夭」之意自然，「天夭」則失之牽強。

(4)王安石詩：「翙翙出入夢，夭夭老者居。」也是學張衡的。（《外集》，卷二八，頁七，《民今之無祿，天夭是椓》條）

由上述論證，楊氏證明應作「夭夭」。其實，《韓詩》和《蜀石經》正作「夭夭」，且〈檜風．隰有萇楚〉：「夭之沃沃」之「夭」作名詞用，正可比證（見屈翼鵬師《詩經釋義》，頁三四九）。楊氏雖不及引《韓詩》和《蜀石經》爲證，然能引用張衡之說，又能以句法爲證，證據亦充足，足糾前人之誤。

3.《大雅．緜》：「自土沮漆」。《毛傳》：「土，居也。」朱熹《詩集傳》：「土，地也。」

楊氏以爲「土」當作「杜」。他說：

《詩》曰：「生民之初，自土沮漆。」《齊詩》作「自杜沮漆」，言公劉避狄而來居杜與漆、沮之地。杜，水名，即杜陽也。據文義作杜爲長。（《外集》，卷二八，頁一二，《自土沮漆》條）

清代考據學家王引之《經義述聞》對此句亦有考辨（《毛傳中》，頁二七），正與楊氏之說相合。今人皆以爲此說是王引之的創見，不知兩百餘年前，楊愼已先發之矣。

4.《大雅．崧高》：「往近王舅」，《毛傳》：「近，已也。」鄭玄《箋》：「近，辭也。」楊氏引朱公遷說：

《說文》：「迈，从辵从丌，丌音基。」楷書作迊，與近相似而誤也。（《外集》，卷二九，頁一，《往近王舅》條）

楊氏以爲「近」乃「迈」字之誤。此句清代學者惠棟、段玉裁等人皆有考證（註一四）。其說與楊氏暗合，足證楊氏之識見。

5.前人說詩，每以辟雍爲天子之學，泮宮爲諸侯之學，朱熹《詩集傳》也說：「諸侯之學，鄉村之宮，謂之泮宮。」楊愼認爲辟雍是宮名，泮宮爲泮水旁之宮，他舉證說：

(1)《說文》：「辟雍」作「廦廱」，許愼說：「廦，墻也；廱，天子享宴廦廱也。」《魯詩》：「騶虞，文王囿名也。辟雍，大王宮名也。」以《說文》、《魯詩》所說觀之，與《詩經》：「鎬京辟雍」「於樂辟雍」之義皆合。

(2)辟雍爲天子學名，泮宮爲諸侯學名，自《王制》始有此說，《王制》出於漢文帝時曲儒之筆，並不可信。

(3)《孟子》曰：「夏曰校，殷曰序，周曰庠。學則三代共之。」使天子之學曰辟雍，爲周之制，則《孟子》固言之矣。

(4)既曰「辟雍」，而《周頌・振鷺》又云：「于彼西雍」，《考古圖》又有「胥雍」，可知辟雍、西雍、胥雍，皆爲宮名。

(5)《魯頌》既云「泮宮」，又云「泮水」、「泮林」，可知泮宮乃泮水旁之宮，泮林爲泮水旁之林。

(6)魯有泮水，故因水名以名其宮，即使魯之學在水旁而名泮宮，如《王制》之說，當時天下百二十國諸侯之學，豈皆在泮水之旁乎，而皆名泮宮邪？（《外集》，卷二九，頁六，《泮宮》條）

這一條最爲博辨，清方中履《古今釋疑》卷七《辟雍、泮宮非學名》條，也引用楊氏之說（頁四三）。姚際恆《詩經通倫》說：「泮宮，宋戴仲培、明楊用修皆以爲泮水之宮，非學名，其說皆然。」（卷一八，頁三五〇）此外，戴震的《毛鄭詩考正》、馬瑞辰的《毛詩傳箋通釋》、方玉潤《詩經原始》等（註一五），所論皆與楊愼相合，足見楊氏的說法確鑿有據。

㈡**詩音的釐定**：

楊氏論古今音不同說「予綴古音一書，或以今韻反切不同規予者，予曰：既曰古音，豈能悉合今韻乎？」（《外集》，卷二七，頁一五，《零露漙兮》條）既知古音不同今音，考古音必用古代韻語資料，而《詩經》又是古韻語之祖，故楊愼古音學方面的著作，如：《轉注古音略》五卷、《古音略例》一卷、《古音餘》一卷、《古音獵要》五卷等，時舉《詩經》爲例。茲舉《升庵外集》中論詩音者數條，以見其研究歸納之工夫。

1.《鄘風．柏舟》：「實維我儀」，楊氏以爲「儀」音「俄」，舉證說：

(1)《鄘風．柏舟》：「實維我儀」，叶「在彼中河」。

(2)《豳風．東山》：「九十其儀」，叶「其舊如之何」。

(3)《小雅．菁菁者莪》：「樂且有儀」，叶「在彼中阿」。

(4)揚雄《太玄》：「各遵其儀」，叶「不偏不頗」。

(5)《史記》徐廣音：「檥船」作「蛾船」。

(6)漢隸：「蓼莪」作「蓼儀」。（《外集》，卷二七，頁九，《實維我儀》條）。

2.《鄭風．羔裘》：「洵直且侯」，楊氏以爲「侯」音「胡」，舉證說：

(1)《鄭風．羔裘》：「洵直且侯」，叶「羔裘如濡」。

(2)《呂氏春秋》：「今侯渫過而弗辭」。

(3)《史記．匈奴傳》：「胡王」，漢書作「侯王」。

(4)《易林》：「季姬踟躕，望我城隅；終日至暮，不見齊侯。」

(5)又：「范子妙才，僇辱傷膚，然後相國封爲應侯。」

(6)張衡《西京賦》：「增昭儀于婕妤，賢既公而又侯；許趙氏以無上，思致董於有虞。」

(7)俗呼喉嚨爲胡嚨。（《外集》，卷二七，頁一四，《洵直且侯》條）

3.《齊風・雞鳴》：「匪東方則明」，楊氏以爲「明」字音「芒」，舉證說：

(1)《齊風・雞鳴》：「匪東方則明」，叶「月出之光」。

(2)《大雅・板》：「昊天曰明」，叶「及爾出王」。

(3)《周易》：「天下文明」，上叶「陽氣潛藏」，下叶「與時偕行」。

(4)《尚書》：「元首明哉，股肱良哉，庶事康哉。」

(5)《荀子》：「契玄王生，昭明歸藏。」

(6)《白虎通》：「清明風者，清芒也。」（《外集》，卷二七，頁一五，《匪東方則明》條）

4.《小雅・出車》：「雨雪載塗」，楊氏以爲「塗」音「余」，舉證說：

(1)《小雅・出車》：「昔我往矣，黍稷方華；今我來思，雨雪載塗。」「塗」與「華」押韻。

(2)《易林》：「雨雪載塗，東行破車，旅人無家。」

(3)柳宗元詩：「善幻迷水火，齊諧笑柏塗；東門牛屢飯，中散蝨空爬。」（《外集》，卷二八，頁四，《雨雪載塗》條）

以上所舉爲楊氏論詩古音之犖犖大者。其後，焦竑《筆乘》卷三有《古詩無叶音》條（頁六三二）；陳第更著有《毛詩古音考》四卷，所考之字多至四百四十餘，且將所舉之例，分爲本證、旁證；顧炎武作有《音學五書》。這都是受楊愼之影響而作。今人每以考詩音始自陳第，實不免以雲仍爲高曾。

五、研究《三傳》與《三禮》的成果

楊愼之研究《三傳》，也充分表現出他那「實事求是，不主一家」的精神。對於《左傳》，則頗譏刺杜預說之不是，至於《公羊》、《穀梁》附會之說，也能隨事駁正。茲舉重要者如下：

1.《左傳》僖公四年，管仲責備楚國，不進貢苞茅，不能漉酒祀神，且追問當年周昭王何以南征而不復？屈完對曰：「貢之不入，寡君之罪也，敢不共給？昭王之不復，君其問諸水濱！」杜預注以爲昭王時漢水非楚境，故不受罪。楊愼反駁說：

(1)楚始封於殷代，楚苦縣瀨鄉在漢水東北，則漢水於西周之際豈有未屬楚者乎？

(2)《詩・商頌・殷武》：「奮伐荊楚，罙入其阻。」鄭玄《箋》：「罙入方城之阻也。」方城在今漢水北，豈昭王時未屬楚乎？

(3)屈完以齊桓所問之大，不敢他對，但請自問於水濱，而人莫之知也。（《外集》，卷三〇，頁七，〈問諸水濱〉條）

楊愼以爲漢水北的苦縣、方城早已屬楚國，漢水自當爲楚境。竹添光鴻《左傳會箋》也引用楊愼的說法（卷五，頁一五），來反駁杜預的錯誤。

2.《左傳》僖公四年：「晉獻公欲以驪姬為夫人，卜之，不吉；筮之，吉。公曰：從筮。卜人曰：筮短龜長，不如從長。」杜預說：「筮數龜象，象長數短。」楊慎譏為瞽說。而孔穎達說：「神以知來，智以藏往，是為極妙，雖龜之長無以加，此以至理而言，卜筮實無長短。」楊慎譏笑他知道杜預之誤而不敢規誡，遂反駁說：

獻公卜驪姬，卜吉而筮凶，卜人曰：「筮之辭所言理短，龜之辭所言理長。」故下文遂引龜辭，蓋即立驪姬一事，而非謂筮龜有長短也。（《外集》，卷三〇，頁八，《筮短龜長》條）

這是以《左傳》本文來證知杜預的錯誤。《左傳會箋》以為楊慎的說法可從（卷五，頁二〇）。

3.《左傳》僖公二十三年，秦伯將納公子重耳，公子賦《河水》。杜預注：「《河水》，逸詩，義取河水朝宗於海。」杜氏以為《河水》是逸詩，不見於三百篇之中，楊慎引韋昭說：

《河水》，當作《沔水》，字之誤也。「沔彼流水，朝宗於海。」言己反國，當朝事秦。（《外集》，卷三〇，頁一二，《公子賦河水》條）

楊氏贊同韋昭，以為當作《沔水》。江永《群經補義》也以此說為是，以為《沔水》詩：「嗟我兄弟，邦人諸友，莫肯念亂，誰無父母。」是要以此詩句感動秦穆公，希望他體念晉國之亂而護送重耳返國（《重編本皇清經解》，冊一七，卷二五七，頁一六）。

4.《左傳》襄公三十一年：「繕完葺墻，以待賓客。」楊氏說：「繕也，完也，葺也，一義也；一墻也，繕未足而又加完與葺焉，於義為複。」以為不符古人行文之體要。唐李涪《刊誤》以為「完」當作「宇」，楊慎引述說：

審「完」字，乃「宇」字之誤。曰：「繕宇葺墻」，辭無複義，亦昭矣。（《外集》，卷三一，頁六，《繕完葺牆以待賓客》條）

此說較為通達。今人楊伯峻《春秋左傳注》以為「完」借為「院」，引《廣雅·釋宮》說：「院，垣也。」（頁一一八六）依楊伯峻之說，繕院和葺墻，未免重複，實不如楊慎說之通達。

5.《春秋》僖公十五年：「己卯晦，震夷伯之廟。」《公羊傳》以為春秋不書晦，朔有事則書，晦雖有事亦不書，故以「己卯晦」之「晦」為冥。《穀梁傳》承襲這種說法。楊慎則以為晦是三十日，並舉春秋書晦的另有成公十六年：「甲午晦，晉侯及楚子、鄭伯戰于鄢陵，楚子、鄭師敗績。」來反駁《公羊傳》。且更引前賢的說法：

(1)劉歆曰：「及朔書朔，及晦書晦。」

(2)劉原父曰：「晦、朔，天之所有，取朔棄晦，乖偽之深者。」（《升庵外集》，卷三〇，頁一一，《己卯晦，震夷伯之廟》條）

可見《公羊》、《穀梁傳》說法的錯誤。而且，《左傳》以為軍陣不可違，故成公十六年，晉與楚、鄭之戰，楚、鄭因晦出師，故戰敗。楊慎駁斥這種說法是「勦說之無理者」。

在《三禮》方面，楊慎論《周禮》時採用杜子春和鄭司農者頗多，對鄭玄說法的錯誤也能隨時刊正。至於《儀禮》、《禮記》二書，大多左右采獲，不主一家，茲擇要述之如下：

1.《周禮》九嬪鄭注，敘述群妃御見天子的方法，以爲「卑者宜先，尊者宜後。女御八十一人，當九夕；世婦二十七人，當三夕；九嬪九人，當一夕；三夫人當一夕，后當一夕。亦十五日而徧，自望後反之。」這種說法，楊氏以爲「迂且謬」，並舉證反駁說：

(1)苟如此，則王后一月之間，不過兩御於王，當其朔與晦爾。不知小盡之月肯通融否？是又奪三夫人之一夕矣。

(2)王后當夕之外，三夫人一夕，其餘皆九人一夕。聖王制禮，本以防淫，黃老養生，亦惟寡欲，一人之身而一夕九合，雖金石之軀，亦將亟銷而速泐矣。

(3)況古者人君，圜丘、方澤、朝日、夕月、山川、社稷、禴、祠、烝、嘗，爲禮至繁，動輒三日齋、七日戒，而可以無夕不御女乎？是齊高緯、金海陵之所不爲，而謂聖世有此制乎！（《外集》，卷三四，頁四，《群妃御見》條）

楊氏之論辨，最爲確當，足見鄭玄說法不合理。

2.《禮記．曲禮》，鄭玄以爲篇中記吉、凶、軍、賓、嘉五禮之事，故名之。鄭玄說：「名曰《曲禮》者，以其篇記五禮之事。祭祀之說，吉禮也；喪荒去國之說，凶禮也；致貢朝會之說，賓禮也；兵車旌鴻之說，軍禮也；事長、敬老、執贄、納女之說，嘉禮也，此於《別錄》屬制度。」孔穎達《禮記注疏》更就鄭說加以發揮（卷一，頁四）。楊愼則以爲：

曲者一偏一曲之謂，《中庸》言「致曲」；《易．大傳》言「曲成」；《老子》云：「曲則全」；

《莊子》云：「曲士不可語於道」；《易》又言：「其言曲而中」。人言曰心曲、衷曲；地名韋曲、杜曲，皆同義。《曲禮》者，言禮之小節雜事，而非大體之全文也。（《外集》，卷三二，頁一，《曲禮》條）

《曲禮》一篇，所記多禮文之細微曲折者，其上篇尤詳於言語、飲食、灑掃、應對、進退之法，即楊愼所說：「曲禮者，言禮之小節雜事。」鄭玄與孔穎達之說，皆不得確解。

3.《禮記・王制》：「方伯爲朝天子，皆有湯沐之邑，於天子縣內，視元士。」楊愼以爲這種說法襲自《公羊傳》：「天子有事于泰山，諸侯皆從泰山之下，諸侯皆有湯沐邑。」故先引前代學者駁斥《公羊傳》的說法：

(1)許愼《五經異義》曰：「若如此，周千八百諸侯，盡京師地不能容之，不合事理之宜。善乎左氏之說曰：『諸侯有功德於王室，京師有朝宿之邑，泰山有湯沐之邑。魯，周公之後；鄭，宣王母弟，有湯沐邑，其餘則否。』」

(2)胡安國云：「成王以周公有大勳勞，故特賜之許田爲朝宿之邑。如皆有焉，盡天下之郊，不足爲其邑矣。」（《外集》，卷三二，五六，《方伯爲朝天子》條）

這兩種說法，已非常詳盡，足證《公羊傳》的說法不正確。楊愼又駁《王制》說：

漢儒剌六經作《王制》，又踵《公羊》之謬而益之曰：「視元士。」果如其說，則天子元士視附庸，附庸亦五十里，千八百諸侯，各有五十里之湯沐邑，則是二十五萬之地而後足也。又各

有朝宿邑，亦二十五萬里而後足也。合之五十萬。盡《王制》、《禹貢》疆界而不足，不獨京師與泰山之旁矣。（同上）

楊氏此說最精當，足破漢儒解經之謬。

4.《禮記・明堂位》：「成王以周公有勳勞於天下，命魯公世祀周公以天子禮樂。」後儒遂以魯國僭天子之禮，爲成王所賜，伯禽所受。楊愼大不以爲然，舉證反駁說：

《呂氏春秋》：「魯惠公請郊廟之禮於周天子，使史角往報之。」所謂天子，蓋平王也。使成王果賜伯禽，則惠公又何請之有？其曰天子使史角往報之，蓋亦未之許也。平王猶之不許，而謂成王賜之乎？（《外集》，卷三二，頁一七，《周公用天子禮樂》條）

可見魯國僭用天子之禮，並非成王、伯禽之本意。那麼，魯國之僭禮，始於何時？楊愼解釋說：

(1)《春秋》桓公五年：「大雩」。雩之僭始於桓也。

(2)閔公二年：「吉禘於莊公」。禘之僭始於閔也。

(3)僖公三十一年：「四卜郊」。郊之僭始於僖也。

(4)《魯頌・閟宮》三章，首言「乃命魯公，俾侯于東，錫之山川，土田附庸。」無異曲也。其下乃曰：「周公之孫，莊公之子」，以及於「享祀不忒，皇皇后帝，皇祖后稷。」蓋魯自伯禽以下，十有八世，自僖公始有郊祀，而詩人頌之。則其不出於成王之賜益明矣（同上）。

楊氏舉證頗爲詳盡，足證魯國之僭禮，並非成王之賜。焦竑《筆乘續集》曾襲用此說（卷五，頁二三九，《明堂位》條）；晚清今文學家康有爲《詩經說義》所論也與楊說暗合（頁八八）。

六、研究《論語》與《孟子》的成果

楊愼於《論語》、《孟子》二書，闡述義理的條目甚多，如：《夫子與點》、《齊桓晉文》、《用我吾爲東周》、《予欲無言》、《立賢無方》、《論性》諸條皆是，惟皆無新意。考證性的條目，則頗能糾正朱子之錯誤。茲擇數例述之如下：

1.《論語·雍也篇》：「子曰：觚不觚，觚哉觚哉。」朱子《四書集注》云：「觚，稜也，或曰酒器，或曰木簡，皆器之有稜者也。」（《論語三》，頁一八）楊愼認爲孔子所感嘆之觚是酒器，並非木簡，他舉證說：

(1)以觚爲簡，起於秦、漢以後，孔子未嘗見之也。

(2)以勢言之，酒觚可削而圓，木簡不可削而圓也。木簡而規圓之，豈不成趕麵杖耶！（《外集》，卷三六，頁五，《不觚》條）

西漢史游《急就篇》：「急就奇觚與衆異。」是指簡來說的，可見西漢時，已將竹木簡稱爲觚。楊氏之說，大抵得其實。至以觚爲酒器，今人則無異議。

2.《論語·先進篇》：「賜不受命，而貨殖焉，億則屢中。」朱子說：「貨殖，貨財生殖也。」楊愼引《說文》：「殖，脂膏久也。」又引《周禮·考工記·弓人》疏：「今人頭髮有脂膏者，謂之殖。」可知殖與脂通用。遂以為：

貨殖謂藏積而不用，如脂膏久而致殖也。今以興生射利者為殖，蓋借用字耳，後世遂以殖訓生，非也。（《外集》，卷三六，頁一〇，《賜不受命而貨殖焉》條）

段玉裁《說文解字注》說：「脂膏以久而敗，財用以多藏而厚亡，故多積者謂之殖貨，引伸假借之義也。」（四篇下，頁一三）段氏之說，可證成楊慎的說法。

3.《論語．微子篇》：「周有八士，伯達、伯适、仲突、仲忽、叔夜、叔夏、季隨、季騧。」這八人，馬融以周成王時人，劉向以為周宣王時人。朱子則綜合二家之說：「或曰成王時人，或曰宣王時人。」楊慎考證說：

(1)《周書．克殷解》：「乃命南宮忽振鹿臺之財，乃命南宮百達、史佚遷九鼎三巫。」疑南宮忽即仲忽；南宮百達，即伯達也。

(2)《尚書》有南宮括，疑即伯适也。（《外集》，卷三六，頁二七，《八士考》條）

楊慎以為《尚書》南宮之姓和《周書》南宮之姓相合，伯達、伯适與仲忽之名又相合，應是同一人無疑。楊氏所考，大抵得其實。惟史佚，即叔夜，未及考出。清朱右曾《逸周書集訓校釋》說：「史佚，疑即八士之叔夜；夜、佚聲相近。」（《克殷》第三十六）這可補楊慎考證之不足。

4.《孟子．梁惠王篇》：「梁惠王曰：晉國，天下莫強焉。叟之所知也，及寡人之身，東敗於齊，長子死焉，西喪地於秦七百里，南辱於楚。」魏（梁）本是晉大夫，故惠王猶自稱是晉國。惠王自述其國強弱變遷之勢，楊慎以為《孟子注疏》和朱子《集注》皆語焉不詳，引《戰國策》說：

(1)甘茂謂秦王曰：「《詩》云：靡不有功，鮮克有終。梁君伐楚，勝齊，制韓、趙之兵，驅十二諸侯，朝天子於孟津，後子死，身布衣，而拘於秦。」

(2)蘇秦說齊閔王曰：魏王擁士千里，帶甲兵三十六萬，恃其強而拔邯鄲，又從十二諸侯朝天子，以西謀秦，秦用商鞅計，以言佯尊而驕之。魏王乃廣公宮，制丹衣，柱建九斿從七星之旗，此天子之位也。於是齊楚怒伐魏，殺其太子，覆其十萬之軍。魏王大恐，跣行而東，次於齊，然後天下乃捨之。當是時，秦王垂拱而受西河之外不以德。（《外集》，卷三七，頁一，《梁惠王》條）

可知所謂天下莫強者，乃是指伐楚、勝齊、拔邯鄲諸事。所謂西喪地于秦七百里，即秦王垂拱而受西河之外也。楊慎的疏釋可補《孟子注疏》及朱《注》之不足。

5.《孟子．公孫丑篇》：「德之流行，速於置郵而傳命。」朱子《集注》說：「置，驛也；郵，馹也。」楊慎解釋二者的分別說：

(1)《說文》：「驛，置也。」置有安置之意，如今制云：「日行一程」。

(2)《說文》：「馹，傳也。」郵（傳）有過而不留之意，猶今制云：「信道兼行。」（《外集》，卷三七，頁四，《置郵傳命》條）

可知「置緩而郵速，驛遲而馹疾。」這是兩者間的分別。楊慎以為「馹」字見于《左傳》者有四條，皆有速馳的意思：

(1)文公十六年：「楚子乘馹，會師于臨品。」

(2)襄公二十一年：「祁奚乘馹而見宣子。」

(3)襄公二十七年：「子木使馹謁諸王」

(4)襄公二十八年：「吾將使馹奔問諸晉。」（同上）

後人不了解馹字之意，以爲是驛的省文，將馹字全改作驛，《左傳》之精意遂隱微不彰矣。段玉裁《說文解字注》所說與此相合（註一六）。可證成楊愼的說法。

5.《孟子・盡心篇》：「旱乾水溢則變置社稷。」朱子說：「祭祀不失禮，而土穀之神不能爲民禦災捍患。則毀其壇壝而更置之。」可見朱子以「變置社稷」爲「毀其壇壝」。楊愼反駁說：

(1)《左傳》：「共工氏有子曰句龍，爲后土，后土爲社。有烈山氏之子曰柱，爲稷。自夏以上祀之。周棄亦爲稷，自商以來祀之。」

(2)《禮記・祭法》：「厲山氏之有天下也，其子曰農，能殖百穀；夏之衰也，周棄繼之，故祀以爲稷。共工氏之霸九州也，其子曰后土，能平九州，故祀以爲社。」是言變置之事也。

(3)《尚書》：「湯既勝夏，欲遷其社不可。」孔安國云：「湯革命創制，故變社稷而後世無及句龍者，故不可而止。」（《外集》，卷三七，頁一六，《變置社稷》條）

由此可知變社稷是更置社神、稷神，並非如朱子所說的「毀其壇壝」。

七、結　論

前代學者雖已將楊慎定爲好博炫異、好作僞書的文人。但是，根據前文的論述，對楊氏的觀感似可稍加改變。如就經學一事來說，約有數點値得注意：

其一，他開始突破宋人的舊典範，建立一種新的學風。他與王守仁同時反對宋學，王氏由心性之學入手，楊氏則以恢復漢學爲職志，遂開清代考據學之先河。

其二，他認爲要恢復經學的地位，必須由重視古注疏開始，並抨擊改經之不是。而要明經就須先通字學，要通字學則須精研《說文》。這種觀念，即後來清代考據家「訓詁明然後義理明」一理念的先導。

其三，他研究經書已完全拋開宋人自由心證的態度，而用一種客觀的考據方法。這種方法是將所搜得的資料作歸納分析的工夫，然後推出結論，亦即學術研究中的歸納法。此爲清代考據學家所廣泛使用。

其四，他對各經的考證，有不少極珍貴的意見，如辨《易圖》，倡詩無叶音，皆啓導清人研究之熱潮。至於各經字句的考訂，與後來清人的研究頗多相合。這正表示楊慎研究工夫的綿密。然清人鄙薄楊氏的研究成果而不用，以致浪費不少精力。

其五，他的研究工作，雖有不少疏忽和臆斷的地方，但他研究經書的方法與前人已大相逕庭，而企圖建立一種新的典範。當中容或有照顧不周，或爲當時學風所囿的地方，吾人對他的缺失自應有同情的了解。

楊愼研究經學既有如上許多値得注意的地方。周中孚之稱譽楊氏，《續修四庫全書提要》以楊氏之經學爲「明人經說之翹楚」，都是楊氏所應得的榮譽。此外，我們更應了解，他創立了一個以考據爲主的學派。這學派就是清代考據學的先導。當吾人對清人考據成就大加贊歎之餘，不應忘記楊愼篳路藍縷之功。

【附註】

註一 楊愼生平資料有：

(1)明簡紹芳編：《楊文憲公年譜》一卷（《古棠書屋叢書》本）；

(2)明陳文燭編：《楊升庵太史愼年譜》（《國朝獻徵錄》卷二一內）；

(3)明李贄撰：《修撰楊公傳》（《續藏書》卷二六）；

(4)不題編者：《升庵先生年譜》（《函海》本《升庵全集》卷首）；

(5)清程封編：《楊升庵先生年譜》一卷（清道光《新都縣志》卷十內）；

(6)《明史・楊愼傳》等。

註二 楊文見《國風半月刊》五卷十、十一期合刊（一九三四年十月一日）；梁氏二文，分別見於《書和人》

一三一期（一九七〇年三月二十一日）、《書和人》一三三期（一九七〇年四月八日）；筆者所撰二文，分見於《孔孟月刊》二十卷七期（一九八二年三月）、《明代考據學研究》（臺北：臺灣學生書局，一九八二年）第三章。此外，與楊慎有關之短文甚多，雖不專爲研究楊氏之學術而作，然對了解楊氏亦有助益，茲附記於此：

(1)祥：《楊升庵夫婦散曲》，《國立北平圖書館月刊》三卷六期（一九二九年十二月）；
(2)傅增湘：《轉注古音略跋》，《國聞週報》八卷四十三期（一九三一年十一月）；
(3)楊崇煥：《明修撰升庵公遺像跋》，《國風半月刊》五卷五期（一九三四年九月一日）；
(4)楊昌溪：《硬漢楊升庵》，《中央日報》六版，一九四二年十一月四日；
(5)冬尼：《文學家楊升庵》，《草地》一九五七年七月；
(6)劉知漸：《楊升庵二三事》，《重慶日報》一九六一年七月十二日；
(7)川博：《明代大文學家楊升庵》，《四川日報》一九六一年九月十三日；
(8)何熔等：《四川整理研究明人楊升庵著述和事迹》，《光明日報》一九六一年十月十一日；
(9)碎石：《楊升庵與民歌一則》，《人民日報》一九六二年五月三日；
(10)沈仲常：《楊升庵遺迹訪問記》，《四川日報》一九六二年八月八日；
(11)顧峰：《楊升庵詩裡的雲南風光》，《雲南日報》一九六二年十一月十五日；
(12)陳友琴：《談楊慎批評杜甫》，《杜甫研究論文集》第一輯（上海：中華書局，一九六二年）內。

註　三　《明史・藝文志》作《經說》八卷，朱彝尊《經義考》作《經說叢鈔》六卷，焦竑《升庵外集》則為十四卷。清周中孚《鄭堂讀書記》說：「蓋升庵隨時劄記，既成《經說》八卷，後復以續說散見於所著丹鉛諸錄之內，焦氏刊《外集》併入注疏，故卷數倍之也。《經義考》所載，疑又一別本矣。」

註　四　參見註三。

註　五　見常明等重修，楊芳燦等纂：《四川通志》（清嘉慶二十一年刊本），卷一八三，經籍經部，頁三四。

註　六　見黃虞稷撰：《千頃堂書目》（臺北：廣文書局：一九六七年，《書目叢編》本），卷二，經部，頁四〇。

註　七　王鏊說：「漢初六經，皆出秦火煨爐之末，孔壁剝蝕之餘，然去古未遠，尚遺孔門之舊。……諸儒掇拾補葺，專門名家，各守其師之說，其後鄭玄之徒，箋注訓釋，不遺餘力，雖未盡得聖經微旨，而其功不可誣也。宋儒性理之學行，漢儒之說盡廢，然其間有不可得而廢者。今猶見於《十三經注疏》，幸閩中尚有其板。使閩板或亡，則漢儒之學幾乎熄矣。」見王氏撰，《震澤長語》（臺北縣：藝文印書館，一九六五年，《百部叢書集成》影印《寶顏堂秘笈》本），卷上，頁一。又朱彝尊撰，《經義考》，卷二九七，頁七下；費密撰，《弘道書》，卷上，頁二〇，各有引述，惟文句略有出入。

註　八　楊慎說：「朱子因其出於希夷而諱之，殆掩耳盜鐘也。」又說：「觀此言，《易圖》先天始於希夷，而後天續於康節，朱子所以不明言者，非為康節，直以希夷，恐後人議其流於神仙也。藏首露尾，亦何益哉！」《升庵外集》，卷二四，頁八，《希夷易圖》條；頁九，《易圖考證》條。

註　九　柴氏之言，見朱彝尊撰：《經義考》，卷二九七，頁一六，《柴紹炳》條；顧氏之言，見顧氏撰：《日知錄》，卷二二，頁六一三，《趙宧光說文長箋》條。

註一〇　方以智研究說文之成果，詳見方氏撰：《通雅》（臺北：臺灣商務印書館，一九七一年，《四庫全書珍本三集》本）卷首一、二之《說文總論》；卷一、二《疑始》，論古篆古音時，對《說文》之糾正。顧炎武之糾正《說文》，詳見顧氏撰，《日知錄》，卷二一，頁六一〇，《說文》條。

註一一　歸氏辨《易圖》之言，見所撰：《歸震川全集》（臺北：世界書局，一九七七年，三版），卷一，頁一—四，《易圖論》。陳氏之言，見所撰：《思問初編》，（臺北：臺灣學生書局，一九七一年，影印本），卷一，頁一二，《後天》條。

註一二　《史記集解》引馬融說：「稷、契、皐陶皆居官久，有成功，但述而美之，無所復勑。禹及垂已下皆初命，凡六人，與上十二牧四岳，凡二十二人。」見《史記》（臺北：世界書局，一九七二年），卷一，頁四二。

註一三　按：「町疃」之「疃」，有些版本作「曈」、「墥」。

註一四　惠棟之說，見《九經古義》（臺北：漢京文化事業公司，一九七九年；《重編皇清經解》本），《毛詩下》，頁九。段玉裁之說，見《詩經小學》（板本同上），《大雅》，頁一四。

註一五　戴氏之說，見《毛鄭詩考正》，《重編本皇清經解》，冊六，卷五六〇，頁一一。馬氏之說，見《毛詩傳箋通釋》（《重編本皇清經解續編》，冊四），卷二一，頁六。方氏之說，見《詩經原始》（臺北：

藝文印書館，一九六〇年），卷十八，頁六。

註一六　《說文解字注》，十篇上，頁一七，馹字下說：「俗字用馹爲驛，故《左傳》文公十六年傳注馹字，皆爲驛。成公五年以傳召伯宗，注曰：傳，驛也。驛即馹之譌。」

——原載《國立中央圖書館館刊》新十八卷二期（一九八五年十二月），頁一八九—二一〇。

梅鷟《尚書譜》研究

一、前言

梅鷟爲明代學者中最先疑《古文尚書》，且能舉實例證明該書之僞的學者。近數十年來，研究梅氏的論文，如戴君仁先生的《第一個蒐集證據證明僞古文尚書的人—梅鷟》、劉文起的《梅鷟尚書考異述略》，傅兆寬更以梅氏與郝敬作比較完成博士論文《明梅鷟、郝敬尚書古文辨之異同》（台北：作者自印本，一九八一年十一月）。筆者的《明代考據學研究》（臺北：臺灣學生書局，一九八三年六月）第四章《梅鷟》，也在論述梅氏考辨《古文尚書》的成就。各家所據以論述的材料，都僅是梅氏的《尚書考異》一書而已。

梅氏的《尚書譜》，由於《四庫提要》對它的評價不高，僅列入「書類存目」，且此地又未見收藏，並未引起學者的重視。《四庫提要》卷十三《尚書譜》五卷的提要說：

> 鷟因宋吳棫、朱子及元吳澄之說作《尚書考異》及此書，《考異》考據頗精核。此則徒以空言詆斥，無所依據，如謂孔壁之十六篇出於孔安國所僞，實以臆斷之，別無確證。又謂東晉之二十五篇出於皇甫謐所爲，則但據孔穎達引《晉書．謐傳》：「從其姑子外弟梁柳得古文」一語，其

說亦在影響之間。且辭氣叫囂，動輒醜詈，亦非著書之體，故錄其《考異》，而是書僅存目焉。（經部，書類存目一，頁一四）

可見《四庫提要》，嫌其「徒以空言詆斥，無所依據」，「且辭氣叫囂，動輒醜詈，亦非著書之體」。這些話，由於無《尚書譜》可勘驗，無從印證。

一九九〇年北京書目文獻出版社印行《北京圖書館古籍珍本叢刊》，第一冊赫然收有清鈔本《尚書譜》五卷。這可說是研究《尚書》學極可注意的事。筆者取此書研讀一過，茲草作此文，一者，可讓讀者了解梅氏《尚書譜》的內容；再者，可重新檢討《四庫提要》評論此書之得失；三者，可補充筆者《明代考據學研究》一書中，有關梅鷟研究的不足。

二、梅氏《尚書譜》之體例

此一清鈔本之《尚書譜》，收入《北京圖書館古籍珍本叢刊》第一冊中。雖云五卷，實不止五卷。為下文討論方便，茲將全書體例略加介紹。

卷首有梅氏的《尚書譜序》，先言《尚書》學發展過程中有三怪，一是孔安國偽作《古文尚書》十六篇；二是皇甫謐偽作《古文尚書》二十五篇；三是姚方興偽作《舜典》篇首二十八字。聖人之經，經孔安國、皇甫謐、姚方興之篡亂，歷代學者不知內情，又加以推波助瀾，以致眞經反被湮沒。梅氏很憂心的說：

巍巍聖經，安國亂之，則漢武之世。謐亂之，則典午之東。方興亂之，則齊、隋之間。霸、向、歆、固、朝、譚、敏、防、豫、孔、僖、倫、鴻、林、逵、融、玄、朋安國而殘賊聖經。柳、曹、頤、穎達、沈，朋謐而殘賊聖經；穎達、沈又朋方興而殘賊聖經。不特朋謐而已，尊謐古文以爲眞安國古文，不知國倡亂覆亡之不暇，謐特冒稱之耳。（卷首，《序》）

梅氏以孔安國僞作《古文尚書》十六篇，皇甫謐僞作《古文尚書》二十五篇，恐皆不確，前引《四庫提要》已有批評。因爲，梅氏憂心聖經被篡亂，有必要著書來論辨整個事件的眞相，所以他說：

朱子曰：「《古文》東晉時方出，前此諸儒皆未之見。」豈不痛切而明快哉！……無而爲有，將以誰欺？安國不言，《史記》不載，……使聖人正經反附僞書以行世。隋、唐以來千餘年，出吳先生《纂言》之外，曾無一人爲聖經之忠臣義士者，豈不痛哉！予在嚴陵時已作此《譜》，草創未備，今加修飾，使《古文》廢興之由，先後義僭之辨，如指諸掌，庶幾裨《纂言》之所未備，以承吳先生之志，盡復聖經之舊云。（卷首，《序》）

梅氏著書的目的，是在承繼吳澄《尚書纂言》的心志，以「復聖經之舊」。以上爲《尚書譜序》之內容大要。以下將列出各卷之篇目，並略述其內容。

尚書譜卷之一（註一）

1.尚書全經目錄譜第一

錄梅氏手訂《尚書》的篇目，計《虞書》五篇、《夏書》四篇、《商書》三十一篇、《周書》

三十七篇，合計七十七篇。

2.尙書序譜第二

梅氏重訂過的《尙書序》。像《舜典》、《康王之誥》的序，梅氏認爲非原來所有，即加以削除。

3.伏生藏書于壁譜第三

引《史記．儒林傳》、《西漢書．藝文志》等之記載，論伏生壁藏之《古文尙書》二十九篇。

4.伏生出書于漢定譜第四

列出伏生二十九篇《尙書》之目次，並略述伏生事跡。

5.史載尙書序譜第五

從《史記》中摘出引《尙書序》之文字，認爲司馬遷尊崇孔夫子，敬信伏生。

尙書譜卷之二（二之一）

1.孔安國專治古文譜

述安國事跡，列出所傳《古文尙書》十六篇之篇目，並論述此十六篇爲安國僞作。

2.安國私增序文

認爲《書序》中之《舜典序》、《康王之誥序》爲安國所加；《臯陶謨序》中之《大禹》、《益稷》也是安國妄增。

3.安國古文泰誓

述河內女子發老屋得《古文泰誓》。

4.婁敬

論《古文泰誓》文辭鄙俚，先漢學者卻不知其僞。

5.董仲舒對策

論董仲舒對策引《古文泰誓》之非。

6.武王本紀

論司馬遷作《武王本紀》引《泰誓》之非。

7.劉向說苑

論劉向《說苑》引《泰誓》之非。

8.李顒集註尙書

論《古文泰誓》十六篇，實出於孔安國。

尙書譜卷之二（二之二）

1.劉向別錄古文尙書五十八篇譜

錄劉向《別錄》中《古文尙書》五十八篇之篇目。並認爲孔安國之《古文》十六篇，張霸將其分爲二十四篇。伏生之二十九篇，因孔安國、張霸之分裂而成三十四篇，兩者合計爲五十八篇。

2. 劉歆

論劉歆《移太常博士書》所述安國得古文十六篇之非。

3. 班孟堅

論班固《漢書・藝文志》述孔壁得書之非。

4. 范蔚宗

論范曄《後漢書・儒林傳》所述《尚書》傳授源流，較然明白，精詳簡當，班固實有所不及。

尚書譜卷之三（三之一）

1. 東晉僞爲安國古文并序傳譜

述二十五篇《古文尚書》出現之經過，並列舉二十五篇之篇目，及五十八篇之篇目。

2. 鄭沖受誣

論鄭沖傳《古文尚書》一事之非。

3. 皇甫謐不與受古文

論皇甫謐僞作《古文尚書》十六篇。

4. 帝王世紀

論皇甫謐《帝王世紀》多引《古文尚書》。

尚書譜卷之三（三之二）（註二）

1.二十五篇古文考譜

論所謂安國《古文尚書》，由前漢至後漢代代相傳，遂予東晉僞《古文》有可乘之機。

2.趙岐註《孟子》考

《孟子》一書所引《尚書》文句，趙岐作註時，凡涉及二十五篇之文句，皆云「逸書也」。

3.鄭康成《禮記》註考

《禮記》所引《尚書》文句，凡涉及二十五篇之文句，鄭玄每云：「今亡」。

4.韋昭註《國語》引《尚書》考

韋氏註《國語》，亦如趙岐之例。

5.鄭沖、何晏同上《論語集解》考（註三）

鄭沖、何晏作《論語集解》，亦如趙岐之例。

6.杜元凱《左傳》引《尚書》考

杜預作《春秋經傳集解》，亦如趙岐之例。

7.古文株根削掘譜

論述《古文尚書》二十五篇作僞之方法有十項。第一項究造作之由，指出作僞者將古書中所引《尚書》文句輯出，並引申貫串而成文。

尚書譜卷之四（四之一）

1.《舜典》篇首二十八字譜

論《舜典》篇首二十八字爲姚方興僞作，世人皆受其欺。

尚書譜卷之四（四之二）

1.孔穎達專門孔傳譜

論孔穎達表彰《古文尚書》孔《傳》五十八篇之非。

2.蔡沈異於曾子譜

論蔡沈表彰《舜典》篇首二十八字之非。

尚書譜卷之五（五之一）

1.尚書纂言譜

錄吳澄《尚書纂言》之序言及編輯凡例。

尚書譜卷之五（五之二）

1.自敍

爲《尚書譜》之後序。

2.自敍譜

述《尚書譜》中各篇撰作之因由及內容。

從上引之篇目順序可以得知下列數事：其一，除卷一外，卷二至卷五，皆再分爲兩卷，即之一，之二，如將這些之一，之二各計爲一卷，實有九卷。其二，本書之內容編排相當有條理，從卷一《尙書序譜》至卷五《尙書纂言譜》，依時代先後順序編排資料，並加上梅氏的論辨，實可視爲《尙書》源流的資料彙編。

再就內文加以觀察，文中有不少空白，大概是抄寫者所根據的原本即有不少脫佚文字，抄寫者爲求存眞，乃空下與原本大小之篇幅。(註四)這種空白有五處，除非其他鈔本未有殘闕，否則，恐很難加以補苴。

三、論辨東晉《古文尚書》之僞

有關東晉《古文尙書》孔安國《傳》出現的經過，孔穎達曾引《晉書·皇甫謐傳》云：

姑子外弟梁柳邊得《古文尚書》，故作《帝王世紀》，往往載孔《傳》五十八篇之書。

又云：

晉太保公鄭沖以《古文》授扶風蘇愉，愉字休預；預授天水梁柳，字供季，即謐之外弟也；季授城陽臧曹，字彥始；始授郡守子汝南梅賾，字仲眞，又爲豫章內史，遂於前晉奏上其書，而施行焉。

這五十八篇《古文尙書》，其中三十三篇，實分合伏生所傳之《今文尙書》而成。另二十五篇則爲晉人僞作，而託爲孔安國所傳。梅氏在論辨這二十五篇之僞時，從兩方面入手，一是辨《古文尙書》傳授源流之非眞；二是辨東漢末以來諸儒未見《古文尚書》。

(一)辨《古文尚書》傳授源流之非

梅氏認爲《晉書・皇甫謐傳》所述《古文尚書》之傳授統系，根本是編造出來的，他說：

> 梅賾受《古文》於臧曹，曹受於梁柳，柳受於蘇愉，愉受於鄭沖，儒有難之者曰：「沖又受之何人哉！」此言固足以窮其訴矣，然猶未悉其受誣之情也。（卷二，頁四三五）

在授受的過程中，梅氏認爲「沖又受之何人哉」，是最根本之問題。如不能合理解決此一問題，如何證明《古文尚書》是眞？梅氏認爲鄭沖根本沒有傳授《古文尚書》。鄭氏曾與何晏一起進獻所著《論語集解》，從《論語集解》注解的情形，即可得到證明。梅氏云：

> 何晏之集解《論語》也，與鄭沖同進《集解》於朝，其解「書云：孝乎，惟孝友于兄弟」章引巴曰：「孝乎惟孝，美大孝之辭也。」沖、晏若見《古文・君陳篇》，則必曰：「《君陳篇》無『孝乎』二字，巴說非是。」今不然，是沖未見《君陳》也。（卷二，頁四三五）

梅氏這段話，是舉《論語・爲政》所引「書曰：孝乎，惟孝友于兄弟。」爲例，來證明鄭沖並未見過《古文尚書》。《論語》所引之「書曰」，見於《古文尚書・君陳》，作「惟孝友于兄弟」，實無「孝乎」二字。梅氏認爲如果鄭沖、何晏有見過《君陳》，他們在爲《論語》作註解時，應會說「《君陳篇》無『孝乎』二字，巴說非是。」他們既未這樣說，可見並未見過《君陳篇》。

梅氏又另舉一例來作證，他說：

> 內史過曰：其在湯誓：「余一人有罪，無以萬夫，萬夫有罪，在余一人。」墨子亦曰：此《湯誓》文。今在《湯誥篇》，沖不言，可見沖未見《湯誥》也。（同上）

梅氏所引內史過之言，見於《國語．周語上》和《論語．堯曰篇》，字句頗有出入。《古文尚書．湯誥》則作：「其爾萬方有罪，在予一人；予一人有罪，無以爾萬方。」梅氏以爲，如果鄭沖、何晏見過《湯誥》，應該會在《論語．堯曰篇》這段文字下，註明見於《湯誥》。他們並未註明，可見當時並未有《湯誥》。

梅氏用這種方法來證明鄭沖並未見過《古文尚書》，可能必須先肯定，《古文尚書》如果存在，鄭沖一定會見到這一前提，梅氏的論證才有效。要肯定這一前提似乎相當困難。因此，梅氏的論證是否能成立，這涉及辨僞方法學的問題，無法在這裏詳細討論。謹提出作爲思考梅氏論辨方法的參考。

梅氏既論辨鄭沖未傳授《古文尚書》，則該書出於何人？梅氏認爲是皇甫謐。皇甫謐既作《古文尚書》，何以未列入該書傳授統系之中？梅氏云：

> 任授受則人疑己作，而書以輕矣，不任授受，則人不知爲己作，而上冒安國之《古文》，斯書之行遠矣。（卷三，頁四三五）

梅氏以爲皇甫謐如果也列入授受統系，會讓人懷疑是他自己僞作，如果不列入統系，大家就不會懷疑是他僞作，反而以爲出自孔安國。也因爲如此，梅氏反而斷定《古文尚書》出自皇甫謐。這種論證，出於臆測成分太多，恐使皇甫謐蒙不白之冤。

(二)辨東漢以來諸儒未見《古文尚書》

梅氏除了從傳授統系證明《古文尚書》晚出外，又從東漢末年以來諸儒，如：趙岐註《孟子》、鄭玄註《禮記》、韋昭註《國語》、鄭沖和何晏註《論語》、杜預註《左傳》等來證明《古文尚書》為晚出。這些典籍本來即引有《尚書》的文句，這些文句大都出現在晚出的《古文尚書》二十五篇中。可是諸儒為這些文句作註時，往往註「逸書」、「今亡」。可見，當時《古文尚書》二十五篇尚未出現，否則絕不會註為「逸書」或「今亡」。梅氏所舉各書的例子甚多，但都甚為簡略。茲從各書中選出一二例，並詳加解說：

1.「天降下民」止「越厥志」。註云：「書，《尚書》逸篇也。」（卷三，頁四三八）

梅氏這段話是指《孟子・梁惠王下》：「書曰：天降下民，作之君，作之師，惟曰：其助上帝，寵之。四方有罪無罪，惟我在，天下曷敢有越厥志。」趙岐註云：「書，《尚書》逸篇也。」《孟子》所引「書曰」，在今傳《古文尚書・泰誓上》中。假使趙岐時這二十五篇《古文尚書》已存在，趙岐何不註云：「《尚書・泰誓篇》也。」由此可見，當時《古文尚書》二十五篇並未出現。

2.「丕顯哉文王」止「無缺」。註云：「《尚書》逸篇也。」（卷三，頁四三八）

梅氏這段話是指《孟子・滕文公下》：「書曰：丕顯哉，文王謨！丕承哉，武王烈！佑啓我後人，咸以正無缺。」趙岐註云：「《書》，《尚書》逸篇也。」《孟子》所引「書曰」，在今傳《古文尚書・君牙篇》中。假使趙岐時這二十五篇《古文尚書》已存在，趙氏何不註云：「《書》，《尚書・君牙篇》也。」

3.《坊記》：《君陳》曰：「爾有嘉謀」止「良顯哉」。註云：「君陳，蓋周公之子伯禽弟，名篇在《尚書》，今亡」。（卷三，頁四三九）

梅氏這段話是指《禮記．坊記》：「《君陳》曰：爾有嘉謀嘉猷，入告爾君子于內，女乃順之于外曰：此謀此猷，惟我君之德。於是，是惟良顯哉！」鄭玄註，如上所引。《禮記．坊記》所引《君陳》之文，見於今本《古文尚書．君陳》中。如果鄭玄時，《君陳》已出現，鄭氏何不註云：「在《君陳篇》」？

4.單襄子曰：「獸惡其網，民惡其上。書曰：民可近也，而不可上也。」註：「書，逸書。」（卷三，頁四四一）

梅氏這段話是指《國語．周語中》：「諺曰：獸惡其網，民惡其中。書曰：民可近也，而不可上也。」韋昭註：「書，逸書。」《國語．周語中》所引「書曰」，見於今本《古文尚書．五子之歌》，作：「民可近，不可下。」如果韋昭時《五子之歌》已出現，韋氏何不註云：「在《五子之歌》」？

5.僖五年：宮之奇曰：鬼神非人實親，惟德是依，故《周書》曰：「皇天無親，惟德是輔」杜注：「逸書」。（卷三，頁四四三）

梅氏這段話引自《左傳》僖公五年。所引「周書曰」，今見於《古文尚書．蔡仲之命》中，如果當時《蔡仲之命》已出現，杜預註「周書曰」這兩句時，何以不註：「見《蔡仲之命》」？

6.襄六年：孔子曰：楚昭王其知天道矣，其不失國也宜哉！夏書曰：惟彼陶唐，師彼天常。」註：

「逸書」。（卷三，頁四四五）

梅氏這段話引自《左傳》襄公六年。所引「夏書曰」，今見於《古文尚書．五子之歌》中。如果當時《五子之歌》已出現，杜氏註「夏書曰」這兩句時，何以不註云：「見《五子之歌》」？

梅氏以這種方法來論辨《古文尚書》二十五篇為晚出之書，由於涉及東漢以來，趙岐、鄭玄、韋昭、杜預等諸大儒，所舉之例證又多，因此，很具有說服力，已為《古文尚書》的辨偽工作，立下了相當堅實的基礎。

四、辨《舜典》篇首二十八字和《大禹謨》之偽

梅氏在論辨《古文尚書》的過程中，特別立章節論辨《舜典》篇首二十八字，和《大禹謨》之偽。茲先敍述《舜典》篇首二十八字。孔穎達《尚書注疏》卷三《舜典注疏》篇首「曰若稽古帝舜」等二十八字下疏釋說：

> 昔東晉之初，豫章內史梅賾上《孔氏傳》，猶闕《舜典》。自此「乃命以位」以上二十八字，世不傳。多用王、范之注補之，而皆以「愼徽」以下為《舜典》之初。至齊蕭鸞建武四年，吳興姚方興於大航頭得《孔氏傳》古文《舜典》，亦類太康中書。乃表上之，事未施，方興以罪致戮。至隋開皇初購求遺典，始得之。（卷三，頁一）

梅氏認為這二十八字為姚方興所偽造，他的論辨方法有下列數項：

㈠就地緣與時代關係論辨

梅氏云：

金陵，非曲阜之地。航頭無孔子之宅，建武非漢帝之年，方興非安國其人。（卷四，頁四五七）

在梅氏的觀念裏，《古文尚書》原出於山東曲阜的孔宅，爲孔安國所獻。現在，金陵一地既非曲阜，也無孔宅，時間又不是漢代，如何能突然出現《古文尚書》的《舜典》二十八字。

㈡就《舜典》之流傳論辨

梅氏云：

先漢眞孔安國《古文》，無篇首二十八字，東晉托爲安國古丈，亦無此二十八字。建武四年胡爲而忽有此字？方興何人而忽獲此語。（卷四，頁四五七）

梅氏以爲孔安國和東晉之古文，皆無《舜典》二十八字，建武四年，姚方興如何獲得二十八字？

㈢就文章之文理論辨

梅氏云：

《堯典》；「帝欲巽位，師錫帝曰：有鰥在下，曰虞舜。帝曰：吾其試哉！」則「愼徽」以下，正試舜之事，「受終」以下正克讓之事。文意接續，血脈寔通，固不容妄增一字。（卷四，頁四五七）

梅氏以爲《堯典》中堯欲測試舜的能力，所以「愼徽五典」以下的文字，即在試舜；「受終於文祖」

以下的文字，正是舜受禪讓的事。從「吾其試哉」至「愼徽五典」間，「文意接續，血脈寔通」，根本不容增一字，何況加入二十八字之多。

㈣就其違背經義論辨

梅氏云：

夫岳牧威薦，唯言「克諧，以孝蒸蒸，乂不格姦」而已。未始言其「升聞，濬哲文明，溫恭允塞」也。所言非所薦，所薦非所聞，則雖高出蒼天，大含元氣，亦不免於大言而無當，虛談而非寔矣。（卷四，頁四五七）

梅氏以爲岳牧推薦舜時，僅說「克諧」，而今《舜典》篇首二十八字，卻說舜「濬哲文明，溫恭允塞。玄德升聞」。這與岳牧所推薦的根本不相合，「大言無當，虛談非寔」。

㈤推尋作僞之方法

梅氏云：

《堯》有「曰若稽古帝堯」，此亦有「曰若稽古帝舜」；《堯》有「放勳」開端，此亦有「重華協於帝」；《堯》有「欽明文思」至「格於上下」數語，此亦有「濬哲文明」至「乃命以位」數語。然後繼之「愼徽五典」，庶不至突起，而文理可通矣。（卷四，頁四五七）

梅氏以爲《舜典》篇首二十八字，實模仿《堯典》篇首之寫作方法而成。如此仿作，才不會一開始即「愼徽五典」，而顯得太過於突兀。

至於《大禹謨》一篇，梅氏於《尚書譜》卷三《古文株根削掘譜》中特立「訂禹謨之僞」一節加以論辨，茲將其辨僞方法略述如下：

(一)《大禹謨》篇名不當

梅氏云：

> 典曰堯，貢曰禹，非有美大之羨文也。豈有人臣陳謨帝前，而尊稱之曰「大禹」。《孟子》曰：禹聞善言則拜。大舜有大焉。明是取大舜之大加諸禹之上，而不知其爲不敬。（卷三，頁四四八）

謨本是臣子的奏議。將禹之奏議，稱《大禹謨》，分明是取「大舜」之大，加於禹之上，這是大不敬的。其實，古書之篇名多爲後人所加，《大禹謨》一篇如果有不敬，也是後人的過錯。

(二)斥《大禹謨》變亂經體

梅氏云：

> 《堯典》終篇是典，《臯陶》終篇是謨；《甘》、《湯誓》、《牧》、《費》、《秦》，終篇是誓。典、謨、誓雜錯無章者，非經體也。始謨之、中典之、終誓之，此紊體之疵。（卷三，頁四四九）

梅氏以爲典、謨、誓各有其文體，而《大禹謨》卻三者錯雜，篇首是謨、中間是典、篇末是誓，頗爲紊亂，實非經書所應有。如純就前段之謨體來說，也有所不合。梅氏說：

> 禹以九功之德，皆可歌，默陳於帝，帝以「平成」、「允治」、「萬世永賴」，歸功於禹，謨不謨矣。（卷三，頁三四九）

這是指《大禹謨》中禹向舜上奏說：「德惟善政，政在養民，水火金木土各惟修，正德利用厚生惟和，九功惟敘，九敘惟歌。戒之用休，董之用威，勸之以九歌，俾勿坏。」舜帝說：「地平天成，六府三事允治，萬世永賴，時乃功。」梅氏以爲舜帝將「平成」、「允治」、「萬事永賴」用在禹身上，實有失謨之體。

梅氏又以爲《大禹謨》之中段部分，雖似典之體，其實也是「典不典」。他說：

> 「不矜」、「不伐」、「爭功」、「爭能」，《道德經》之言也，取以加諸堯言「天之曆數在爾躬」之上。「人心」、「道心」，《道經》之言也，取以加諸堯言「允執厥中」之上。「眾非元后何戴」二句，內史過引《夏書》之言也，取以加諸堯言「允執厥中」之上，典不典矣。（卷三，頁四四九）

梅氏以爲《大禹謨》，將後代的《道德經》、《道經》、《夏書》之言，加在堯的話的上面，實在不合典之體。所以，《大禹謨》之中段，即使勉強稱爲典，也是典不典。

梅氏又以爲《大禹謨》之後段部分，雖似誓之體，其實也是「誓不誓」。他說：

> 君命臣徂征，而不知勢必出於逆命，茫無定算，非好謀而成之道也。誓不誓矣。（卷三，頁四三九）

梅氏以爲古時出兵誓師，無敵於天下，可是《大禹謨》後段，敘述禹去討伐苗民，「三旬苗民逆命」。可見，禹之誓師，「茫無定算」，實非「好謀而成之道」。

《大禹謨》一篇，既雜有謨、典、誓之體，又謨不謨、典不典，誓不誓，梅氏認爲有「反易之疵」。

五、論《古文尚書》襲用他書文句

《古文尚書》的作者引用古書中的部分文句，略加改易，然後按自己的意思加以貫串舖陳而成篇。梅氏於《尚書譜》卷三《古文根株削掘譜》中，將二十五篇中襲用古書的文句摘出不少。由於梅氏的行文非常簡略，需加以分析解說，才能了解其文意，所以本小節僅能選其中一兩篇加以解析而已。茲先以《仲虺之誥》爲例。梅氏說：

季札曰：「聖人之弘也，猶有慚德。」公孫僑曰：「以爲口實」。王孫圉曰：「以寡君爲口實」。中行獻子、隨武子皆引仲虺之言。叔游曰：「惡直醜正」二句。《孟子》：「葛伯仇餉」。楚莊王引中蘬之言。《表記》「愼始敬終」。仲孫湫「親有禮」二句。此造《仲虺之誥》之由。

（卷三，頁四四六—七）

梅氏認爲僞作《仲虺之誥》者，是根據上述資料貫串而成。茲略加分析：

1.季札曰：「聖人之弘也，猶有慚德。」這兩句話見於《左傳》襄公二十九年。梅氏認爲《仲虺之誥》：「惟有慚德」一句，即根據季札的話改易而成。

2.王孫圉曰：「以寡君爲口實」。

王孫圉的話見於《國語．楚語下》。梅氏認爲《仲虺之誥》：「予恐來世以台爲口實」一句，即根據王孫圉的話而來。

3.中行獻子、隨武子皆引仲虺之言

這是指《左傳》襄十四年，中行獻子曰：「仲虺有言曰：亂者取之，亡者侮之。」宣十二年，隨武子曰：「仲虺有言曰：取亂侮亡」。中行獻子和隨武子皆引了仲虺之言。梅氏以爲《仲虺之誥》的「取亂侮亡」是根據中行獻子、隨武子所引的仲虺之言而來。

4.叔游曰：「惡直醜正」二句。

這是指《左傳》昭公二十八年，叔游曰：《鄭書》有之，「惡直醜正，實蕃有徒」二句。梅氏以爲《仲虺之誥》中的「寔繁有徒」，即根據叔游所引《鄭書》而來。

5.《孟子》：「葛伯仇餉」。

這是指《孟子．滕文公下》所載「葛伯仇餉」的故事。葛伯因不仁道，湯出兵征討。《孟子》記載此事云：「湯始征，自葛載；十一征而無敵於天下。東面而征而西夷怨，南面而征北狄怨。曰：奚爲後我。」以表示天下人皆盼望商湯之到來。梅氏以爲《仲虺之誥》：「乃葛伯仇餉，初征自葛；東征西夷怨，南征北狄怨。曰：奚獨後予。」爲檃括《孟子．滕文公下》之文而成。

6.楚莊王引中蘬之言

《荀子．堯問篇》有吳起引《中蘬之誥》曰：「諸侯自爲得師者王，得友者霸，得疑者存，自爲諸而莫己若者亡。」所謂「中蘬之誥」，即《仲虺之誥》。又《呂氏春秋．驕姿篇》李悝引楚莊王曰：「仲虺有言，不穀說之。曰：諸侯之德，能自爲取師者王，能自取友者存，其所擇而莫如已者亡。」梅氏將兩書之記載混而爲一，所以說「楚莊王引中蘬之言。」他以爲《仲虺之誥》：「能自得師者王，謂人莫己若者亡」，乃改易楚莊王所引中蘬之言而來。

7.《表記》：「愼始敬終」。

《禮記．表記》有「愼始敬終」之言。梅氏以爲《仲虺之誥》：「愼厥終，惟其始」，乃改易《禮記．表記》而來。

8.仲孫湫「親有禮」二句

《左傳》閔公元年，仲孫湫曰：「親有禮，因重固，間攜貳，覆昏亂，霸王之器也。」梅氏以爲《仲虺之誥》：「殖有禮，覆昏暴」二句，乃改易仲孫湫之言而成。

梅氏所舉《仲虺之誥》一篇的字句來源有八處，他的《尙書考異》則舉出十處。爲讓讀者對梅氏的蒐證有更深一層的了解，茲再以《武成》爲例，加以說明。梅氏云：

《律曆志》：「惟一月壬辰，旁死霸，若翼日，癸巳，武王乃朝，步自周，於征伐紂。」《樂記》：「馬散之華山之陽，牛散之桃林之野。」《大傳》：「旣事而退柴於上帝，祈於社，設奠於牧室，天下諸侯執豆籩駿奔走，追王太王、王季、文王。」北宮文子曰：「周書數文王之德曰：「大邦畏其力」二句。芋尹無宇曰：「紂爲天下逋逃」二句。《孟子》：「有攸不惟臣，東

征至大邑周。」此造作《武成》之由。（卷三，頁四四七）

梅氏這段話，指出《武成》篇部分字句的來源。茲再分析如下：

1.《律曆志》：「惟一月壬辰，旁死覇，若翼日癸巳，武王乃朝步自周，於征伐紂。」

這段話引自《漢書・律歷志》。梅氏以爲今本《武成》：「惟一月壬辰，旁死魄，越翼日癸巳，王朝步自周，于征伐商。」乃引自《漢書・律曆志》，略加改易而成。

2.《樂記》：「馬散之華山之陽，牛散之桃林之野。」

梅氏以爲今本《武成》：「歸馬于華山之陽，放牛于桃林之野」，即改易《禮記・樂記》這兩句話而成。

3.《大傳》：「旣事而退柴於上帝，祈於社，設奠於牧室，天下諸侯執豆籩，駿奔走，追王太王、王季、文王。」

這段話引自《禮記・大傳》。梅氏以爲今本《武成》：「駿奔走，執豆籩」二句，乃改易《禮記・大傳》之文而成。

4.北宮文子曰：周書數文王之德曰：「大國畏其力」二句。

這段話出自《左傳》襄公三十一年。所謂「二句」，指「大國畏其力，小國壞其德。」梅氏以爲《武成》：「大邦畏其力，小邦懷其德」二句，爲改易《左傳》襄公三十一年所引《周書》之文而成。

5.芋尹無宇曰：「紂爲天下逋逃」二句。

這段話出自《左傳》昭公七年，所謂「二句」，是指「紂爲天下逋逃主，萃淵藪。」梅氏以爲今本《武成》：「爲天下逋逃主，萃淵藪」乃採自《左傳》昭公七年之文。

6.《孟子》：「有攸不惟臣，東征至大邑周。」

這段話出自《孟子．滕文公下》所引《書》曰。本作「有攸不惟臣，東征，綏厥士女。篚厥玄黃，紹我周王見休，惟臣附于大邑周。」梅氏以爲今本《武成》：「肆于東征，綏厥士女。惟其士女，篚厥玄黃，紹我周王，天休震動，用附我大邑周。」即改易《孟子．滕文公下》之文而成。

以上，梅氏所舉《武成》一篇的字句來源有六處。他的《尚書考異》則舉出十四處。從以上所舉《仲虺之誥》和《武成》的例子，可以看出梅氏隨時在思考，尋找《古文尚書》沿襲他書的例證。所以從《尚書譜》到《尚書考異》例證，往往增加一倍。梅氏對這一問題所下的功夫，於此也可略見一二。

六、梅氏《尚書譜》與《尚書考異》之比較

梅氏《尚書譜》的重點已略如上述。現在，很想再探討的是梅氏《尚書譜》和《尚書考異》二書的異同如何？《尚書譜》有五卷，其體例、內容，上文已有所論述。《尚書考異》有六卷，卷一錄各家有關《尚書》之記載，卷二至卷五，將《古文尚書》二十五篇字句之來源一一指出，並批駁其中的謬誤和矛盾。卷六，考伏生所傳《今文尚書》之異文。由於梅氏這兩書研究《尚書》的著重點，並不

完全相同，今僅能將兩書所共同論及的主題舉出數項，作爲比較的依據。

(一)孔壁古文十六篇的作者：

梅氏認爲孔壁古文十六篇，並非眞古文，而是漢人所僞作。但《尚書譜》和《尚書考異》所認定的作者卻有所不同，《尚書譜》以爲是孔安國僞作。該書說：

> 此十餘篇辭鄙淺而文多脫，雖非聖刪之正經，而實爲安國之古文。（卷二，頁四二一）
>
> 吾意安國爲人必也機警，了悟便習，科斗文字積累有日，取二十九篇之經，既以古文書之，又日夜造作《尚書》十餘篇，雜之經內。（卷二，頁四二二）

從這兩段話可以窺知，梅氏以《古文尚書》十六篇爲孔安國「日夜造作」而成。至於《尚書考異》則以爲張霸僞作。該書說：

> 孔僖紹孔安國以下世傳《古文尚書》，實即十六篇張霸等所作之古文。（《尚書考異》，卷一，頁六）

不論梅氏所說是孔安國作，或張霸僞作，皆僅是一種推測，並未有堅強的證據。梅氏對這十六篇古文，爲何既認爲是孔安國作，又以爲是張霸作？何以有這種改變，在他的兩部書中，都未有明確的說明。

(二)東晉二十五篇古文的作者

東晉所出的二十五篇《古文尚書》，梅氏《尚書譜》和《尚書考異》，皆以爲皇甫謐所作。他根據孔穎達《尚書注疏》所引《晉書．皇甫謐傳》，以爲皇甫謐與《古文尚書》的關係密切，卻未列入授受統系之中。所以未列入，梅氏以爲：

任授受則人疑己作，而書以輕矣。不任授受，則人不知爲己作，而上冒安國之《古文》，斯書之行遠矣。（《尚書譜》，卷三，頁四三五）

梅氏認爲皇甫謐不任授受，大家就不會懷疑是他的僞作，反而可以使該書流傳久遠。這也僅是梅氏的推測之辭，毫無確切之證據。《尚書考異》也認爲《古文尚書》是皇甫謐僞作，該書說：

東晉之古文，乃自皇甫謐而突出。何者？前乎謐而授之者，曰鄭沖、曰蘇愉、曰梁柳，而他無所徵也。沖又授之何人哉？沖、愉等有片言隻字可考證哉？此可知其書之杜撰于謐而非異人。（卷一，頁十六）

梅氏《尚書考異》的論說，看似比《尚書譜》詳盡，其實，並沒有增益任何證據。梅氏以《古文尚書》爲皇甫謐所作的說法，在清代考辨《古文尚書》甚爲發達的學風裏，也僅李紱、王鳴盛兩人附和其說而已。（註五）所以未能得到其他學者的贊同，自是證據太過薄弱所致。

㈢二十五篇沿襲他書文句

梅氏既論辨二十五篇《古文尚書》爲僞作，更尋出這二十五篇作僞時，字句上的根據。《尚書譜》卷三《古文株根削掘譜》中第一項「究造作之由」，曾將二十五篇《古文尚書》沿襲他書的字句，逐一錄出。此點本文第五節已有論及。《尚書考異》則於卷二至卷五，將二十五篇文句襲自他書者一一指出。內容比《尚書譜》要詳細得多。茲以《胤征》一篇爲例，比較兩書之異同。《尚書譜》說：

> 師曠云：《夏書》「遒人」至「藝事以諫」。太史引《夏書》曰：「辰不集於房」至「庶人走」。吳公子光曰：「作事威克」二句。《三國志》、《晉書》「火炎崑岡」二句。此造作《胤征》之由。（卷三，頁四四六）

梅氏認爲《胤征》一篇是根據這些文句敷演而成。茲再分析如下：

1.師曠云：《夏書》：「遒人」至「藝事以諫」。

這段話出自《左傳》襄公十四年所引《夏書》曰：「遒人以木鐸徇於路，官師相規，工執藝事以諫。」今本《胤征》中也有此數句，梅氏以爲即襲自《左傳》襄公十四年。

2.太史引《夏書》曰：「辰不集於房」至「庶人走」。

這段話出自《左傳》昭公十七年引《夏書》曰：「辰不集于房，瞽奏鼓，嗇夫馳，庶人走。」今本《胤征》中也有此數句，梅氏以爲即襲自《左傳》昭公十七年。

3.吳公子光曰：「作事威克」二句。

這段話出自《左傳》昭公二十三年，吳公子光曰：「作事威克其愛，雖小，必濟。」梅氏以爲今本《胤征》中之「威克厥愛，允濟」，即襲自《左傳》昭公二十三年。

4.《三國志》、《晉書》「火炎崑岡」二句。

這是說《三國志》、《晉書》中有「火炎崑岡，玉石俱焚」等句子。今本《胤征》中也有這兩句，梅氏認爲即襲自《三國志》或《晉書》。

以上爲梅氏《尙書譜》論《胤征》沿襲他書文句者有五處。《尙書考異》則將《胤征》分爲十小段，每一小段文句，梅氏皆舉出其襲自何書。如與前引《尙書譜》相比，有六處爲《尙書譜》未述及，如：

1.惟仲康肇位四海，允侯命掌六師，羲和廢厥職，酒荒于厥邑，允侯承王命徂征。

梅氏舉出《詩》：「肇域彼四海」；《堯典》：「咨，汝羲暨和」；《大禹謨》：「汝徂征」，爲此一小節沿襲的根據。

2.告于衆曰：「嗟予有衆！」

梅氏舉出《大禹謨》：「濟濟有衆」；《甘誓》：「嗟，六事之人」，爲此二句沿襲之根據。

3.聖有謨訓，明徵定保。

梅氏舉出《左傳》襄公二十一年所引《書》曰：「聖有謨勳，明徵定保」爲此二句沿襲之根據。

4.先王克謹天戒，人臣克有常憲，百官修輔，厥后惟明明。

梅氏舉出董子曰：「天心人愛，人君先出怪異以戒之。」《五子之歌》：「明明我祖」；《詩》：「明明天子」，爲這一段話沿襲的根據。

5.政典曰：「先時者殺無赦，不及時者殺無赦。」

梅氏舉出《荀子．君臣篇》所引《書曰》：「先時者殺無赦，不逮時者殺無赦。」以爲《胤征》這兩句即襲自《荀子．君臣篇》。

6.今予以爾有衆，奉將天罰，爾衆士同力王室，尙弼予，欽承天子威命。

梅氏舉出《大誥》：「惟予以爾庶邦」；《甘誓》：「恭行天罰」；《周官》；「弼予一人」；《湯誥》：「欽承天道」，爲《胤征》這段話沿襲的根據。

從這個例證，可以證明《尚書考異》舉例比《尚書譜》要多且緜密。但這並不表示所舉皆正確無誤，如梅氏所舉《古文尚書》沿襲他書的文句，兩者間往往僅一二字相近，作僞者是否即襲自該書，不無商榷之餘地。

(四)論辨《大禹謨》變亂經體：

梅氏《尚書譜》既論辨《大禹謨》襲用他書字句，又以爲《大禹謨》變亂經體，此前文已有所論述。茲則將《尚書譜》和《尚書考異》有關《大禹謨》變亂經體的文字略作比較。《尚書譜》云：

> 典、謨、誓雜錯無章者，非經體也，始謨之，中典之，終誓之，此紊體之疵。（卷三，頁四四九）

這段《尚書譜》的文字，由於僅說「始謨之，中典之，終誓之」，並沒有指出《大禹謨》中謨、典、誓各文體的起訖，顯然太過於簡單。《尚書考異》對這一問題則有較詳細的說明，該書說：

> 今此篇自篇首至「萬世永賴，時乃功」，謨之體也。自「帝曰：格汝禹」至「率百官若帝之初」，典之體也。自「帝曰：咨，禹惟時有苗弗率」至「七旬有苗格」，誓之體也。混三體而成一篇，吾故曰，變亂聖經之體者，《大禹謨》是也。（卷二，頁二十）

此外，《尚書譜》和《尚書考異》二書皆指出，《大禹謨》雖兼謨、典、誓三體，卻與這三體的《尚書考異》很明白地指出，那一部分爲謨、爲典、爲誓，可見比《尚書譜》要具體得多。

本來意義有所違背。《尚書譜》說：

君命征臣徂征，而不知勢必出於逆命，茫無定算，非好謀而成之道也。誓不誓矣。（卷三，頁四三九）

這段話指出《大禹謨》既像誓體，又「誓不誓」。可是文意相當含糊，如參照《尚書考異》的說法，則皎然明白。該書說：

古著誓師而出，無敵於天下，今會後誓師，歷三旬之久，而苗民逆命。是苗之誓，茫無成算，猶在《甘》、《湯》、《太》、《牧》之下也，而可乎？是反易誓之體也。（卷二，頁一）

可見，梅氏以爲誓體應先有成算才誓師，今《大禹謨》所述禹征三苗，毫無成算，使誓師大打折扣，也有失誓的本來意義。

從上文的比較，可知梅氏論證時，《尚書譜》似乎要比《尚書考異》來得簡略，這就涉及二書的著作先後的問題。梅氏在二書的《自序》中，都沒有提到著書的年代。《尚書譜》的《序》提到：「予在嚴陵時已作此譜，草創未備，今加修飾。」由於梅氏的生平資料傳下來的太少，根本無法判斷他在嚴陵時的時間，所以《尚書譜》一書的作成時代，也無法加以斷定。至於《尚書考異》，書中的資料也無法斷定其作成時代。除非有新資料出現，不然要斷定二書的作成時代可能相當困難。不過，從前文的比較，卻可推斷《尚書譜》的作成時代應早於《尚書考異》。所以，《尚書考異》的舉證往往加詳於《尚書譜》，這就是「後出轉精」的緣故。

七、結論

茲將前文所作的論述，歸納成下列之結論：

其一，梅氏《尚書譜》今傳清鈔本，收入《北京圖書館古籍珍本叢刊》第一冊中。全書題作五卷，其中卷二至卷五，又分爲兩卷，如分別計算，實爲九卷。各卷中有不少空闕。全書之內容編排，相當有條理，從卷一《尚書序譜》至卷五《尚書纂言譜》，依時代先後順序編排資料，並加上梅氏的論辨，也可視爲《尚書》源流的資料彙編。

其二，梅氏在論辨東晉《古文尚書》之僞時，方法有二：一是辨《古文尚書》傳授源流之非。梅氏認爲《晉書．皇甫謐傳》所述鄭沖→蘇愉→梁柳→臧曹→梅賾的傳授源流根本不可信。《論語》所引涉及《古文尚書》二十五篇之文句，鄭沖與何晏作《集解》時，皆註云：「逸書」，即可證知鄭沖未見《古文尚書》。二是辨東漢以來諸儒未見《古文尚書》。梅氏以趙岐註《孟子》、鄭玄註《禮記》、韋昭註《國語》、鄭沖和何晏註《論語》、杜預註《左傳》，皆未見《古文尚書》，證明該書爲晚出。因證據確鑿，頗具說服力。

其三，《舜典》篇首二十八字，梅氏從地緣與時代關係、二十八字之流傳、二十八字之文理、二十八字違背經義等項，認爲是姚方興僞作。此二十八字實沿襲《堯典》篇首之寫作方法而成。梅氏又特別論辨《大禹謨》之僞。他從篇名不當、變亂經體兩方面加以論辨，以爲《大禹謨》含有謨、典、誓三體，但又謨不謨、典不典、誓不誓，實非經書所應有。

其四，梅氏又在《尚書譜》卷三《古文根株削掘譜》中，將二十五篇中襲用他書的文句摘出不少，如《仲虺之誥》一篇，襲自他書者有八處，所襲用的古書有《左傳》、《國語》、《孟子》、《荀子》、《禮記》等書；《武成》一篇，襲自他書者有六處，所襲用之古書有《漢書》、《禮記》、《左傳》、《孟子》等。梅氏在另一專著《尚書考異》中，所舉《仲虺之誥》沿襲古書者有十處，《武成》則有十四處。可見，梅氏隨時在尋找《古文尚書》沿襲他書的例證。

其五，如將梅氏《尚書譜》與《尚書考異》加以比較，可以發現：(1)孔壁古文十六篇，《尚書譜》以爲孔安國僞作；《尚書考異》則以爲張覇僞作，兩者的論點並不一致。(2)東晉二十五篇《古文尚書》，梅氏二書雖同認爲皇甫謐僞作，但所據以論證的資料，僅爲《晉書・皇甫謐傳》，證據顯然有所不足。(3)在二十五篇沿襲他書文句方面，《尚書譜》所舉的證據較少，也較簡單；《尚書考異》舉證較多，但不無附會。(4)就論辨《大禹謨》違背經體來說，《尚書考異》的論辨也較清楚明白。可見《尚書譜》應是梅氏較早期的著作，至《尚書考異》可謂後出轉精。

《四庫提要》所述梅氏《尚書譜》以孔壁古文爲孔安國僞作，以東晉古文二十五篇爲皇甫謐僞作，梅氏皆未有論證，即下判斷。通讀《尚書譜》即知《提要》所言不虛。至於《提要》以爲《尚書譜》「辭氣叫囂，動輒醜詈」，梅氏由於護衛眞經心切，書中如有「叫囂」、「醜詈」，恐不必太過於苛責。

【附註】

註一　本標題原作「尚書普譜卷之一」，誤衍「普」字。

註二　本標題之「三之二」，原誤作「一之一」。

註三　本標題「鄭沖」，原誤作「鄭仲」。

註四　本抄本所留之空白，計有：(1)卷一，頁四一〇；(2)卷一，頁四一七；(3)卷二，頁四二五；(4)卷三，頁四四九；(5)卷四，頁四六〇；(6)卷五，頁四六三等六處。

註五　李紱之說，見李氏著《書古文尚書寃詞後》。見《四部要籍序跋大全》（臺北：華國出版社，一九五二年）經部丙輯，頁七六八。王鳴盛之說，見王氏著《尚書後案》（臺北：漢京文化事業公司，重編《皇清經解》本），辨陸德明《釋文》一節。

——原載《經學研究論叢》第一輯（臺北：聖環圖書公司，一九九四年四月）。

朱睦㮮及其《授經圖》

一、前　言

唐代韓愈作《原道》，以為聖人之道，由孔子傳至孟子，孟子死後，不得其傳。北宋中葉的程頤則說：「周公沒，聖人之道不行；孟軻死，聖人之學不傳。道不行，百世無善治；學不傳，千載無真儒。」（《二程集．伊川文集》卷一一，《明道先生墓表》）南宋初年的鄭樵也說：「秦人焚書而書存，諸儒窮經而經絕。」（《通志．校讎略》）這些話透露了怎樣的思想傾向？其一，聖人之道或聖人之學，僅傳到孟子為止，孟子死後，已不得其傳。其二，漢人雖勠力傳經，但所傳之經，因不得聖人之道，所以經書表面上雖傳下來，實則，聖人之道早已不在，所以說「諸儒窮經而經絕」。其三，後世傳經之儒雖多，但卻未把聖人之道傳下來，這些儒者僅傳經而不傳道，所以說「千載無真儒」。這些觀念深深地影響到宋、明儒者對漢學的態度，所以自北宋中葉以迄明中葉的五百年間，漢學可說完全失去學術舞臺的主導地位。

可是，自明中葉起，漢學在王鏊、祝允明、楊慎、鄭曉等人提出「漢人去古未遠，應得孔門之真」的反省下，逐漸復興。一時漢宋學優劣問題也成爲中、晚明學者關心的主要課題之一。但是，要強調漢學的重要，不能僅僅止於「漢人去古未遠」的口號而已，必須有實際的行動作爲後盾。如就現存明代中、晚期所留下的經學文獻加以觀察，當時學者至少作了下列數點努力：

1. 注經時往往漢宋兼採。
2. 斥責疑經改經之非。
3. 考辨宋人經說之僞。
4. 強調文字音義對研究的重要性。
5. 藉考訂名物制度以通經。
6. 從各種典籍中蒐集經書佚文。
7. 編纂傳經和傳道統系的著作。（註一）

前六點可說是技術層面的工作，第七點才是思想層面的問題。中、晚期的儒者在技術層面的探討，雖有相當豐碩的成果，但要解決宋人提出的「諸儒窮經而經絕」的指控，和「千載無眞儒」的低劣評價，光靠技術層面的探討，並不能解決問題。如何提出反證，證明經書經漢儒之手並未失傳，進而確立漢人的「眞儒」地位，實是中、晚明儒者最先要解決的問題。

宋人說道統至孟子而絕，如果有傳授統系圖可證明聖人之道是透過孔門弟子傳下來的，漢人並加以發揚光大，道統當然不絕。宋人又說「諸儒窮經而經絕」，如果能把漢人以下所傳的經說編成目錄，自可證明經書未亡。爲因應這種需求，從明中葉起，這一類書也多了起來，如：張朝瑞的《孔門傳道錄》、朱睦㮮的《授經圖》、鄧元錫的《學校志》、王圻的《道統考》、費密的《弘道書·道脈譜》等都是。（註二）其中以朱睦㮮的《授經圖》內容最豐富，影響也最深遠。

《授經圖》於萬曆二年（一五七四）刊刻完成後，流傳並不廣，後來經黃虞稷增益，收入《四庫全書》中。今原刻本和黃氏增益本分別流傳，可惜數百年來，學者並未給予應有的注意，僅喬衍琯先生編《書目續編》，收錄該書時，在書前爲其作一篇《序》而已。喬先生的《序》，篇幅雖相當簡短，卻有不少可注意的地方。其一，引錄周中孚、王鴻緒、胡玉縉等人之說，證明朱彝尊的《經義考》受朱睦㮮《授經圖》之影響。其二，引錄《適園藏書志》糾正《四庫提要》的兩點錯誤。《提要》云：「《自序》（朱氏《授經圖·自序》）稱釐爲四卷，疑傳寫有脫文也。」喬氏指出《自序》並無此語。《提要》又云：「舊無刊版，惟黃虞稷家有寫本。」喬氏指出，國立中央圖書館有萬曆二年（一五七四）原刊本。

朱氏的《授經圖》既是明中葉提倡漢學的代表著作，已有的研究成果恐還不足以闡發其義蘊。爲對朱氏及其書有更深入的研究，擬將本文分：朱睦㮮的生平和著作、《授經圖》的寫作動機和體例、《授經圖》的取材、黃虞稷和龔翔麟增補本、《授經圖》編纂的意義和影響、結論等節加以分析討論。

二、朱睦㮮的生平和著作

明太祖朱元璋有二十六子，周定王朱橚是第五子，即朱睦㮮之六世祖。朱橚，洪武三年（一三七○）封爲吳王。十一年（一三七八）改封爲周王，十四年（一三八一）就藩開封。橚非常好學，能詞賦，嘗作《元宮詞》百章。橚有八子，長子朱有燉，是有名的文學家，作有《誠齋雜劇》三十一種。第八子朱有爌，即睦㮮之五世祖。有爌，非常好學，長於作詩。曾作《道統論》數萬言。又採歷代公族賢者，自夏五子迄元太子眞金，計一百餘人，作《賢王傳》若干卷。有爌子姓名待考，爲睦㮮之四世祖。孫朱同銡，即睦㮮之祖父。同銡子朱安河，字應清，即睦㮮之父。安河以孝行聞於朝，死後，周王及宗族數百人請建祠，詔賜祠額曰「崇孝」。朱安河子即睦㮮，睦㮮子勤美。（註三）勤美於世宗嘉靖中上書批評時政，降爲庶人。勤美有子同埍，上書爲其父開罪，連其父一起禁錮。穆宗即位，才開釋。茲將他們的世系列表如下：

朱元璋—朱橚
- 朱有燉
- 朱有爋
- 朱有熺
- 朱有□
- 朱有□
- 朱有□
- 朱有□
- 朱有爌—朱□□—朱同銡—朱安河
  - 朱睦㮮—朱勤美—朱同埍
  - 朱睦横—朱勤炏

睦㰂的傳記資料，以張一桂所撰《明周藩宗正鎮國中尉西亭公神道碑》，和錢謙益的《列朝詩集小傳》、張廷玉《明史》中的《朱睦㰂傳》較爲完整。（註四）茲根據上述三篇傳記及相關資料整理敘述如下：

睦㰂，字灌甫，自號西亭，生於武宗正德十二年（一五一七），卒於神宗萬曆十四年（一五八六），年七十。他一生的事蹟可分三方面討論：

㈠**治學研經**：

睦㰂幼年時即非常聰穎，當時同郡的大文學家李夢陽對他的聰穎，感到很驚奇。年稍長，「被服儒素」，專研經學。受禮於睢陽許先，章分句釋，辨析疑義，達旦不寐，三月而盡其學。年二十，即通《五經》，尤精於《易》、《春秋》。睦㰂曾說：「本朝經學一稟宋儒，古人經解殘闕放失」，乃訪求海內通儒，繕寫藏弆，若李鼎祚《易解》、張洽《春秋傳》，皆敘而傳之。曾與理學名家呂柟（註五）論《易》，呂氏歎服而去。嘉靖三十九年（一五六〇），睦㰂四十四歲，取諸家說經之書，各採篇首之序，編成《經序錄》五卷。萬曆元年（一五七三），睦㰂五十七歲，編成《授經圖》二十卷。此二書即爲後來朱彝尊《經義考》的嚆矢。

萬曆五年（一五七七）舉文行卓異，爲周藩宗正，領宗學。約宗生以三、六、九日午前講《周易》、《詩經》、《尚書》，午後講《春秋》、《禮記》，雖盛暑、寒冬也不中輟。萬曆十一年（一五八三）四月起，閉門謝客，取《易》、《書》、《詩》、《禮》四經時加披閱，「或有疑者參訂諸家而折衷之，且述且作，撰成《五經稽疑》。

(二)**擔任宗正**：

萬曆五年（一五七七），睦㮮被舉爲周藩宗正。周藩至睦㮮已有六世，有子孫數千人。藩內行政事務必相當繁瑣，有一年巡撫御史褚鈇（註六）提議削減郡王以下歲祿，將所減省下來的經費，攤給較貧困的宗族。萬曆派遣給事中萬象春（註七）與周王討論此事，新會王朱睦㰒向衆人說：「裁祿之謀起於睦㮮。」聚集宗室千餘人反擊睦㮮，有人撕裂他的衣冠，且上書抗詔。萬曆大怒，將睦㰒廢爲庶人。睦㮮覺得自己沒把此事處理好，屢次上疏表示因病想退休。皇帝下詔多次，請他勉力爲之。可見萬曆對他信任的程度。他逝世時，宗人頌功德者有五百人，皇帝下詔賜輔國將軍，並以將軍禮安葬。

(三)**藏弆典籍**：

睦㮮最喜歡訪購典籍，他以大量的家產來購買，建「萬卷堂」，日月諷誦其中，圈點校勘，丹鉛歷然。從他的《萬卷堂書目跋》也許可窺見他藏書盛況之一斑。該《跋》說：

> 余宅西乃游息之所，建堂五楹，以所儲書環列其中，倣唐人法，分經史子集，用各色牙籤識別，經類凡十一，《易》、《詩》、《書》、《春秋》、《禮》、《樂》、《孝經》、《論語》、《孟子》、經解、小學，凡六百八十部，六千一百二十卷。史類凡十二，正史、編年、雜史、制書、傳記、職官、儀注、刑法、譜牒、目錄、地志、雜志，凡九百三十部，一萬八千卷。子類凡十，儒、道、釋、農、兵、醫、卜、藝、小說、五行家，凡一千二百部，六千零七十卷。集

類凡三，《楚辭》、別集、總集，凡一千五百部，一萬二千五百六十卷。編爲四部，人代姓名，各具撰述之下。東陂子曰：「余垂髫時即喜收書，屢經兵燹，藏書之家甚少，間或假之中吳、兩浙、東郡、耀州、澶淵、應山諸處，或寫錄，或補綴，蓋亦有年，所得僅此，信積書之難也。」隆慶庚午八月中秋日，東陂居士睦㮮書。（葉昌熾撰：《藏書記事詩》，卷二，頁六九）

睦㮮這篇《跋》作於「隆慶庚午」，即隆慶四年（一五七〇），時睦㮮五十四歲。從這篇《跋》可以得知下列幾點：其一，他把萬卷堂的藏書，按經、史、子、集四部分類法分類。各類下又分許多小類，總藏書計有四千三百二十部，四萬二千七百五十卷。其二，由於他所住的開封屢經兵燹，藏書家很少，他曾到中吳、兩浙等人文薈萃的地方蒐書，有的抄寫，有的補綴，足見其用力之勤。

由於睦㮮有如許多的藏書，也成爲他撰作各種書籍時，提供最基本的參考資料。他的著作，今可知者有十六種，經部有《授經圖》二十卷、《經序錄》五卷、《五經稽疑》八卷、《易學識遺》一卷、《春秋諸傳辨疑》四卷、《訓林》十二卷。史部有《革除遺事》二卷、《聖典》二十四卷、《鎭平世系記》二卷、《皇朝中州人物志》十六卷、《開封府志》、《萬卷堂書目》、《萬卷堂藝文目錄》一卷，《朱西亭王孫萬卷堂家藏藝文目》五卷、《聚樂堂藝文目錄》十卷。子部有《異林》十六卷。從這份著作目錄，可知睦㮮是位兼通經史的學者。

這十六種著作，今有傳本者僅《授經圖》二十卷、《五經稽疑》八卷、《革除遺事》三卷、《聖典》二十四卷、《皇朝中州人物志》十六卷、《開封府志》、《萬卷堂書目》、《萬卷堂藝文目錄》

一卷、《朱西亭王孫萬卷堂家藏藝文目》五卷、《聚樂堂藝文目錄》十卷等十種。其中以本文要討論的《授經圖》最受重視。這部書有兩個版本系統，一是原刻本系統，另一是黃虞稷、龔翔麟增補本系統。原刻本系統，今傳者有：

1. 明萬曆二年刊本（今藏國立中央圖書館）
2. 《惜陰軒叢書》本（根據萬曆本重刊）
3. 《叢書集成初編》本（根據惜陰軒本排印）
4. 《叢書集成簡編》本（根據《叢書集成初編》本重印）
5. 《國學基本叢書》本（同上）
6. 《人人文庫》本（同上）
7. 《書目續編》本（根據惜陰軒本影印）

黃虞稷、龔翔麟增補本系統，書名作《授經圖義例》，今傳者有：

1. 清康熙間龔氏玉玲瓏閣刊本
2. 《四庫全書》本

本論文，討論《授經圖》之體例、取材時，根據萬曆二年刊本；討論黃虞稷、龔翔麟增補本時，根據文淵閣《四庫全書》本。

三、《授經圖》的撰作動機和體例

睦㮮何以要編纂《授經圖》？這是研究這部書前得先討論的問題。書前有他寫於萬曆元年（一五七三）孟秋望日的《序》。該《序》說：

> 余觀《崇文總目》有《授經圖》，不著作者名氏，敘《易》、《詩》、《書》、《禮》、《春秋》三家之學，求其書，亡矣。及閱章俊卿《考索圖》，《六經》皆備，間有訛舛，余因考之。蓋自東漢而下，諸儒授受，尠有的派，云其經義，或私淑，或自治，或習之國學，俱稱爲某授、某受，可乎？余於是稽之本傳，參之諸說，以嘗請業及家學者，各爲之圖，以一二傳而止者，亦錄之，以備咨考。舊圖俱無傳，圖後或錄經論數條，而諸儒行履弗具，使覽者不知其爲何如人也。余既爲圖，復捃摭其要而作傳，無關經學，無裨世教者，皆略焉。傳成，以諸儒著述及歷代經解附之，爲若干卷，藏之家塾，以俟同好，庶斯道之不墜也。

這篇《序》對睦㮮撰作《授經圖》的動機說明不夠詳細，不過，仍有可提出討論者。第一，他編纂《授經圖》，是受章如愚《群書考索．六經門》中所附傳授圖的影響。但是，《考索》圖後，並沒有附諸儒的傳記。因無傳記，學者讀其書而不知其人，未免遺憾，所以要補作傳記。第二，他認爲作《授經圖》，是希望「斯道之不墜」，意即在維繫經學於不墜，這可以說是他作《授經圖》最單純的動機。可是，發揚經學，也可發揚宋人之經學，何以睦㮮要獨鍾於漢代之經學。道光己亥年（一九年，一八三九）二月李錫齡的《序》有說：

（朱氏）嘗謂本朝經學一稟宋儒，古人經解殘闕散失，乃訪求海內通儒，繕寫藏弆，晚年遂著是編名曰《授經圖》。

睦㮮認爲明代之經學一直承襲宋儒之經說，古經解因而「殘闕散失」。爲發揚古學，所以訪求海內通儒，借抄他們的書，晚年乃編成《授經圖》一書。李氏又說：

大旨慮漢學之失傳，故所述列傳，至漢而止。

足見睦㮮此書是在標榜漢人之學，所以各經師的傳記，也僅錄到漢朝爲止。睦㮮的兒子勤美在《授經圖》的《跋》也說：

蓋自秦燼之餘，《六經》殘滅。漢興，諸儒頗傳不絕之緒，於是專門之學甚盛。至東京，則授受鮮有次第，而經學亦稍稍衰矣。故是編所載，多詳於前漢。

由此更可證明睦㮮纂《授經圖》，意在發揚漢學。且因後漢以後傳授次第不明，所以該書所載，多詳於西漢。

要發揚漢學，可走的路很多，睦㮮何以要選擇《授經圖》這種方式？這就是要徹底解決宋人所說：「諸儒窮經而經絕」、「千載無眞儒」等問題。惟有將傳經的統系，經師的傳記、著作，原原本本的排列出來，才足以證明宋人說法的偏頗。睦㮮編纂《授經圖》的動機如此而已。

這部《授經圖》的體例如何？根據萬曆二年（一五七四）原刻本，全書的卷帙，體例如下：

授經圖序

1.授經圖義例卷第一

2.授經圖卷第二

3.授經圖諸儒傳略卷第三

4.授經圖諸儒著述附歷代三易傳注卷第四

5.授經圖義例卷第一

6.授經圖卷第二

7.授經圖諸儒傳略卷第三

8.授經圖諸儒著述附歷代尙書傳注卷第四

9.授經圖義例卷第一

10.授經圖卷第二

11.授經圖諸儒傳略卷第三

12.授經圖諸儒著述歷代詩傳注卷第四

13.授經圖義例卷第一

14.授經圖卷第二

15.授經圖諸儒傳略卷第三

16.授經圖諸儒著述附歷代春秋傳注卷第四
17.授經圖義例卷第一
18.授經圖卷第二
19.授經圖諸儒傳略卷第三
20.授經圖諸儒著述附歷代三禮傳注卷第四

這部原刻本《授經圖》的體例安排，至少有兩點缺失：其一，卷數不連貫。如未仔細檢閱，可能誤以爲全書僅四卷而已。清王士禎《池北偶談》云：「《崇文總目》有《授經圖》，其書不傳，明周藩西亭王孫，乃因章俊卿《考索》圖增定之，爲四卷。」（卷一七，頁七）以爲《授經圖》僅四卷，即因卷數不連貫而致誤。《四庫提要》云：「《自序》稱釐爲四卷」，大概也因這種情形而附會。其二，各卷皆未將分屬各經的經名標出，檢索非常不方便。清初黃虞稷、龔翔麟增益的本子，已將各卷卷數連貫，觀文淵閣《四庫全書》本即可證明。清道光十九年（一八三九）李錫齡雖根據萬曆原刻本重刻，但已將每卷標上所屬各經之經名，以方便檢索。

《授經圖》每經四卷，《易》、《書》、《詩》、《春秋》、《三禮》五經合計二十卷。每一經的第一卷是義例，第二卷是傳授源流圖，第三卷是諸儒傳略，第四卷是諸儒著述，附歷代傳注。茲分述如下：

1.義例：說明各經傳授圖、諸儒傳略、諸儒著述的體例，有如現在的編輯凡例，並將訂正章如愚

《群書考索》中各經傳授圖的情況加以說明。

2.傳授源流圖：將前、後漢經師的傳授統系，按各經編成圖表，以便看出各經師間的相互關係。

3.諸儒傳略：是漢代各經師的傳略。每一傳略，數十字至數百字不等，視原始材料而定。

4.諸儒著述，附歷代傳注：是先秦至明代經師的著作目錄，從各卷僅標「諸儒著述」，可知主要在收錄漢代諸儒的著述。歷代各經的傳注，僅是附錄性質。

睦㮮說：「諸儒經解，非有作者姓氏不錄，錄之，或因人以存其書，或因書以彰其人。周漢而下至金元，作者凡一千一百三十二人，國朝三十九人。經解凡一千七百九十八部，二萬一千七十一卷。」（卷一，義例）從這段話可知，睦㮮此書收錄諸儒著述的標準，和作者、經解的多寡。

各經的著述，爲檢索方便，各分爲十數小類不等，茲抄錄如下：

1.易類分：古易、石經、章句、傳、注、集注、義疏、論說、類例、譜、考正、數、圖、音、緯、占筮、擬易等十七小類。

2.書類分：古文經、今文經、石經、章句、傳、注、集注、義疏、問難、訓說、圖、譜、音、緯、逸書、續書等十六小類。

3.詩類分：石經、故訓、章句、傳注、集注、義疏、問辨、論說、序解、譜、名物、圖、音、緯等十五小類。

4.春秋類分：石經、章句、傳、注、集注、義疏、論說、序解、類例、圖、譜、考正、音、讖緯、外傳等十五類。

5.禮類分：石經、傳、章句、注、集注、義疏、論說、問難、中庸、大學、月令、喪服、檀弓、圖、音、緯等十六類。本類末附「諸經解」數十部。

從這些類目，可見睦㮮的分類非常細密。因僅限於《五經》，所以群經總義的著作，只好附在禮類卷末。至於《四書》、《孝經》、《爾雅》等的著作，也許本來就不想收錄，也許無所歸附，只好刪去，今已不得而知。

四、《授經圖》的取材

睦㮮《授經圖》兼有傳授源流圖、諸儒傳略、諸儒著述等三方面的材料，其與前代相關資料的關係如何？睦㮮雖已明白說出《授經圖》中的傳授源流圖，是因章如愚《群書考索・六經門》中的圖而作，但諸儒傳略和諸儒著述部分，取材於何書？或如何編纂而成，並未說明。爲確切了解睦㮮此書與前人相關資料之關係，茲考訂如下：

(一)**諸經傳受源流圖**：

關於諸經傳受源流的書，宋代有數種。程俱有《授經圖》、李燾有《五經傳授圖》一卷、無名氏有《授經圖》三卷，這幾種授經源流圖都已亡佚。程俱作於南宋高宗建炎四年（一一三〇）六月的《漢儒授經圖敘》，還保存著，收入程氏《北山集》中。程氏的《敘》說：

予病臥里中，讀西漢《儒林傳》，觀其師弟子授受之嚴，所謂源流派別，皆可推考者，竊有感焉。且浮屠氏自釋迦文佛傳心法，與夫講解之宗，至於今將二千年，而源派譜牒如數一二。下至醫、巫、祝、卜、百工之技，莫不有所師。如吾儒師承之道，乃今蔑焉。所謂學官師弟子，如適相遇於塗耳，蓋可歎也。（卷一五，頁九）

程氏以爲佛教流傳二千年，其授受源流非常清楚，有如數一二，即使醫、巫、祝、卜、百工也各有其師承授受，獨儒門並不重視這一套東西，以致師弟間形同陌路。爲能讓後人想見漢儒之風範，所以編了《授經圖》。李燾和無名氏之所以編《授經圖》，大概也是這種動機。後來，寧宗慶元間（一一九五—一二〇〇），章如愚編《群書考索》，前集有六十六卷，首爲六經門。該門分《易》類、《書》類、《詩》類、《周禮》類、《禮記》類、《春秋》類、六經總論等，每一類前有傳授源流圖，這些圖比較簡單，但卻是睦㮮《授經圖》中傳授源流圖的底本。睦㮮曾說：

閱章俊卿《考索》圖，六經皆備，間有訛舛，余因考之。（《授經圖序》）

可見睦㮮《授經圖》中的各經傳授源流圖，曾參酌章如愚的圖。所以，睦㮮《授經圖》各經義例部分，常述及「舊圖」如何，這「舊圖」，就是指章如愚的圖。當然，睦㮮也根據《史記》、《漢書》、《後漢書》的《儒林傳》，和各經師的注，修正了章氏的疏漏和錯誤。如：章氏的《易學授受之圖》非常簡單，錄之如下：

- 田何
  - 王同
  - 周王孫
  - 丁寬
  - 服生

- 田何
  - 施讎
    - 魯伯
    - 張禹
  - 孟喜——趙賓
  - 梁丘賀（先事京房，更事田王孫）

- 焦延壽——京房
  - 殷嘉
  - 姚平
  - 乘弘

- 高相
  - 相子康
  - 毋將永

費直——王璜——費高

韓嬰——韓生——蓋寬饒

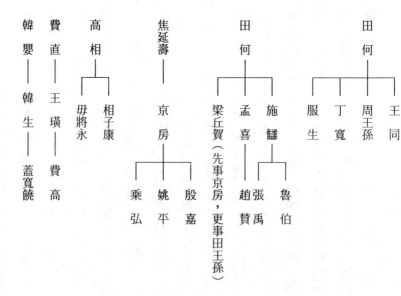

經睦㮮增補、修訂後的傳授圖如下：

- 商瞿—橋庇—馯臂—周醜—孫虞—田何
  - 王同
    - 楊何—京房
    - 主父偃
    - 衡胡
    - 即墨成
    - 孟但
    - 周霸
  - 丁寬—田王孫
    - 施讎
      - 戴賓—劉昆—軼
      - 張禹
        - 彭宣
        - 戴崇
      - 魯伯
        - 毛莫如
        - 邴丹
    - 孟喜
      - 蓋寬饒
      - 焦贛—京房
        - 姚平
        - 殷嘉
        - 乘弘
        - 任良
      - 瞿牧
      - 白光
      - 趙賓
    - 梁丘賀—臨
      - 五鹿充宗
        - 衡咸
        - 士孫張
        - 鄧彭祖
      - 王駿
  - 服生
  - 項生
  - 周王孫—蔡公

- 費直—王璜
  - 費高—毋將永
  - 高相—子康

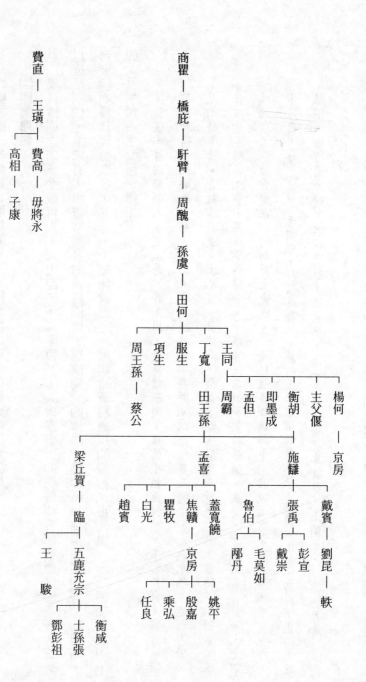

足見睦㮚經過一番修訂、增補的工夫。但草創之功，仍應歸之於章如愚。

(二)諸儒傳略：

漢代傳經之儒多至數百人，《史記》、《漢書》、《後漢書》的列傳部分都有他們的資料。魏晉以後至明代，並未有人將這些儒者的資料摘出，編成獨立的傳略。睦㮚所以要編輯這些經師的傳略，自要證明漢代經師眾多，並非「千載無眞儒」。編輯時資料應用的情形，可先舉一、二例加以說明，如《易》類「主父偃」傳如下：

主父偃，齊國臨淄人。受《易》於王同。游齊諸子間，諸儒生相與排擯，不容於齊。家貧，偃貸無所得，北游燕、趙、中山，皆莫能厚客，甚困。以諸侯莫足游者，元光元年，迺西入關，見衛將軍青。青數言於上，上不省。資用乏，留久，諸侯賓客多厭之，乃上書闕下。朝奏，暮召入見。所言九事，其八事爲律令，一事諫伐匈奴。是時徐樂、嚴安，亦俱上書言世務，上謂三人曰：「公皆安在？何相見之晚也。」迺拜偃等皆爲郎中。偃數上疏言事，遷謁者、中郎、中大夫，歲中四遷。元朔中，拜偃爲齊相。無何，齊王懼偃發陰事，自殺。上怒，迺徵下吏治，遂族偃。偃方貴幸時，客以千數，及族死，無一人視，獨孔車收葬，上聞之，以車爲長者。（卷三，頁一—二）

這一段文字，大抵採自《史記》卷一一二《主父偃傳》和《漢書》卷六四上《主父偃傳》。當然，《漢書》的傳也是採自《史記》，但略有增補。如將這一段文字與《史記》對校，可以發現睦㮚曾改易了些許字句，如：「皆莫能厚客」，「客」字《史記》原作「遇」；「上不省」，「省」字原作「召」；「公皆安在」，「公」字後原有「等」字；「遷謁者、中郎、中大夫」，「中郎」二字，原無，乃根據《漢書》增補。整篇傳略，「歲中四遷」以前，大抵錄自《史記》或《漢書》，以下則概括《史記》、《漢書》中主父偃之行事而成。又如《尚書》部分的「伏生」傳：

> 伏生，名勝，字子賤。濟南人，故爲秦博士。孝文時，欲求能治《尚書》者，天下亡有，乃聞伏生能治，欲召之，時伏生年九十餘，老不能行，於是乃詔太常，使掌故晁錯往受之。當秦時禁書，伏生壁藏之，其後兵大起，流亡。漢定，伏生求其書，亡數十篇，獨得二十九篇，即以教於齊魯之間，繇是學者頗能言《尚書》。山東大儒，無不涉《尚書》以教矣。伏生授濟南張生及歐陽生，張生爲博士，而伏生孫以《尚書》徵，弗能明也。自此魯之周霸、雒陽賈嘉，皆能言《尚書》云。（《尚書》卷三，頁五）

這段傳略，大抵錄自《史記》卷一二一《儒林傳》中的《伏生傳》。部分字句，睦㮮略有改動，如「山東大儒」，「儒」字，《史記》原作「師」；「伏生孫以《尚書》徵」，「以」字下，原有「治」字。又如《詩經》部分的「包咸」傳：

> 包咸，字子良，會稽曲阿人。少爲諸生，受業長安，師事博士右師細君，習魯詩。王莽末，往東海上，立精舍講授。光武即位，乃歸鄉里。太守黃讜遂召咸授其子。咸辭不往。讜遂遣子師之。建武中，舉孝廉，除郎中。入授皇太子，累遷大鴻臚。每進見，錫以几杖，入屏不趨，贊

事不名。經傳有疑，輒遣小黃門就舍問之，顯宗以咸有師傅恩，賞賜珍玩束帛，奉祿增於諸卿，年七十二卒。（《詩經》，卷三，頁八）

這段傳略，大抵錄自《後漢書》卷十九《儒林傳》中的《包咸傳》。部分字句，睦㮮略有改動，如「咸辭不往」，《後漢書》原作「咸曰：禮有來學，而無往教。」

從以上的舉例，可知睦㮮《授經圖》中的諸儒傳略，大抵採自《史記》、《漢書》和《後漢書》中的列傳部分。採錄時字句略有增損；有些地方，由於列傳資料太多，則檃括傳主行事而成。

㈢**諸儒著述**：

睦㮮《授經圖》所錄歷代經師多至一千一百七十一人，經解一千七百九十八部，二萬一千七十一卷。分《易》、《書》、《詩》、《春秋》、《三禮》五大類，每大類又分十數小類不等。我們很想了解的有兩點：一是五經的順序，《春秋》先於《三禮》，何以如此？二是各經下的小類是前有所承，或是睦㮮所獨創？所收的經解是採自何書？睦㮮有否增刪？

先討論《五經》的排列順序問題。《漢書·藝文志》是我國現存最早的書目，《六藝略》各經的排列順序是《易》、《書》、《詩》、《禮》、《樂》、《春秋》，這種排列，被認為是古文家的排列法。後來的許多書目，如《經典釋文》、《隋書·經籍志》、《唐書·經籍志》、《新唐書·藝文志》等也都如此編排。宋鄭樵作《通志》，其《藝文略》始打破成規，將《春秋》類移至《三禮》類之前。宋代的《春秋》學特為發皇，《禮》學著作則不及《春秋》甚多，鄭氏先《春秋》後《三禮》，大概也有順應當時思潮，表彰《春秋》的意味在內。至明代，此一重視《春秋》的風氣仍未稍歇。朱睦㮮的《授經圖》，先《春秋》後《三禮》，其受鄭樵影響，殆無疑義。

其次，討論各經所分的小類問題。《易》類分十七小類，《書》類分十六小類，《詩》類分十五小類，《春秋》類也分十五小類，《禮》類分十六小類，分類可說非常細密。這種細密的分類，有些是根據鄭樵《通志・藝文略》增刪而成，有些則爲睦㮮所新創。如把睦㮮所分的類目，與鄭樵《通志・藝文略》的類目相比較，則可看出兩者間的關係。

1.易類：鄭樵分：古易、石經、章句、傳、注、集注、義疏、論說、類例、譜、考正、數、圖、音、讖緯、擬易等十六類。睦㮮將「讖緯」改稱「緯」。大概以爲《易》只有緯而無讖，所以刪去讖字。然後，在「緯」類後，加「占筮」一類，合計十七類，比鄭樵多一類。

2.書類：鄭樵分：古文經、石經、章句、傳注、集注、義疏、問難、義訓、小學、逸篇、圖、音、續書、讖緯、逸書等十六類。睦㮮將「小學」類刪去，「逸篇」併入「逸書」類。在「古文經」類之後，增入「今文經」類，「圖」類之後，增入「譜」類，合計仍是十六類。鄭氏原類目「義訓」改爲「訓說」，「讖緯」改作「緯」。

3.詩類：鄭樵分：石經、故訓、傳、注、義疏、問辨、統說、譜、名物、圖、音、緯學等十二類。睦㮮於「故訓」類之後，增入「章句」類；「注」類之後，增入「集注」類；「統說」類之後，增入「序解」類，合計十五類。鄭氏原類目「統說」改爲「論說」，「緯學」改爲「緯」。

4.春秋類：鄭樵分：經、五家傳注、三傳義疏、傳論、序、條例、圖、文辭、地理、世譜、卦繇、音、讖緯等十三類。睦㮤則分：石經、章句、傳、注、集注、義疏、論說、序解、類例、圖、譜、考正、音、讖緯、外傳等十五類。各類目與鄭氏所分出入頗大。這一部分沿襲鄭氏的並不多，可說是睦㮤別出心裁的地方。

5.禮類：鄭樵將禮類先分周官、儀禮、喪服、禮記、月令、會禮、儀注等七大類，每大類又分數小類或十數小類不等。不但分類瑣細，且收羅宏富。睦㮤則將三禮合併，分：石經、傳、章句、注、集注、義疏、論說、問難、中庸、大學、月令、喪服、檀弓、圖、音、緯等十六類。雖仍有沿襲鄭氏之處，但也有睦㮤的新創。鄭樵時，《大學》、《中庸》的著作仍不多，所以未獨立成類，至睦㮤時，此二篇已由附庸蔚爲大國，所以立爲二類。

由上文的分析，可知睦㮤先《春秋》後《三禮》的編排法，實是受鄭樵的影響。至於《易》、《書》、《詩》下的類目，乃就鄭樵《通志．藝文略》所分類目有所增損，此一部分沿襲的成分多，《春秋》和《三禮》類，則承襲的成分較少，大多是睦㮤自己的獨創。

各經解目錄，是否也取自鄭樵《通志．藝文略》？這如舉《易》類加以觀察，即可得到答案。鄭氏《易類》，僅收書二百四十一部，而睦㮤的《易類》則收五百四十三部，是鄭氏的一倍有餘，足見睦㮤的書目並非全抄自鄭氏的《通志．藝文略》。如果細加核對，可知睦㮤是以《通志．藝文略》爲基本資料，再將歷代史志和私家藏書目的資料補入。歷代史志，自《漢書．藝文志》以來，有《隋書．經籍志》、《唐書・經籍志》、《新唐書・藝文志》、《宋史・藝文志》，和馬瑞臨《文獻通考・經籍考》。私家藏書目，則有晁公武《郡齋讀書志》、陳振孫《直齋書錄解題》、尤袤《遂初堂書目》，這些都是睦㮮取材的對象。

歷代史志和私家藏書目所不載者，則採自各史書的列傳，如「《齊詩章句》九篇（伏黯）」，採自《漢書・伏黯傳》；「《韓詩章句》二十卷（張匡）」，採自《後漢書・張匡傳》。至於明人的著作，如《詩》類錄有《詩傳》一卷（端木賜）、《四詩表傳》一卷（楊愼）、《魯詩世學》三十六卷（豐坊）、《詩解頤》四卷（朱善）、《詩說解頤》八卷（季本）……等等，大抵爲睦㮮個人的收藏，或他本人所知見者。其中，端木賜的《詩傳》一卷，即今傳之《子貢詩傳》，爲明人豐坊所僞，明嘉靖年間開始流傳，睦㮮大概不知是僞書，所以將作者著錄爲「端木賜」。

由上文的分析，可知睦㮮這份「諸儒著述」，是以鄭樵《通志・藝文略》爲底本，參酌歷代史志、私家藏書目和史書列傳所述書目，再以他本身的收藏增補而得。睦㮮豐富的藏書，在編這份書目時，已充分發揮了它的效用。

五、黃虞稷、龔翔麟增補本

《授經圖》自萬曆二年（一五七四）刊刻完成後，可能流傳並不廣，學者間仍以鈔本流傳。清初藏書家黃虞稷也僅藏鈔本，且誤以爲該書「未經鏤版」（《授經圖義例序》）。當時，漢學的風氣已逐漸興盛，虞稷以爲《授經圖》提倡漢學有功，有意將所藏的抄本刊行，但發覺書中的類例有不盡理想的地方。黃氏說：

> 惜其所載傳注，時有缺誤，而類例亦未盡善，如：古本之《易經》上下、《十傳》，各自有書，王弼始以《彖》、《象》、《文言》繫各爻辭之下。《書》則伏生口授之二十九篇，先興於齊、魯之間，古文後出於孔壁。先儒多疑之者，西亭舊本，先後不無參錯。（《授經圖義例序》，頁三。）

虞稷以爲古《易》本經、傳各自爲書，魏王弼始以《彖》、《象》、《文言》釋經。爲強調《易經》的原貌，應將古《易》排在最先。《尚書》今文先流傳，後來古文才出現，按流傳的先後，《今文尚書》應排在前面，《古文》在後面，睦㮮《授經圖》卻相反。由於睦㮮之書有這些缺失，所以虞稷和龔翔麟乃一起加以釐正，並略加增補。虞稷說：

> 予與龔子蘅圃，重爲釐正。《易》則以復古爲先，《書》則以今文爲首，其他經傳之缺軼者，復取歷代史藝文志及《通志》、《通考》所載咸爲補入。而近代傳注可存者，亦間錄焉。視西亭所輯，庶幾少備矣。（《授經圖義例序》，頁三）

和黃虞稷一起釐正《授經圖》的龔蘅圃，即龔翔麟，浙江仁和人，是有名的藏書家，藏書樓名「玉玲瓏閣」，經其校正的典籍很多，刊行時稱爲「玉玲瓏閣叢書」。（註八）根據上引這段話可知，虞稷和翔麟兩人的釐正，約有下列數個方面：其一，按經學史的發展，《周易》古本先於今本，《今文尚書》先於《古文尚書》。其二，根據歷代藝文志和鄭樵《通志》、馬瑞臨《文獻通考》所著錄之資料，增補睦㮚書之闕漏。其三，間採錄近代人之著作。計增入古今作者二百五十五人，經解七百四十一部，六千二百一十卷。茲將黃、龔兩人勘正的方式討論如下：

(一)調整傳略和書目之順序：

為能符合虞稷所訂的編排原則，他將原刻本《尚書》部分「諸儒傳略」中的孔安國、兒寬、司馬遷、孔延年、孔光、孔僖、桑欽、杜林、周防、周舉等人的傳略，由該卷卷首，移至卷末，這幾位經師都是古文學的系統。

1.孔安國：孔子十一世孫，魯恭王壞孔子宅，於壁中得《古文尚書》等，恭王悉以其書還孔氏，安國以今文讀之。

2.兒　寬：受業孔安國。

3.司馬遷：嘗從孔安國問《尚書》。

3.孔延年：孔安國兄孔武之子，治《尚書》。

5.孔　光：孔延年之子。

6.孔　僖：孔光之子。

7.孔季彥：孔僖之子。

8.杜　林：於西州得漆書《古文尚書》一卷，常寶愛之。

9.周　防：師事徐州蓋豫，受《古文尚書》。

10.周　舉：周防之子。

虞稷把這十位古文家移至卷末「楊彪」之後，雖符合他所訂的今文先流傳的標準，可是，睦㮤當時所以以古文爲先，是以古文時代比今文古的觀點安排的，虞稷的調整恐怕不合睦㮤的原意。

此外，睦㮤的《尚書》傳授圖也以古文爲先，虞稷把傳古文的經師都調到今文之後。在書目方面，也將吳澄的《今文尚書纂言》一卷，移至該卷卷首「伏生今文」類中。

㈡**修正書目分類的缺失：**

各家傳注有分類不盡妥當者，虞稷則重新加以調整，如：

1.《周易重注》十卷（鮑極），原本在「傳」類，改本入「注」類。（改本，卷四，頁五）

2.《傳家易解》十一卷（郭雍），原本在「傳」類，改本入「注」類。（同上）

3.《周易圖義》二卷（葉昌齡），原本在「義疏」類，改本入「圖」類。（改本，卷四，頁二三）

4.《周易通考圖說》二篇（馮去非），原本在「論說」類，改入「圖」類。（改本，卷四，頁二二）

5.《洪範圖解》一卷（韓邦奇），原本在「訓說」類，改入「圖」類。（改本，卷八，頁一〇）

6.《詩集傳》二十卷（朱熹），原本在「傳」類，改入「集注」類。（改本，卷一二，頁四）

㈢**修正書名的闕誤：**

各家傳注書名有闕脫訛誤者，虞稷也根據各種資料加以更正，如：

1.原本《周易釋音》一卷（陸德明），改本作《周易釋文》一卷。（改本，卷四，頁二三）

2.原本《洪範補》一卷（馮去非），改本作《洪範補傳》一卷。（改本，卷八，頁九）

3.原本《詩纂疏》八卷（胡一桂），改本作《詩經集傳纂疏》八卷。（改本，卷一二，頁五）

㈣修正卷數的錯誤：

卷數有誤者，虞稷也根據各種資料加以更正，如：

1.原本《周易傳》一卷（干寶），改本作《易傳》十卷。（改本，卷四，頁二）

2.原本《周易纂言》八卷（吳澄），改本作《周易纂言》十二卷。（改本，卷四，頁七）

3.原本《周易總義》一卷（易祓），改本作《周易總義》二十卷。（改本，卷四，頁一〇）

4.原本《尚書新修義疏》二十六卷（尹恭初），改本作《尚書新修義疏》三十六卷。（改本，卷八，頁五）

5.原本《禹貢論》二卷（程大昌），改本作《禹貢論》五卷。（改本，卷八，頁八）

㈤修正作者的錯誤：

有作者明顯錯誤者，有應用本名著錄，而誤用字號者，虞稷皆一併加以更正，如：

1.原本《周易注》十卷，作者題「崔顥」，改本作「崔浩」。（卷四，頁四）

2.原本《中天述考》一卷、《中天述衍》一卷，作者題「鄭滁」，改本作「鄭滁孫」。（卷四，

頁一七）

3.原本《讀書管見》二卷，作者題「王耕野」，改本作「王充耘」。（卷八，頁六）

4.原本《春秋口義》五卷，作者題「朱瑗」，改本作「胡瑗」。（卷一六，頁九）

5.原本《左傳釋疑》七卷，作者題「裴時安」，改本作「裴安世」。（卷一六，頁二三）

6.原本《周官致太平》十卷，作者題「李泰伯」，改本作「李覯」。（卷二〇，頁八）

7.原本《中庸傳》一卷，作者題「張邦治」，改本作「張邦奇」。（卷二〇，頁一一）

虞稷對《授經圖》中，書名、作者、卷數、分類等之勘正，對該書不無助益。但由於虞稷不了解睦㮮作此書是要表彰漢學，以為書目頗有闕漏，因雜採歷代史志和《通志》、《通考》，增入七百四十一部，虞稷認為「視西亭所輯，庶幾少備矣」。（《授經圖義例序》，頁三）足見虞稷頗感得意。可是，《四庫提要》則以為：「虞稷等乃雜採諸家以補之，與睦㮮所見正復相反。」（卷八五，史部目錄類一，頁一五一一一六）對虞稷則頗不以為然。筆者以為睦㮮以經學家的觀點來編纂此書，意在表彰漢學，所錄諸儒著述並不在求全。虞稷是目錄學家，從目錄之觀點來看《授經圖》，以為越完備越好。所以增入七百餘部。《四庫提要》能掌握作者原意來作批評，自較公允。

六、《授經圖》編纂的意義和影響

睦㮮這本《授經圖》，如黃虞稷、龔翔麟等人勘正時所舉的，有不少闕漏和訛誤，但在明萬曆年間漢學逐漸興起的時代環境裡，它不但反映了時人對漢學的一種期盼，更推動漢學的發展，也影響了清代的學術。

本文第一節已說過，程頤以為「千載無眞儒」，鄭樵以為「諸儒窮經而經絕」。漢代經師傳經之功，也被一筆抹殺。睦㮮《授經圖》中各經的傳授源流圖，和諸儒傳略，不但可證明漢儒所傳之經，皆傳自孔門，更可證明傳經之儒衆多，就其與孔門的關係來說：

1.傳《易》的商瞿，《傳略》說：「受《易》孔子」，可見是得孔子眞傳，由商瞿往下傳至漢儒。可見《易》學是由孔子而來。

2.《尚書》中傳《古文尚書》的孔安國，是孔子十一世孫，當然得孔門眞傳。

3.《詩經》的《毛詩》，傳自卜商，即子夏。子夏為孔門弟子。《魯詩》的浮丘伯，是荀子的學生，荀子之學又傳自子夏。可見《毛詩》、《魯詩》都得孔門眞傳。

4.《春秋》的左丘明，《傳略》說：「受《春秋》於孔子。」左丘明往下傳至張蒼、賈誼等漢儒。可見漢人的《春秋》學仍是傳自孔門。

可見各經皆與孔門有關，既如此，孔子所承自於堯、舜、禹、湯、文、武、周公的道統，就不可能中斷於孟子。既能得孔門之眞傳，不是眞儒是什麼？

其次，《授經圖》中所列諸儒著述有一千七百九十八部。依睦㮮的意思是要以漢人為主，魏晉以下的著作，僅作為附錄。但由漢至明代的經學著作，是代代相承的，兩千餘部的著作原原本本的呈現出來，難道這能說「諸儒窮經而經絕」嗎？這是對鄭樵說法最強有力的反證。

由此可知，睦㮮的《授經圖》在漢宋學互相競爭的晚明時代，不但證明了宋人觀點的偏頗，導正了數百年來對漢學的偏見，也給當時想進一步了解漢學面貌的學者，提供最豐富的基本資料，更推動了後來漢學的發展。

既了解《授經圖》所具有的時代意義，接著我們想了解的是，在漢學大爲發皇的清代，《授經圖》有什麼樣的影響？

最先受影響的應該是朱彝尊的《經義考》。周中孚《鄭堂讀書記》說：「其書（指《經義考》）大多取材於馬氏書，以及朱西亭《授經圖》、《經序錄》，國朝孫退谷《五經翼》四書，而增補以各書之說。」（卷三二，《經義考》條）周氏以爲朱彝尊編《經義考》，取材於馬瑞臨的《文獻通考·經籍考》等四書。可是，大家都知道，編輯書目時，應盡量參考前人既有的目錄，以取得較好的成績。根據《經義考》所錄，該書所參考的私家書目有晁公武《郡齋讀書志》、陳振孫《直齋書錄解題》、鄭樵《通志·藝文略》、朱睦㮮《萬卷堂書目》、《聚樂堂藝文目錄》、葉盛《菉竹堂書目》、焦竑《國史經籍志》……等，其中引到朱睦㮮《萬卷堂書目》的有兩次，《聚樂堂藝文目錄》有六次，《授經圖》有三次。這引《授經圖》的三次，都在朱氏的按語中，如卷一〇九，劉克《詩說》，朱氏云：「《宋志》及焦氏《經籍志》、朱氏《授經圖》，均未之載。」（頁六）卷一二五，鄭宗顏《周禮講義》，朱氏云：「宗顏未詳何時人，見葉氏《菉竹堂目》、焦氏《經籍志》及《授經圖》。」（頁一

○）卷一八○，徐晉卿《春秋經傳類對賦》，朱氏云：「是書……朱氏《授經圖》、焦氏《國史經籍志》，皆無之。」（頁三）由此可見，朱氏編《經義考》時，曾將所得各書條目，與睦㮮的《授經圖》一一核對過。這是我們要討論《授經圖》對《經義考》之影響時，首先應知道的事。其次《四庫提要》曾說：

> 《隋志》著錄，凡於全經之內，專說一篇者，如《易》類之繫辭注、乾坤義；《書》類之《洪範五行傳》、古文《舜典》；《禮》類之《夏小正》、《月令章句》、《中庸傳》等，皆與說全經者通敘先後，俾條貫易明。彝尊是書（指《經義考》），乃以專說一篇者，附錄全經之末，遂令時代參錯，於例亦為未善。（卷八五，史部，目錄類一，頁一五）

《四庫提要》以為《隋書·經籍志》是把注解經書中某一篇的著作，與注解全經的，按時代先後混合排列。朱彝尊的《經義考》，則將單注某一篇的著作，不論時代先後，全放在該類之後，以致時代錯亂，體例實不夠完善。朱氏《經義考》所以如此編排，實受睦㮮《授經圖》之影響，這點今人喬衍琯先生的《授經圖序》即已指出。他說：「《授經圖》即以專說一篇者，附錄全經之末，朱氏因之未改耳。」（《書目續編》本《授經圖》卷首）由此可知，彝尊不但受睦㮮之影響，且已沿用《授經圖》之體例。茲再分析說明如下：

1.在《授經圖》《易》類中，睦㮮把桓玄、謝萬、韓康伯、卞伯玉、宋褰、荀柔之、荀諺、謝承、劉繫、司馬光、王柏等十一人的《繫辭注》，排在「注」的卷末。朱彝尊《經義考》也把專論一卦和專論《繫辭》的著作，編排在一起，列於卷六九。

2.在《尚書》類中，睦㮚把論《禹貢》、《無逸》、《洪範》的著作計二十五種，全排在「訓說」的卷末。朱彝尊也將討論《尚書》單篇的著作，集中編排在卷九三至九七等五卷中。

經這一分析，《授經圖》和《經義考》間體例的傳承關係，也就更明顯。當然，《經義考》是從先秦至清初二千年間經學研究之總目錄，蒐羅之宏富、考證之精詳，實非《授經圖》所可比擬，但這一劃時代的巨著，曾受到《授經圖》的影響，則完全可以肯定。

清乾嘉時代以後，漢學意識高漲，漢儒傳經的眞相也是當時學者很想進一步去探討的問題。因此，有關漢儒經學授受源流的書也不少，如：

1.焦袁熹《儒林譜》一卷
2.趙繼序《漢儒傳經記》二卷
3.江　聲《尚書經師系表》一卷
4.畢　沅《傳經表》一卷
5.汪大鈞《傳經表補正》十三卷
6.畢　沅《通經表》一卷
7.洪亮吉《傳經表》二卷、《通經表》二卷
8.蔣日豫《兩漢傳經表》二卷

9.侯登岸《兩漢經學彙考》五卷

10.孫葆田《漢儒傳經記》一卷

11.廖　平《今古學考》二卷、《古學考》一卷

12.吳之英《漢師傳經表》一卷

這些著作，與其說是受睦㮮《授經圖》之影響，倒不如說是《授經圖》之流風餘韻。今後不論有多少學者再爲漢儒的傳經作圖表，都無法不參考睦㮮《授經圖》中的授受源流圖。儘管後人轉相沿襲，未標明這些圖出自何人，但睦㮮草創之功，事實俱在，是不可抹殺的。

七、結論

根據上文論述，可以歸納爲下列數點結論：

其一，朱睦㮮爲周定王朱橚的六世孫，曾擔任周藩宗正多年，平生篤志研究經學，喜好蒐藏圖書。擔任宗正時，曾約宗生於三、六、九日午前講《周易》、《詩經》、《尙書》，午後講《春秋》、《禮記》，雖盛暑、寒冬也不中輟。經學著作有《五經稽疑》、《經序錄》、《授經圖》。《經序錄》蒐集各經解卷首之《序文》成一編；《授經圖》有各經授受源流圖、諸儒傳略、諸儒著述。兩書可說是清初朱彝尊《經義考》的先導。

其二，睦㮮所以編纂《授經圖》，是有感於明代經學一直沿襲宋儒之說，「古人經解殘闕放失」，實

有提倡漢學的用意在。《授經圖》計二十卷，分《易》、《書》、《詩》、《春秋》、《禮》五類，每類又分義例、傳授源流圖、諸儒傳略、諸儒著述四部分。該書原刻於萬曆二年（一五七四），當時流傳並不廣，學者間多以鈔本流傳。黃虞稷和龔翔麟將所藏之鈔本加以改編、增訂。所以，今傳有兩個系統的版本。

其三，睦㮮《授經圖》中各經傳授源流圖的部分，取章如愚《群書考索》中六經門的傳授圖增訂而成。諸儒傳略部分，則取材於《史記》、《漢書》、《後漢書》的列傳部分。諸儒著述部分，《易》、《書》、《詩》三類的類目，根據鄭樵《通志・藝文略》的類目加以增刪。《春秋》和《禮》類，大多爲睦㮮所自創。所收經解，以《通志・藝文略》爲底本，參酌各家書目和睦㮮自己的收藏。

其四，黃虞稷、龔翔麟的增補本，計增入作者二五五人，經解七百四十一部，六千二百一十卷。除增補外，虞稷也勘正不少原書的缺失。在經解的編排方面，虞稷以爲《易》應以古經爲先，《尙書》應以今文爲先。因此，將《易》古經和《今文尙書》之著作，各排於卷首。傳《古文尙書》的十二位儒者之傳略，睦㮮原排在該卷卷首，虞稷將之排在卷末。此外，對原書所收經解的分類、書名、作者，也都有所勘正。睦㮮《授經圖》本爲提倡漢學而作，所收諸儒著述，並不在求完備，虞稷以目錄家之標準加以增補，力求完備，恐不合睦㮮本意。

其五，從睦㮮《授經圖》中的授受源流圖和諸儒傳略可以看出，各經始傳之人，皆與孔門有關，然後下傳至漢儒。可見漢儒之傳經，乃直接孔門之眞傳，既得孔門之眞傳，就是「眞儒」。再從所錄諸儒著述有二千餘部，可見經學經漢儒以至明代，並未有所亡佚，何能說「諸儒窮經而經絕」？這《授經圖》所錄的各種資料，就是反駁程頤、鄭樵的最有力反證。《授經圖》入清以後，影響朱彝尊《經義考》的編輯體例。至於各種傳經表，計有十餘種之多，可說都是《授經圖》的流風餘韻。

【附註】

註一　參考林慶彰撰：《晚明經學的復興運動》，《書目季刊》第十八卷三期（一九八四年十二月），頁三一四〇。

註二　同註一。

註三　明代宗族的名字，是按五行排列的，朱睦㮮這一輩是「木」，他的兒子勤羙，應是「火」。「羙」字，或作「美」，或作「美」，皆誤。

註四　張一桂所撰《神道碑》，見焦竑編《國朝獻徵錄》卷一，頁二六一三一。錢謙益的〈朱睦㮮傳〉，見《列朝詩集小傳》，閏集，頁七七四一七七六。張廷玉的朱氏傳，見《明史》，卷一一六，諸王列傳，頁三五六九。

註五　呂柟（一四七九一一五四二），字仲木，號涇野，高陵人。正德三年（一五〇八）進士第一，授編修，累官禮部侍郎。立朝持正敢言，學守程朱，與湛若水、鄒守益共主講席三十餘年，家無長物，終身未嘗有惰容。年六十四卒，高陵人爲之罷市三日。

朱睦㮮及其《授經圖》

註　六　褚鈇（一五三三—一六○○），字民威，號愛所，山西榆次人。嘉靖四十四年（一五六五）進士，授河間令，擢御史，累官至戶部尚書致仕。卒年六十八。

註　七　萬象春，字仁甫，號涵臺，無錫人。萬曆五年（一五七七）進士，選庶吉士，授工科給事中。久在諫垣，前後七十餘疏，多關軍國計。出為山東參政，歷山西左布政，以右副都御史巡撫山東，忤中使陳增奪俸，引疾歸。

註　八　龔氏的傳記資料，可參考楊立誠、金步瀛合編《中國藏書家考略》，頁一五一—一五二。

——原載《中國文哲研究集刊》第三期（一九九三年三月），頁四一七—四四五

朱謀㙔《詩故》研究

一、前言

明代經學，在整個經學史的研究過程中，一直是最受忽視的。近十餘年來，筆者在這領域寫過兩本專著，和多篇論文（註一），對明代經學的面貌和特質，也僅能描繪出一輪廓而已。較深入的分析研究，可能要從個別經學專家的研究入手。例如：《易經》有蔡清《易經蒙引》、熊過《周易象旨決錄》、陳士元《易象鉤解》、魏濬《易義古象通》、何楷《古周易訂詁》等。《詩經》有季本《詩說解頤》、朱謀㙔《詩故》、馮復京《六家詩名物鈔》、何楷《詩經世本古義》、朱朝瑛《讀詩略記》等。《春秋》有湛若水《春秋正傳》、陸粲《春秋胡氏傳辨疑》、高攀龍《春秋孔義》、朱朝瑛《讀春秋略記》等。《四書》有陳士元《論語類考》、《孟子雜記》等。群經總義有陳耀文的《經典稽疑》，朱睦㮮《授經圖》等。這些都是明代較有代表性的經學著作。都應有專著或專文加以分析研究。唯有如此細密深入的分析討論，明代經學的眞面目才能有效的掌握。能如此，由宋學到清學，其間的演變過程也才能一目了然。在前述十數位專家中，筆者所以先選定朱謀㙔《詩故》來研究，理由有二：一是筆者多年來一直在著手撰寫的《詩經學源流》，明代部分的參考資料最少，非將當時的《詩經》學家逐一研究，無法完成明代部分的撰寫工作。二是就明代《詩經》學的演變來說，明中葉以前，可說是「述朱」的時代。至明中葉，楊愼開拓新的研究方向，從詩句的字義、音韻、名物入手研究，開後代以考證方法研究《詩經》的先導。楊愼對朱子廢《詩序》，說他太「崛強」、「非平心折中之論」。（註二）朱謀㙔《詩故》則將《詩序》首句恢復過來，以《詩序》首句作爲思考、詮釋詩旨的起點。如果朱子廢《詩序》是一種創舉，則謀㙔恢復《詩序》，也應該是《詩經》研究另一階段的開始。朱氏的書既有此一深層的意義，自應先加以研究。

二、朱謀㙔時代的學術環境

朱謀㙔的學術工作，以經學和小學爲主，要了解朱氏在明中葉心學彌漫的學術環境中，何以要校經書，研究小學，就應對當時的學術環境有一概括的了解。

就明代的經學來說，關係盛衰發展的，應該是心學的盛行和科舉考試制度兩個方面。明初科舉考試所用的教材，都是朱學一派的著作，如《四書》主朱子的《四書集注》；《周易》主程頤的《易傳》、朱子的《周易本義》；《尚書》主蔡沈的《書集傳》及古注疏；《詩經》主朱子的《詩集傳》；《春秋》主《左氏》、《公羊》、《穀梁》三傳及胡安國的《春秋傳》、張洽的《春秋集註》；《禮記》主古注疏。（註三）明成祖永樂年間修《四書》、《五經大全》，取元人經說爲底本，元人經說則取自宋人著作。所以仍以朱學派爲主導。《大全》修成後，頒到府、州、縣學，作爲士人讀書應考的教本。當時考《四書》義和考《五經》的經義，都用八股文。士人爲了取巧，往往不讀《大全》，而讀一些專門爲考生所編的經書節本，或經書警語，以充實相關知識。至於考八股文的技巧，則熟讀各種八股文範本即可。其次，當時考試規定《五經》僅任選一種，不必全考。士人專習一經，經學知識已相當不足。加上，考生揣摩考官出題的好尙，如有的考官不出變風、變雅，即使專習一經，也僅讀其中一小部分而已。這種風氣主導之下，經學自了無生機。

其次，明代的心學可說是朱學的一種反動。朱學可說是學、行雙修，朱子勸人半天讀書，半天靜坐，即是一明證。可惜，明初的朱子學家僅重視朱學的躬行實踐，而把博學、致知之教逐漸淡忘。久而久之，這些朱學家也成了一群拘謹、保守、淺陋的「俗儒」。起而改變這種學風的，就是陳獻章和王陽明。陳獻章要人藉靜坐來培養善端，而不重視書本知識，以爲書本是古人的糟粕。王陽明承繼陳氏的思想路數，對於書本知識也採取輕視的態度。陳第曾說：「書不必讀，自新會（陳獻章）始也；物不必博，自餘姚（王陽明）始也。」（《謬言》，頁三五）可說是兩人爲學路向的最佳寫照。當王陽明之學風行天下後，這種不重視書本知識的爲學路向，對當時的經學研究，自有負面的影響。（註四）

由於當時科舉考試制度的偏失和心學家輕視書本知識的態度，對經學研究也有諸多不良的影響：

其一，當時士人僅知道爲考試而讀經，一旦取得功名，讀經的誘因已失，能繼續從事經書研究的，可說少之又少。至於讀經的眞正目的是什麼，大多數的士人根本無法領會。

其二，既以朱學派的著作作爲考試用書，學者在朱學思考方式的熏染下，所有的著作都僅在闡述朱子學說而已，很難有所突破。

其三，考八股文猶如現在學生考作文，既只考作文，經書的字句就不必一一考訂；心學家講求成聖成德，一切用功皆在「致良知」一事，讀經書也就不必汲汲於草木鳥獸之考辨。由於這兩者的影響，使經書字詞、名物和制度的研究，甚感粗疏。

自明中葉起，像王鏊、楊愼、鄭曉、王道、焦竑、詹景鳳、曹安、陳第等人，對這種經學研究的疏失，即迭有批評。歸納他們批評的意見，和治學方向，大約是：

1. 對心學家空談心性，深致不滿之意。
2. 科舉以八股文來考試，敗壞經學研究風氣。
3. 認爲宋學未必優於漢學。
4. 要讀通古籍，必須從字學入手。
5. 注意山川地理之學的研究。
6. 開始從事經典考證，研究文字音義之學。

在上舉的多位學者中，以楊愼和焦竑兩位最值得注意。楊愼是正德、嘉靖朝宰相楊廷和之子，嘉靖三年（一五二四）因議大禮貶官雲南永昌衛（今雲南省保山縣）。在雲南的四十多年間，著作有兩百多種。他的書一流回國內本土，士人、書坊爭相傳刻，批評正訛者也不少。從他的著作，可以知道楊氏是位非常博洽的學者，上至天文，下至地理，無所不研究。研究的方法，是以考訂取代宋學的議論。他認爲「漢世去孔子未遠，傳之人雖劣，其說宜得其眞。」又以爲宋人的議論出於漢唐的傳注疏釋，漢唐的傳注疏釋傳經學十之六七，宋人的新注傳十之三四。既如此，漢學自有其不可抹殺之價值，爲證明漢學之可貴，他開始研究經書中的字詞、音義，以評判漢、宋儒的得失。又覺得要讀通經書，需先從文字、音義入手；因此，他花了不少功夫研究文字、聲韻之學。文字學類的著作有《說文先訓》、《六書練證》、《六書索隱》、《奇字韻》、《古音複字》、《古音駢字》、《俗言》等七種；聲韻學類有《轉注古音略》、《古音略例》、《古音餘》、《古音附錄》、《古音獵要》、《古音叢目》、《古音拾遺》、《古音後語》等八種。合計十五種。這些書，有的考古音、考字義，有的考通假字、考聯綿字，有的考方言、考俗語。可說是對當時語言、文字的綜合研究。此外，楊愼也重視史事、地理、名物、官制等的考訂研究。在研究地理方面，楊愼除考地名、考水道外，也特別重視《水經》。他認爲《水經》是《禹貢》之義疏，《山海經》之補逸。又以爲酈道元的注太過於繁複，遂加以刪削，以桑欽之書單刻流傳。後來，明代學者研究《水經》者日多，楊愼不無啓導之功。

焦竑也博極群書，他深受楊愼的影響，也從事經書和文字音義的考訂，認爲通字學是通經學古的律筏。所作《俗書刊誤》、《筆乘》、《筆乘續集》和《筆乘別集》等書，都可以看出他關心的所在。（註五）

從上文的論述可知，朱謀㙔正處於經學興衰轉變的關鍵時刻。在楊愼等前輩學者開拓新學風的引導下，他特別注意經書和小學的研究，想從字句的考訂研究中探求經書的眞義，所以他研究《詩經》的書要稱《詩故》。更想從字詞的研究中去探尋它們的原義，因此把他的研究成果叫《駢雅》。至於作《水經注箋》，更是在楊愼尊崇漢學，重視山川、地理雙重因素影響下的自然產物。

三、朱謀㙔的生平和著述

朱謀㙔是寧獻王朱權的八世孫。寧獻王則是明太祖的第十七子。朱權本來封於河北大寧，明成祖永樂元年（一四〇三）改封江西南昌。後來朱氏這一支就世世代代住在南昌，到了朱謀㙔已是第八世。他們的世系表如下：

- 朱權—朱盤烒
  - 朱奠培—朱覲鈞—朱宸濠
  - 朱奠堵—朱覲鎬
    - 朱宸潤—朱拱梃
    - 朱宸浮
    - 朱宸浦
    - 朱宸澅
    - 朱宸泙—朱拱㮣—朱多煃—朱謀㙔
      - 統鍡
      - 統錋
      - 統鍠
      - 寶符
      - 統鐏
      - 統鉦
      - 統鑲
      - 統鑽

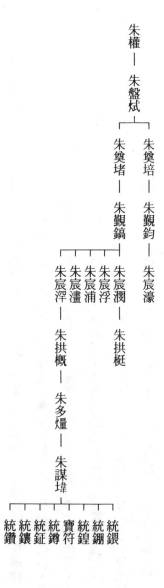

這個世系表有幾點可提出討論：

其一，明代宗室子孫的命名，以字排輩，如朱盤烒是「盤」字輩，到了朱謀㙔，則是「謀」字輩。同輩的人用同一字統貫，這一共用的字，可說是同輩的共名，一則可統攝同一輩之人，再則可免與非同輩之人相混。個人的私名，按木、火、土、金、水五德的順序來命名，如：朱權的「權」是木，朱盤烒的「烒」是火，朱奠培的「培」是土，朱覲鈞的「鈞」是金，朱宸濠的「濠」是水。五德用盡，再從木開始，所以朱拱梃的「梃」又是木。由於有這麼嚴格的規定，很多偏僻的字也得派上用場，如再不夠用，就必須造字。

其二，寧獻王的五世孫朱宸濠，就是明代史上有名的「宸濠之亂」的發動人。宸濠在武宗正德十四年（一五一九）六月起兵造反，聲勢浩大，攻佔九江、安慶，準備奪取南京。王陽明奉命戡亂，帶兵八萬，襲佔宸濠的根據地南昌，宸濠和世子、親信等，皆被擒。自起兵造反至事敗，僅四十三日。所以世系表上，宸濠這一支並無傳人。

朱謀㙔，字鬱儀，他的生年，明代相關史料，都沒有記載。（註六）周亮工《書影》說：「豫章朱鬱儀宗侯，博學而無不窺，生嘉靖庚戌之仲冬，今齒已望七。」（頁二三八）嘉靖庚戌是二十九年（一五五〇）。這是記載謀㙔生年唯一的資料，至可寶貴。至於他的卒年，相關史料也不見記載，《明代名人傳》以為卒於西元一六二四年（註七），即熹宗天啓四年。如該書所記卒年可信，則謀㙔享年七十五。

根據《書影》的記載，謀㙉的母親余氏，於嘉靖二十九年（一五五〇）季春生一女兒，剛滿月，又懷了謀㙉。余氏整天躺在床上，也不飲食，身體很虛弱，「腹薄而瑩，視之胎可見」。等謀㙉生下來，余氏又飲食如常。（頁二三八）

《諸王宗室列傳》的《謀㙉傳》說：「㙉孝友端直，束修自好，貫串經史，博覽群籍，通曉朝家典故。明興以來，諸王子孫好學砥行，周藩睦㰂之後，未有如㙉者也。萬曆二十二年（一五九四）臺議增設石城、宜春管理，命㙉以中尉理石城王府事，得劾治不法者，典藩政積三十年，墐戶讀書，絕綺紈鮮腆之奉。」（《藩獻記》，卷首）從這段話可知：㈠謀㙉非常潔身自愛，又博通群籍，除朱睦㰂之外，無人能相比，他的博學很像嘉靖時代的楊慎。㈡他因為通曉皇家典故，所以在萬曆二十二年（一五九四），被任命管理石城王府，很得宗人的愛戴，持續任事三十年之久。

由於他好學不倦，在過世之前，仍和幾個兒子討論《易經》，至午夜仍不怠倦。是時有「星光火如斗，墜里中，棲鳥皆悲鳴，越二日而逝。」（同上）和出生的故事一樣神奇。當時人給他一個謚號叫「貞靜先生」。有子八人，都「賢而好學」，被稱為八元或八凱。（註八）

他博通群籍，除經、史、子、集諸書外，又精堪輿之學，《江西通志》說：「於堪輿之說尤精，嘗言祖墓病水，以語諸父兄弟，咸弗信。會群從暴卒者十餘輩。㙉不能忍，遂自發之，墓中果積水若谿澗，諸父始遜謝自咎，別移吉壤。」（卷一三八，南昌府，頁一六）

謀㙉的著作，各種文獻，或說：「書百十二種」（註九），或說：「百二十種」（註一〇）。惟根據各種資料，能考知書名者，經部有：《易象通》八卷、《書箋》、《詩故》十卷、《禮箋》、《大戴記箋》、《春秋箋》、《魯論箋》、《說文舉要》、《說文質疑》、《六書本原》、《演爾雅》、《宏雅》、《駢雅》七卷、《古文奇字輯解》十二卷、《字原表微》、《古音考》、《七音通軌》、《六國殊語》等二十一種。史部有《天運紹統》二卷、《邃古記》八卷、《藩獻記》四卷、《豫章耆舊傳》三卷、《水經注箋》四十卷、《古今通》、《天寶藏書目錄》一卷等七種。子部有《玄覽》八卷、《異林》十六卷、《金海》一百二十卷、《醫詮》二十二篇、《黃岐鈎玄》三十一篇、《古今通曆》等六種。集部有詩文集《枳園近稿》一種。經史子集合計三十五種。其餘各書名皆已無可考。所以，他的著作到底是一百十二種或一百二十種，已無從印證。今有傳本的，也僅有《詩故》十卷、《六書本原》一卷、《駢雅》七卷、《古文奇字輯解》十二卷、《邃古記》八卷、《藩獻記》四卷、《水經注箋》四十卷、《天寶藏書目錄》一卷等八種而已。

從謀㙔的著作，大概可將他的治學方向歸納爲下列兩點：

其一，重視漢學和語言文字之學。這可以現存的《詩故》和《駢雅》爲代表。《詩故》恢復《詩序》，《駢雅》依《爾雅》之例，給字詞正確的解釋，對往後漢學的復興和語言文字學的發展，都有推動的作用。

其二，重視山川地理之學：這可以《水經注箋》爲代表。明人自楊愼後，校勘《水經》者有黃省曾、柳僉、謝兆申、趙琦美、吳琯、朱之臣，馮舒、夏允彝等人。鍾惺、譚元春也有評點的本子。（

註一二）可見當時士人對《水經》的重視，謀瑋的書是當時《水經注》的最佳箋注本，對清初諸家頗有啓發作用。

本文僅將《詩故》作分析。其他著作的考訂，本人將另作《朱謀瑋著述考》一文略加考釋。

四、《詩故》的著書動機和體例

從宋末到明中葉的《詩經》研究，可說都是「述朱」的時代。朱子《詩經》學的特點是：㈠廢去《詩序》不錄，但詩旨承襲《詩序》者仍舊不少。㈡以吟詠詩篇本文來探尋詩義。㈢提出淫詩說，彰顯理學家的教化觀點。後來，朱子的《詩集傳》成爲官方的教本，也是科舉考試的必備用書。元代和明初的《詩經》著作，如許謙的《詩集傳名物鈔》、劉瑾的《詩傳通釋》、梁益的《詩傳旁通》、朱公遷的《詩經疏義》、劉玉汝的《詩纘緒》、梁益的《詩演義》、朱善的《詩解頤》、胡廣的《詩傳大全》等書，可說都是發明朱子《詩集傳》的著作。至嘉靖年間有季本的《詩說解頤》（該書自序署嘉靖丁巳，三六年，一五五七年），於朱說之外，也徵引不少漢、唐之說，並自出新意。隆慶間有李先芳作《讀詩私記》（該書自序署隆慶庚午，四年，一五七〇年），釋詩已逐漸拋棄朱學的束縛，而改從毛《傳》鄭《箋》之說。可見漢學的勢力正與日俱增。但季本、李先芳二書對於被朱子廢棄的《詩序》，仍未敢輕言恢復過來。

在這種學術環境下，朱謀瑋爲何要作《詩故》？它體例又如何？是我們要討論《詩故》之前，應加以了解的。《詩故》的自序說：

說詩者，毛、韓、齊、魯互異，非一傳一說可得而概也。愚者膠其師授，竊竊然自以爲知詩，其用陋且隘矣。予之說，非敢盡詩之用也。將以通夫毛、韓、齊、魯之固也。蓋自束髮誦詩，訖今五十餘年，所見諸家義疏，率多牽於舊說，其于比興之際，微辭妙旨，往往鬱而未章，嘗爲《詩故》一卷，傳之吳中，好事者頗采用其言，乃後知予說之不大乖剌，亦有當於人心矣。爰以暇日研究物理，會通訓詁，集其神明，而酌其得失，三百五篇，篇各爲之說，次爲十卷，仍名之曰《詩故》。雖非告往知來，亦頗發先儒之未發矣。若夫進於溫柔敦厚之教，止於不愚之地，達乎可興可怨之情，以極乎詩之能事，則三百五篇具在，能言詩者自得之，奚俟是哉！

（註一二）

從這篇《序》，可以知道，謀㙔本來有《詩故》一卷，流傳於吳中，當時人也採用他的說法，讓他覺得自己的觀點「不大乖剌」、「有當於人心」。所以，他把原來的《詩故》擴大成十卷，書名仍舊。他的自序署萬曆三十七年己酉（一六〇九），時謀㙔六十歲。

他認爲說詩之家有毛、韓、齊、魯之不同，一般人自以爲知詩，其實既陋且隘。他所以要作《詩故》，是要「通乎毛、韓、齊、魯之固」，也就是要打破四家詩的偏蔽。至於詩篇的「比興之際」、「微辭妙旨」，由於不是他著書的重點所在，所以並未刻意探究。我們都知道，漢代《詩經》學有今古文之分，齊、魯、韓三家是今文，流行於西漢，都是博士的官學，特重家法，弟子代代遵守此一家法，不敢逾越。所以三家詩間解釋的差異，終漢之世並無溝通的機會。《毛詩》是古文，先為民間之學，至東漢大盛，鄭玄為《毛詩》作《箋》，頗有會通今古文之意。然今古文解釋觀點的差異，恐非鄭玄一人可定其是非。謀瑋的理想是藉對詩篇本文的理解來論定詩旨，再由詩旨來斷定詩篇的時代。而非像《詩序》先有一套美刺理論，再將此一理論強加於詩篇之上，由於謀瑋的研究方法不牽於舊說，所以頗能發先儒所未發。

至於為何取名《詩故》，《四庫提要》曾加以解釋說：「其曰《詩故》者，考《漢書・藝文志》，《詩》類有《魯故》二十五卷，《齊后氏故》二十卷，《齊孫氏故》二十七卷，《韓故》三十六卷，《毛詩故訓傳》三十卷，顏師古註曰：故者，道其旨意也。謀瑋是編，蓋用漢儒之舊名。」（卷一六，頁一三）這是說，謀瑋仿漢人舊名，闡明詩篇旨意叫「故」。《詩故》就是闡明詩篇旨意的書。前人闡明詩篇旨意的說法雖多，但以《詩序》的時代最古，所以他把《詩序》首句錄進來，作為探討詩旨的一種思考基點。這並不代表謀瑋全部遵從《詩序》之說，而《四庫提要》卻說：「是書以《小序》首句為主。」似乎謀瑋全遵《小序》首句來說詩，而毫無自己的看法。苟如此，謀瑋何必把自己的書叫《詩故》。這是研究《詩故》時，應先提出說明的一點。

經謀瑋擴充後的十卷本《詩故》，今傳板本有：明萬曆刊本、清鈔本、文淵閣《四庫全書》本、胡思敬輯《豫章叢書》本。（註一三）各本的卷目是：

卷一：周南、召南。

卷二：邶鄘衛。
卷三：王、鄭、齊。
卷四：魏、唐、秦。
卷五：陳、檜、曹、豳。
卷六：小雅鹿鳴至無羊。
卷七：小雅節南山至鼓鐘。
卷八：小雅楚茨至何草不黃。
卷九：大雅。
卷十：周頌、魯頌、商頌。

在《周南》、《邶鄘衛》、《鄭》、《魏》、《唐》、《檜》等風之前，皆有解說文字。如《唐風》云：

唐，堯故都也。周成王以封母弟叔虞，是爲唐侯。叔虞之子燮嗣位，以南有晉水，改國號曰晉。仲尼所錄皆晉事也，必稱唐，存舊封，亦以先王遺風之可尚也。（卷四，頁二一四）

而《召南》、《王》、《齊》、《秦》、《陳》、《曹》、《豳》等七個風和《小雅》、《大雅》、《周頌》、《魯頌》、《商頌》等，都沒有說明文字。謀𩑈大概認爲這幾個類別的詩，其所以命名和地域、時代都很清楚，所以不必解說。

每一首詩僅錄篇名，不錄詩篇本文。篇名之下錄《詩序》首句，偶有整篇收錄的，如《大雅・雲漢》：「仍叔美宣王也。宣王承厲之烈，內有撥亂之志，遇災而懼，側身修行，欲銷去之，天下喜於王化復行，故美之也。」然後再就首句加以申述或辨正。

其一，贊同《詩序》之說者，則加以申述。此類詩篇，皆以「何以……」、「何……乎」領句。如《召南・江有汜》：「美媵也。何美乎？以其不克與嫡偕行，能待命於國，無貳志也。」（卷一，頁九）

其二，不贊同《詩序》之說者，則提出自己的看法。此類詩篇，大多以「非……也」、「此序非也」、「非此之謂也」領句。如：《召南・野有死麕》：「惡無禮也。非無禮也。嘉其亦猶行古之道也。」（卷一，頁九）又如：《邶風・北風》：「刺虐也。非刺虐也。異姓之臣違亂也。」（卷二，頁六）

再次爲謀𡋯對各篇詩義之申釋，往往按詩句之先後摘句解釋。其間有詩句傳寫訛誤或錯簡者，亦加以辨正；毛《傳》、鄭《箋》、朱《傳》有誤者，則訂正其非。偶而也順著詩義，發揮自己的思想。

以下將分：勘正篇名和詩句之誤、對《詩序》的申釋和批評、糾毛《傳》訓詁之誤、對宋儒詩說的批評、《詩故》所反映的朱氏思想等小節加以申論。

五、勘正篇名和詩句之誤

《詩經》的詩篇，先經口傳階段，流傳數百年；寫定後，又經數百年的傳鈔，篇名、字句有誤，甚或錯簡也是很自然的事。謀瑋的《詩故》對這些錯訛字句的勘正，大概可分：勘正詩篇名、勘正詩篇錯簡、勘正詩篇字句等三類，茲分述如下：

(一)勘正詩篇名

《詩經》各詩篇，本無篇名，編詩之人，爲引用、檢索方便，各詩篇皆加以命名，命名的方法，謀瑋曾加以分析說：「《詩三百》咸即詩語而名篇，或取諸首，《關雎》、《鵲巢》之類是也。或取諸終，《騶虞》、《權輿》之類是也。或即篇中而取之，《庭燎》、《巧言》之類是也。或即其人與其事而命之，《巷伯》、《賚》、《般》之類是也。」（卷七，頁三）根據這個命名的原則，謀瑋以爲今傳《詩經》篇名有數篇錯誤：

1.《小雅・雨无正》：謀瑋以爲：「曰《雨无正》者，《正大夫》之譌也。此即篇中之語命篇耳。」（卷七，頁三）意思是說：《雨无正》這篇是以詩篇中的字詞來命名的，可是詩篇中並無「雨无正」三字，僅有「正大夫」。所以本篇篇名應作「正大夫」。

2.《大雅・常武》：謀瑋說：「經文有奮武而無常武，疑字誤耳。」（卷九，頁一七）又說：「曰常武者，奮武之譌也。……此即篇中之語命篇耳。」（卷七，頁三）意思是說，《常武》這篇也是以詩篇中的字詞命名的，可是篇中並無「常武」二字，僅有「奮武」，本篇篇名應作「奮武」。

3.《周頌・酌》：謀瑋以爲：「酌即《內則》之勺，蓋即鑠字之誤耳。」（卷一〇，頁一〇）意思是說：酌就是《禮記・內則》的「勺」。而「勺」字因字音與「鑠」相近而誤。且根據詩篇命名原則，本篇有「鑠」而無「勺」，所以篇名應作「鑠」。

㈡勘正詩篇錯簡

古人在帛和紙發明之前，往往將文字寫在竹簡上，將竹簡用絲繩、皮韋編成篇或冊。因典藏時間過久，絲繩、皮韋爛壞，簡冊散開，如重新編串時，稍不留意即有錯簡的可能。很多古書都有這種現象。謀瑋認爲《詩經》中也有一些錯簡。他斷定錯簡的方法是從章句不倫、內容不類兩方面入手。

甲、章句不倫者：

1.《小雅・正月》：本詩共有十三章，前八章，每章皆八句，後五章，每章皆六句。是以謀瑋懷疑第九章以下是錯簡，他說：「此詩『褒姒威之』以上八章，章各八句，語意已盡。『終其永懷』以下五章，疑是錯簡於此，以章皆六句，不倫故也。」本條是以字句長短不相類來斷定詩篇有錯簡。

乙、內容不類者：

1.《小雅・賓之初筵》：本詩共有五章，第二章經文是：「籥舞笙鼓，樂既和奏。烝衎烈祖，以洽百禮。百禮既至，有壬有林。錫爾純嘏，子孫其湛。」謀瑋以爲這一章是從他詩篡入，他說：「籥舞一章，內有『烝衎烈祖』、『子孫其湛』之語，與射侯、祈爵，似非倫類，疑是《由儀》等詩逸篇，因句法偶同竄入于此。」（卷八，頁六）這是以第二章的內容和其他各章不相類而斷定是錯簡。

2.《大雅・緜》：本詩有九章，前八章敘說太王之事，第九章經文是：「虞芮質厥成，文王蹶厥生，予曰有疏附，予曰有先後，予曰有奔奏，予曰有御侮。」謀㙔以爲：「此詩八章，太王之事已具。末又舉文王虞、芮之訟，似不相屬，疑他篇之錯簡。」（卷九，頁三）這是以第九章的內容和前八章不相屬而斷定是錯簡。

㈢勘正詩篇字句

《詩經》各篇字句，在寫定時，今文齊、魯、韓三家與古文《毛詩》即有很大的出入，加上代代傳鈔，更增加不少錯誤。謀㙔根據詩句的句法、押韻、事物之理等來勘正詩句之誤，茲舉例如下：

1.《邶風・凱風》：「睍睆黃鳥，載好其音。」謀㙔以爲：「睍睆，當作睆睆，羽毛光華貌。傳寫之誤也。《韓詩》作簡簡黃鳥，例可推矣。」（卷二，頁三）謀㙔根據衍聲複詞的構詞法認爲「睍睆」應作「睆睆」。

2.《邶風・谷風》：「昔育恐育鞫，及爾顛覆。」謀㙔以爲：「昔育字誤，當曰『昔者恐育鞫』，末章『不念昔者』可證。」（卷二，頁五）這條從上下文的句法斷定「昔育」二字應作「昔者」。

3.《唐風・葛生》：「夏之日，冬之夜。百歲之後，歸於其居。」謀㙔以爲：「歸於其居，居字與夜不叶，當是舍字之誤。」（卷四，頁七）本條以爲「舍」字與「夜」相押，應作「歸於其舍」。這是就押韻與否來斷定詩句之誤。

4.《小雅・節南山》：「節彼南山，有實其猗。」謀㙔說：「有實其猗，實字蓋訛，當作『有石其猗』，言山石猗猗，接引登履之人也。」（卷七，頁一）謀㙔以爲山石猗猗，可接引登履之人。故應作「有石」，而非「有實」。

5.《小雅・大田》：「有渰萋萋，興雨祁祁。」謀瑋以為：「興雨，《呂覽》、《漢志》並作『興雲祁祁』，舒徐貌，《韓奕》所謂『祁祁如雲』是已。『雨我公田』，則雲者為雨矣。雲可言興，雨則降矣，云『興雨』者誤也。」（卷八，頁三）本條引《呂覽》、《漢志》為證，可說是一種外校法，引《韓奕》為證，可說是內校法。就雲、雨之特性，認為「雲可言興，雨則降矣」，則是理校法。

以上各條，並不表示謀瑋所校皆正確無誤，但可看出他已能應用各種方法來作校勘，殊為難得。

六、對《詩序》的申釋和批評

《詩故》一書既錄《詩序》首句作為思考的基點，則我們很想知道的是，謀瑋是否全採用《詩序》的說法？如果不是，贊同《詩序》的有多少？不贊同的又有多少？能否尋出謀瑋所以贊同的理路？或解釋其何以不贊同。

為解決以上幾個問題，最根本的辦法，就是將《詩故》所錄的《詩序》首句，與謀瑋本身的說法，加以比對，作成一表，然後再對表中所顯示的現象提出說明。

類別／意見	贊同	不贊同	修正
周南	七	四	
召南	七	七	
邶	一五	四	
鄘	七	三	
衛	六	四	
王	三	七	
鄭	七	一四	
齊	八	三	
魏	六	一	
唐	六	六	
秦	七	二	一
陳	八	二	
檜	二	二	
曹	二	二	
豳	二	四	一
小雅	四四	三〇	
大雅	二〇	一一	
周頌	一九	一二	
魯頌	二	二	
商頌	五	〇	
合計	一八三	一二〇	二

從上表可以得知，謀瑋贊同《詩序》之說者僅一八三篇，佔六〇%；不贊同者有一二〇篇，佔三九．三%；修正者二篇，佔〇．六五%。可見謀瑋並不全贊同《詩序》首句的說法。既如此，也可見他並不全宗法漢學。這是了解謀瑋學術之前，應該先弄清楚的地方。

《詩序》首句既只有一句，且泰半都只有三、五個字，爲使讀者能徹底了解詩旨的所在，謀瑋於贊同《詩序》之說者，則加以申釋；不贊同或修正者，則加以辨正，並提出自己的看法。茲將謀瑋的詮釋、辨證方法舉數例加以說明：

㈠申釋《詩序》之說者

謀瑋贊同《詩序》的有一八三篇，對於這些詩篇，他都一概給予詳細的申釋，如：

1.《周南・關雎》：「后妃之德也。」謀㙔申釋說：

何以言德？廣嬪御厚國本也。國本莫重于嗣續，婦德莫難於不妒，太姒能求庶女於窈窕側陋之間，廣爲則百斯男之地，厥德又何加焉？（卷一，頁一）

謀㙔既贊同《詩序》之說，則后妃必指太姒，太姒之德如何呢？即廣求嬪御以厚國本。所以能廣求嬪御，是因爲她有不妒忌的美德。此種美德使她不計較高貴的身分，求淑女於窈窕側陋間。

2.《召南・鵲巢》：「夫人之德也。」謀㙔申釋說：

夫人始來，于何見德乎？于其能將姪娣俱來也。古者諸侯一娶九女，二國媵之以姪娣，是嘗有挾忌心，不與姪娣偕行者矣。此夫人獨能將之，故作者樂歌其事焉。（卷一，頁五—六）

謀㙔仍舊順著《詩序》的理路，將夫人之德詳加解說。由於古代國君爲多妻制，婦人又善妒，所以當提到女人之德時，都會往不妒這方面思考。《鵲巢》的「夫人之德」，只好解釋爲「不妒」了。

3.《王風・黍離》：「閔宗周也。」謀㙔申釋說：

何以閔？閔東遷之失謀也。而周政令所以能行乎諸侯者，非徒文、武、成、康之德，亦以地勢險固，足食足兵，可以東制諸侯之命耳。幽王雖死驪山，犬戎無盤據豐、鄗之理。乃因一敗，遽爾東遷。有識之士，於其行也，痛悼失圖，故賦此詩。（卷三，頁一）

本篇《詩序》的續申語把「閔宗周」解釋爲「閔周室之顛覆」，謀㙔不採續申語之說，以爲是「閔東周之失謀」。既都同意「閔宗周」之說，何以雙方的詮釋有如此大的不同？這就是因爲《詩序》首句語意太過含糊，留給後人太多思考空間所致。

㈡反對《詩序》之說者

謀㙔反對《詩序》首句之說者，有一二〇篇。這一二〇篇《詩序》的說法，朱氏都一一加以辨正，並提出自己所認定的正確詩旨，茲舉數例如下：

1.《周南・芣苢》：「后妃之美也。」謀㙔辨正說：

> 非也。周民室家樂完聚也。無征戍，則民安其業，室家無復離析死亡之憂，所當恤者，產難而已。（卷一，頁四）

謀㙔既贊同《二南》是文王之化的詩，作者所處的當然是太平的時代，既如此，自是安居樂業。可是「芣苢」這種植物是「宜懷妊」的，謀㙔只好說，既安居樂業，「所當恤者，產難而已。」亦即教化觀左右了他對詩旨的正確認識。

2.《王風・大車》：「刺周大夫也。」謀㙔辨正說：

> 非刺周大夫也。商者之婦寄其夫也。周之地狹，民眾多賈，齊、魯、梁、楚，仰機利而逐末業，輕去家室，其妻重于改適，故賦此寄焉。（卷三，頁三）

謀㙔大概先認定周地多商人，商人重利輕別離，所以不採《詩序》續申語所說：「禮義陵遲，男女淫奔，故陳古以刺今大夫，不能聽男女之訟焉。」而斷定為「商者之婦寄其夫也。」

3.《小雅・沔水》：「規宣王也。」謀㙔辨正說：

非規宣也。諸候相戒宗周也。其時蓋有不來朝者，王將起諸候之師以伐之，受命者賦此以諷諭，將見伐者焉。（卷六，頁一〇）

謀㙔大概受此詩第一章首二句：「沔彼流水，朝宗于海。」的影響，以爲此二句比喻諸侯當宗王室，遂附會出一番大道理來。

舉此三例，謀㙔辨正《詩序》首句的方法，大概也可窺知一二。現在應提出討論的是，在謀㙔不贊同《詩序》之說的各類詩中，以《鄭風》的十三篇和《小雅》的三十篇爲最多，何以如此？

就《鄭風》部分來說，謀㙔既不贊成《詩序》首句之說，也不步朱子「淫詩」說的後塵，而比較能從詩篇本文去尋繹詩人作詩的本旨，例如：

《羔裘》：美賢大夫也。

《遵大路》：賢者以道去周也。

《女曰雞鳴》：賢夫婦交相警戒之詞也。

《丰》：志悔恨也。

《東門之墠》：惜狷介者之遯世也。

《子衿》：朋友失好者之相責讓也。

《出其東門》：遯世者答《東門之墠》之詞也。

《溱洧》：志其俗之荒于游觀也。

以上八篇，大抵從詩篇本文探尋而得的詩旨，自不同於《詩序》首句的美刺之說。謀𡐓所以能在《鄭風》有比較自由的思考空間，主要得力於宋人對「鄭聲淫」的解釋，已先摘除漢人美、刺說的束縛，而開拓出一大片美好的田地。謀𡐓在此一寬廣的原野中思考，自有超乎尋常的成績。

其次，《小雅》中《詩序》首句認定是刺幽王的詩篇，計有三十四篇之多。謀𡐓不贊同者，則有二十篇。由此可知，《小雅》中謀𡐓不贊同《詩序》之說的三十篇，與周幽王有關的，就佔二十篇。謀𡐓何以不贊同《詩序》的刺幽王之說呢？這可先從謀𡐓對這些詩篇的解說來加以觀察，如：

《谷風》：朋友相棄而相怨也。

《蓼莪》：孝子見放逐者所作也。

《鼓鐘》：記徐夷僭王僭亂之事也。

《甫田》：先公勸農之詩也。

《大田》：農夫答《甫田》之詞也。

《桑扈》：諸候時見于天子，天子燕之之詞也。

《鴛鴦》：諸候答《桑扈》之詞也。

《頍弁》：王者燕親戚諸候而諸候歌其事也。

《車舝》：天子答《頍弁》也。

《青蠅》：諷王勿近小人也。

《魚藻》：朱仲晦所謂天子燕諸侯，而諸侯美天子之詩也。

《采菽》：天子答《魚藻》也。

《黍苗》：南行之士答《采綠》也。

《隰桑》：惜賢者之遯世也。

這十四首詩，《詩序》都認爲是「刺幽王」之作，在謀㙔的解釋之下，有農事詩、燕飲詩、社會詩、招賢詩，類別繁多，詩篇本身的生命也完全顯現出來。謀㙔所以有如此顯著的成績，除了他藉詩篇字句來探尋詩旨的方法外，朱子解釋這些詩篇時，對《詩序》大都已持反對或修正的態度，遵循此一方向繼續思考，自較易看出成績來。

《詩故》一書解釋詩旨如果有較新的見解，大概可以從上文所舉的《鄭風》和《小雅》的部分看出來。

七、糾《毛傳》訓詁之誤

《毛傳》是現存最早的《詩經》著作。歷代《詩經》學家解《詩》，往往根據《毛傳》。宋人反《詩序》，解說詩旨與《詩序》出入者不少。惟有關字、詞的解釋，大抵仍舊沿用《毛傳》。足見該書在《詩經》解釋學上的權威地位。毛《傳》時代雖早，地位雖高，有關字詞、名物等之解釋，也不能全無疏漏。這點，楊愼已略有指陳。謀㙔《詩故》糾《毛傳》之失者近二十條。茲分字詞與名物兩類舉例加以說明。

㈠**字詞方面**

1.《周南．螽斯》：「宜爾子孫，振振兮。」《毛傳》：「振振，仁厚也。」鄭《箋》：「后妃之德，寬容不嫉妒，則宜女之子孫，使其無不仁厚。」可見鄭玄也贊同仁厚之說。朱子《集傳》：「振振，盛貌。」謀㙔以爲：「振振，言其衆盛，非仁厚之謂。」（卷一，頁三）可見謀㙔不從《毛傳》的仁厚說。

2.《周南．兔罝》：「肅肅兔罝，施於中逵。」《毛傳》：「逵，九達之道。」朱子《集傳》沿用《毛傳》之說。謀㙔以爲：「兔道爲迒，往來有常。所謂中逵，自是兔迒，非九達之逵也。」（卷一，頁四）

3.《邶風．柏舟》：「憂心悄悄，慍于群小。」《毛傳》：「慍，怒也。」朱子《集傳》沿用《毛傳》之說。謀㙔則以爲：「慍處憂、戚之間，《記》稱『憂斯慍，慍斯戚。』是已。以怒訓慍，則悮矣。」（卷二，頁二）謀㙔所引之《記》，是《禮記》的《檀弓》。他認爲慍是憂、戚之間的一種心理狀態，不是「怒」。

4.《小雅．無羊》：「爾羊來思，矜矜兢兢，不騫不崩。」《毛傳》：「矜矜兢兢，以言堅彊也。」謀㙔以爲：「羊性護前，日夕則競先爭歸，陵矜不讓，故曰矜矜兢兢，非堅彊也。」（卷六，頁一四）謀㙔從羊的本性來加以分析，認爲「矜矜兢兢」，應是指羊群爭歸，不肯相讓的樣子。

5.《大雅・生民》：「取羝以軷，載燔載烈。」《毛傳》：「軷，道祭也。」朱子《集傳》採《毛傳》之說，謀瑋以爲「軷與祓通，『取羝以祓』，謂以犧、羊祀方社田祖，祓除螟螣、蟊賊之害，故曰：『以興嗣歲』，皆農事也。若謂軷爲道祭，大不然矣。」（卷九，頁七）謀瑋從篇中有「以興嗣歲」之句，認爲「軷」不應是「道祭」。因解釋爲「道祭」，則與農事並不相關。

6.《周頌・雝》：「既右烈考，亦右文母。」《毛傳》：「烈考，武王也。」謀瑋以爲：「武王克商，歸祀於周廟，邦甸侯衛駿奔走執豆籩之事。此其樂章也。皇考、烈考，皆謂文王也。周公相成王，乃尊謚文王而諱昌，此云『烈考』，又曰：『克昌厥後』，知爲武王時詩也。」《雝》是武王克商回國後祭祀於祖廟的詩，所以「皇考」、「烈考」，都應指文王，而非武王。

㈡名物方面

1.《鄘風・牆有茨》：「牆有茨，不可埽也。」《毛傳》：「茨，蒺藜也。欲埽去之，反傷牆也。」朱子《集傳》：「茨，蒺藜也。蔓生，細葉，子有三角，刺人。」朱子《集傳》是對《毛傳》的補充解釋。謀瑋以爲：「茨謂茅之有次第者，所以覆牆也。《梓材》『既勤垣墉，其塗塈茨。』即是茨矣。《毛傳》、朱《傳》，並謂蒺藜，何其謬哉！」（卷二，頁八）他認爲「茨」就是《尚書・梓材》：「其塗塈茨」的「茨」，而非蒺藜。

2.《秦風・駟驖》：「輶車鸞鑣，載獫歇驕。」《毛傳》：「獫，歇驕，田犬也。長喙曰獫，短喙曰歇驕。」謀瑋以爲：「載獫歇驕，謂車載獫、獢二犬，以歇息之。非獫、獦獢，皆田犬也。《詩緝》稱田犬長喙，而短喙者非田犬也。《毛傳》誤耳，《爾雅》所載，又後世因《毛傳》而竄入之者也。」（卷四，頁八）按：「歇驕」，《說文》引作「獦獢」，是一複音詞，且確為犬名。謀瑋之說並不確。

3.《豳風．七月》：「春日載陽，有鳴倉庚。」《毛傳》：「倉庚，離黃也。」謀瑋以為：「倉庚，青鳥司啓者也，以春分鳴。今之百舌鳥也。《傳》以為離黃，則誤矣。」（卷五，頁八）按：「倉庚」，即今之黃鶯。裴普賢教授有《詩經黃鳥倉庚考辨》一文，曾詳加考辨。（註一四）謀瑋以為「百舌鳥」，並不確。

4.《王風．大車》：「大車檻檻，毳衣如菼。」《毛傳》：「大車，大夫之車。」「毳衣，大夫之服。」鄭《箋》：「古者天子大夫，服毳冕以巡行邦國。」朱子《集傳》沿用毛、鄭之說。謀瑋以為：「大車，牛車，任載者。非大夫之車也。毳衣，毛褐。將車者之服，非毳冕。」（卷三，頁三）謀瑋以「大車」為牛車，「毳衣」為將車者之服，這與他所認定的詩旨有關。他認為《大車》一詩，是「商者之婦寄其夫也。」既如此，所謂「大車」就不得為「大夫之車」；「毳衣」就不得為「大夫之服」。

5.《豳風．破斧》：「既破我斧，又缺我錡。」《毛傳》：「鑿屬曰錡。」謀瑋以為：「釜之有足者曰錡，無足者曰銶，皆炊食之具。非鑿屬也。錡之為釜，既見《采蘋》，銶雖無訓，可以類求矣。斧、斨、錡、銶之破缺，明從役在東之久也。」（卷五，頁一〇）按：《采蘋》有「于以湘之，維錡及釜。」《毛傳》：「錡，釜屬。有足曰錡，無足曰釜。」在《破斧》一詩的「錡」字，則又說是「鑿屬」。

同一詞，前後解說不一，謀瑋則統一解釋，認爲是坎食之具。

就上述謀瑋所考辨之字詞、名物加以分析，謀瑋確想從詩篇本文的語言脈絡去探尋各字詞、名物的本來面目。雖然有些解釋並不正確，甚至比《毛傳》的解釋更不合本義，但他希望藉字詞、名物的理解，來探求正確的詩篇旨意，此點較之宋人欠缺訓詁根據，任意解釋，自是學風轉趨謹嚴的一種先導。

八、對宋儒詩說的批評

宋人說《詩》，自歐陽脩《詩本義》、蘇轍《詩集傳》自創新說以後，對漢學傳統逐一加以批判，至朱熹則集各種新說之大成。其三傳弟子王柏則承朱子遺說刪汰所謂淫詩三十一篇。謀瑋面對宋人說詩的傳統，有認爲說法正確，而加以採用者，如《鄭風・緇衣》：「緇衣之蓆兮，敝，予又改作兮。」謀瑋說：「蓆有四訓，《毛傳》訓大，《韓詩》訓儲，許愼訓爲廣多，唯朱《傳》訓爲安舒者得之。」（卷三，頁四）又如《小雅・魚藻》的詩旨，謀瑋即採用朱子之說，云：「朱仲晦所謂天子燕諸侯，而諸侯美天子之詩也。」（卷八，頁七）即是。至於像淫詩說、鄭聲淫、笙詩有聲無辭等問題，謀瑋的看法與宋人都有相當的出入。

㈠淫詩說

謀瑋對於朱學派把鄭、衛之詩列爲淫詩，並未有太大的反應。獨對王柏把《召南・野有死麕》列入淫詩而加以刪削，則大爲不滿，他說：

> 二南之詩，有美而無刺，其述風化事行，往往在乎景象之間，不因言語文字而盡之。學詩者所當知焉。俗儒不通斯旨，至謂此詩爲淫奔而欲刪之，如其愚，如其愚。（卷一，頁一〇）

謀㙔對二南的看法，基本上承襲《詩序》以來的傳統，以爲是得文王教化之詩。既被文王之教化，所以這些詩都是「有美而無刺」，亦即根本無可刺之事，何來刺詩？且謀㙔認爲二南是藉「景象」來傳達「風化事行」，而不是用「言語文字」表達出來。既如此，就不會藉《野有死麕》來傳達其諷刺之意。俗儒（指王柏）不了解這一層的意義，應加以批評。

其實，淫詩說根本是宋人道學思想下的產物，不但二南沒有淫詩，即鄭、衛之詩，也非淫詩。此點前人辨析已明，可不贅。（註一五）

㈡鄭聲淫

《論語．衛靈公》：「放鄭聲，遠佞人；鄭聲淫，佞人殆。」由於孔子對這幾句話並未詳加解釋，後人把「鄭聲淫」和《鄭風》淫牽合來談，亦即鄭聲即《鄭風》，所謂「淫」，是指淫邪。這一問題，朱熹和呂祖謙曾經論辨過。朱子以爲聲即是詩，所以「鄭聲淫」就是《鄭風》淫邪不正。呂祖謙以爲「鄭聲淫」並不表示《鄭風》淫。因爲《詩經》既經聖人編訂過，又說是「思無邪」的，不但配的是雅樂，所錄的也都是正詩。即使詩中有涉及穢亂，也是詩人用無邪之思來敘說淫邪之事，聖人是要用淫詩來作爲反面教材。此事是非曲直實難加以斷定，可說是《詩經》研究的一大「公案」。

謀㙔認爲：「鄭詩二十一篇，始武、莊，終忽、突，皆國事也。其它亦多賢人、君子之詞。」（卷三，頁四）由於有這種認定，他對宋人以《鄭風》皆淫詩的觀點，就很不以爲然，他說：

> 宋世之儒誤釋「放鄭聲」一語，遂去《小序》，盡以淫奔目之，夫詩非聲也，聲非詩也。措諸文詞是爲詩，被諸管絃、音律是爲聲。鄭音好濫而淫志者，故仲尼放之，豈《緇衣》、《仲子》諸詩乎？（卷三，頁四）

謀㙔認爲宋儒誤解孔子「放鄭聲」的話，而把「聲」和「詩」等同起來，以爲「鄭聲淫」即「鄭詩淫」。其實，寫成文詞的是詩，用音樂演奏的就是聲，兩者不可混爲一談。鄭聲因爲「好濫而淫志」，所以孔子才要「放」它！謀㙔以爲這一類「好濫而淫志」的鄭聲，也許就是指《緇衣》、《將仲子》。

此一問題歷來糾纏不清，不過可以理解的是，謀㙔認爲孔子所說的「鄭聲淫」，並非《鄭風》之詩，恐很難有佐證。如從「淫」字在先秦的用法加以分析，則當時所謂「淫」多指「過分」、「過度」而已。孔子的「鄭聲淫」，只不過說它不合雅正的標準而已。如從這一角度來思考問題，當更合孔子本意。

㈢《笙詩》問題

《笙詩》六篇到底有沒有歌辭？《華黍》和《由儀》序下說：「有其義而亡其辭」。後人對這一句話有不同的理解。鄭玄以爲：「孔子論詩，《雅》《頌》各得其所，時俱在耳。篇第當在於此。遭戰國及秦之世而亡之，其義則與衆篇之義合編，故存。至毛公爲《詁訓傳》，乃分衆篇之義，各置於其篇端云。」（《毛詩鄭箋》，卷九，頁一二）鄭玄的話有幾點可注意：其一，他認為孔子編輯《詩經》時，六篇《笙詩》俱在。各篇的順序即在《魚麗》、《南山有臺》之後。其二，各篇因戰國及秦之亂而亡佚，僅留下各篇的序。序所以能傳下來，是因為和其他各篇之序合為一編。其三，毛公作《詁訓傳》，分割各篇之序，放在各詩篇之前，所以才有有序無詩的現象。

鄭玄的解說可說相當合理。朱子把《南陔》等三篇，擺在《杕杜》之後，《魚麗》之前，把《由庚》擺在《魚麗》之後，《崇丘》擺在《南有嘉魚》之後，《由儀》擺在《南山有臺》之後。且有他自己的看法，他說：

《南陔》以下，今無以考其名篇之義，然曰笙、曰樂、曰奏，而不言歌，則有聲而無詞明矣。（《詩集傳》，頁一〇九）

他認為《儀禮．鄉飲酒禮》提到：「樂《南陔》、《白華》、《華黍》。」又：「笙《由庚》、……笙《崇丘》、……笙《由儀》。」《燕禮》提到：「奏《南陔》、《白華》、《華黍》。」可見《南陔》等三篇僅能用於樂、笙、奏。既如此，就無歌辭可言。謀瑋則以為：

朱仲晦以為三篇有聲而無詞。夫無詞安得而有聲，三篇之名何自而起乎？《由庚》、《崇丘》、《由儀》三篇皆亡也。（卷六，頁四—五）

謀瑋認為詩篇之名，是因詩篇之詞而來，既無詩詞，怎會有篇名？可見並非朱子的「有聲無詞」。而是亡佚的緣故。

至於朱子解釋詩篇字句的疏失，謀瑋也提出加以訂正，如：

1.《豳風．東山》：「伊蔵在室，蠨蛸在戶。」朱子《集傳》：「伊威，鼠婦也。室不掃則有之。」謀瑋則以為：「伊威，長角長股背窿而短，斑色有文，常依室中隈奧而生。今俗謂之潛駞。非鼠婦也。」（卷五，頁一〇）

2.《豳風．東山》：「熠燿宵行。」《毛傳》：「熠燿，燐也。燐，螢火也。」朱子《集傳》：「熠燿，明不定貌。宵行，蟲名，如蠶，夜行，喉下有光如螢也。」謀瑋則以為：「熠燿宵行，謂螢也。夜中見光不見螢，故曰熠燿。非有所謂如蠶之蟲也。」（卷五，頁一〇）

3.《大雅．生民》：「履帝武敏歆。」《毛傳》：「帝，高辛氏之帝也。武，迹。敏，疾也。從於帝而見於天，將事齊敏也。歆，饗。」從《毛傳》的詮釋可知，帝是指高辛氏的帝嚳。毛氏以為姜嫄跟隨著丈夫帝嚳，行事敏捷地一起去饗神。鄭《箋》則說：「帝，上帝也。敏，拇也」……祀郊禖之時，時則有大神之跡，姜嫄履之，足不能滿，履其拇指之處，心體歆歆然，其左右所止住，如有人道感己者也。於是遂有身，而肅戒不復御，後則生子而養長之，名曰棄。舜臣堯而舉之，是為后稷。」（《毛詩鄭箋》，卷一七，頁一下）鄭玄以為祀郊禖之時，姜嫄踏到上帝的腳跡，心抨抨然動，就懷孕生了后稷。朱子《集傳》沿襲了鄭玄的說法，以為「姜嫄出祀郊禖，見大人跡而履其拇，遂歆歆然如有人道之感。」謀瑋對此事的看法是：

姜嫄者，帝嚳之世妃，從帝祈子郊禖，其精誠敏於感神，故曰：「履帝武敏歆」。俗儒誤釋，

遂謂：「見大人跡而履其拇」，妄誕甚矣。（卷九，頁六—七）

謀瑋以爲姜嫄跟隨帝嚳祈子於郊禖，此精誠之心感動了神明。而俗儒（指朱子）卻釋爲「見大人跡而履其拇」，可說妄誕已甚。其實，朱子之說乃沿襲鄭玄而來，謀瑋在批評朱子之前，應先責備鄭玄才對。

謀瑋對宋儒詩說的批評，當然以朱子及其弟子爲主。所批評的淫詩說、鄭聲淫、笙詩等問題，皆《詩經》研究中的棘手問題，謀瑋之說當然不是定論。不過，可以看出宋學家之說已不是金科玉律，是可以批評檢討的。

九、《詩故》所反映的朱氏思想

《詩故》一書除了上文所述勘正《詩經》篇名和詩句之誤、申釋和批評《詩序》、糾正毛《傳》訓詁之誤、批評宋儒的詩說等幾個方面的成就外，也可以看出謀瑋的思想傾向。此可分兩點來討論：

(一)孔子寓教化於刪詩

歷來學者對孔子是否刪詩，雖有兩種截然不同的看法，但因孔子曾說過：「吾自衛反魯，然後樂正，《雅》《頌》各得其所。」大家也就承認孔子曾改編過《詩經》。他既認爲《詩經》三百篇是「思無邪」的，何以《鄭風》之詩會被保存下來？爲何不把它刪去？古代的《詩經》學者以爲不善之詩，也可以作爲懲惡勸善之用，所以《詩經》中的詩是善惡並存的。謀瑋承繼了這種觀點，認爲《詩經》中所以存刺詩，是爲了教戒之用的。如《衛風・氓》序：「刺時也。」謀㙔申釋說：「刺淫奔者失身也。」這樣的詩篇，孔子爲何要收錄？他說：「孔子錄之，所以昭世戒者深矣。」（卷二，頁一三）

同樣地，《魏風》七篇，孔子爲何要收錄？他也說：「魏者舜、禹之故鄉，其民俗儉約勤謹，有先王之遺風焉。是可尚也。」（卷四，頁一）因爲魏地是古聖王的故鄉，有先王遺風，《魏風》正是這種「儉約勤謹」民風的反映，所以值得錄進去。又如《秦風・駟驖》序：「美襄公也。」謀㙔以爲這首詩並不是在美襄公，因爲：

> 襄公以攘西戎之功，受平王岐、豐八百里之地，不聞延訪遺老，講求政教，而惟田獵是務，所同行者公之媚子也。所從禽者獵狗也，以鸞車而載田犬，所尚可知也。（卷四，頁八）

襄公的行爲既如此，可見這首詩是刺詩。孔子何以要收錄？謀㙔說：「蓋譏之，非美之也。」（卷四，頁八）可見孔子是要以譏刺之詩來達到鑒戒的作用。

又如《小雅・巧言》序：「刺幽王也。」謀㙔以爲是在詰責讒人褒姒的詩。因爲幽王聽信褒姒的話，「廢嫡立庶，嬖妾黜后，以致父子相謀，宗社覆滅，自古禍亂，莫甚于此。」（卷七，頁七）此詩可說是大不善之詩，謀㙔以爲：「仲尼錄詩，不一而足，厥有由哉！」（同上）孔子的理由是什麼？依照謀㙔的理解，自是爲了教化。

謀㙔既認爲孔子整編《詩經》時，所以要收編某詩，皆有其教化的意義在內，所以他雖不一定相信《詩序》所定的詩旨，但他在重定詩旨時，由於此一觀點橫梗心中，所以仍舊拋脫不了美刺說的陰影。《詩故》一書的侷限也在這個地方。

(二)以尚賢使能治國

以賢人治國本是爲政最粗淺的道理。《詩經》的部分詩篇也反映了爲政者需才孔急的要求，如《小雅》的《菁菁者莪》、《鶴鳴》等皆是。謀㙔綜理藩政三十餘年，也可說是一名爲政者，因此，對任賢使能的爲政之道也特別致意再三。《詩經》中只要是諷刺任用小人，廢棄賢人的詩篇，謀㙔一定把尚賢的道理再三申述，如《魏風．園有桃》序：「刺時也。」謀㙔申釋說：

> 魏國褊急，不能任賢，日就侵削，故刺之。……魏國雖陿，苟得賢人治之，亦當不至侵削。今之侵削，由不善樹人故也。（卷四，頁二）

魏國於魯閔公元年爲晉獻公所併。《魏風》七篇大多是亡國前的作品，所以多怨怒之音。謀㙔認爲魏國所以步步走上亡國的命運，是因爲「不能任賢」、「不善樹人」所致。又如《小雅．節南山》序：「家父刺幽王也。」所以要刺幽王，是要「刺不平」。何以不平？是因爲幽王「尊寵姻亞，斥遠君子，爲政偏頗不均平也。」（卷七，頁一）詩中雖提到幽王也會加惡怒於小人，但因小人「包承之巧，足以自解，是以小人終不可去。小人不去，君子不得進矣。」（卷七，頁一）又如：《小雅．小旻》序：「大夫刺幽王也。」何以要刺？是因爲「謀國者顚倒是非，踳至覆亡也。」謀㙔非常感概地說：「舍哲謀肅乂之士，而唯小人是從，將如流泉之決，不復可收，相與淪陷而已。」（卷七，頁四）幽王在位十一年，何以刺詩紛至沓來？謀㙔認爲是因夫婦、父子之間的倫理，已因小人從中挑撥，敗壞不可收拾所致。也就是君子道消、小人道長，腐蝕國本，以致不可收拾。

又如《大雅．桑柔》序：「芮伯刺厲王也。」厲王所以應刺，是因爲昏庸無能，讓小人顛倒是非，以致民風敗壞。謀瑋說：

> 以此貪人，唯聚斂是事，……無論君子小人，皆被其害。然良人猶能用善道以自勉；不順之人，必發揚其陰賊而思畔矣。今不用其良，乃謂良人爲悖，何哉？（卷九，頁一四）

謀瑋詰問何以不用賢人，且以賢人爲仇？

此外，謀瑋也特別注意到君民關係的和諧。他認爲兩者間應是一種相對待的關係，而不是一種單向的倫理。此點謀瑋在《小雅．漸漸之石》篇已加以說明，他說：

> 在上者能恤人勞苦，而慰拊之，則在下者忘其勞苦。此詩自述勞苦，則在上者不能恤拊其下，可知矣。（卷八，頁一三）

謀瑋綜理藩政三十餘年，頗得宗人的愛戴，這一觀點既是他處事的心得，也是他處理政事的最佳準則。

十、結　論

朱謀瑋的《詩故》，可以說是明中葉起漢學逐漸受到重視學風下的產物，此書之出現，約有下列數點意義：

其一，從上文的分析，我們可以理解，《詩故》雖然錄了《詩序》的首句，但並不全部遵循《詩序》之說。他所以要錄《詩序》，是要人回到《詩序》的釋經傳統來重新思考。重新檢討此一系統的有效性。這必是謀瑋沈潛古典之學數十年後，確認較平實可行的路。從謀瑋的作法，我們可以看出漢學的勢力正逐漸在擴大中，而統治數百年，以官學自居的宋學已受到相當的挑戰。

其二，《詩故》寫作的動機，是要通詩篇的旨意，來探尋詩人作詩的本意。可是謀瑋所面對的是一個近兩千年的《詩經》解釋傳統。這傳統包含：詩篇和詩句本身在傳鈔過程中產生的問題，《詩序》釋詩觀點是否正確？《毛傳》訓詁有否疏失？宋人的詩說是否可取？這些問題，謀瑋皆一一提出加以檢討。經檢討的結果，發現：

1.《詩經》的篇名和詩句經傳鈔結果不有少訛誤，甚至有錯簡的現象，謀瑋不但指出錯訛的所在，也解釋錯訛形成的原因。

2.《詩故》雖錄了《詩序》首句，但贊成其說者僅一八三篇，不贊同者有一二〇篇，修正其說者有二篇。在不贊同的部分，以《鄭風》和《小雅》爲最多。這兩類詩的《詩序》，宋人早已提出修正，甚或反對。謀瑋在此一基礎下，遂有較寬廣的思考空間，所論定的詩旨，自不受前人拘囿。

3.謀瑋對毛《傳》中字詞、名物等方面訓詁的疏失，也提出辨正。他的辨正，並不完全正確，但可看出想從訓詁中探求字的確切意思，進而確定詩旨的用心。宋儒對漢人的詩說深致不滿，謀瑋對朱子及其弟子的淫詩說、鄭聲淫、笙詩等問題，也有自己的看法。

可知，《詩故》既不偏袒漢學，也不刻意攻擊宋學，對漢、宋《詩經》學家，都有客觀的評斷。

是宋學轉變為清代漢學的過渡橋樑。能有此體認，研究《詩故》才有積極的意義。

【附註】

註　一　已完成的專書有《豐坊與姚士粦》，東吳大學中國文學研究所碩士論文，一九七八年，未出版。《明代考據學研究》，臺北，臺灣學生書局，一九八三年七月。單篇論文，有《五經大全之修纂及其相關問題探究》，《中國文哲研究集刊》第一期，一九九一年三月；《明代的漢宋學問題》，《東吳文史學報》第五號，一九八六年八月；《晚明經學的復興運動》，《中國書目季刊》第一八卷三期，一九八四年一二月；《楊慎之經學》，《國立中央圖書館館刊》第一八卷二期，一九八五年一二月。

註　二　楊慎說：「程伊川云：《詩小序》是當時國史作，如不作，則孔子亦不能知，如《大序》則非聖人不能作。此言可謂公矣。朱晦菴起千載之下，一以意見，必欲力戰《小序》而勝之，亦可謂崛強哉！」又說：「去《序》言詩，自朱文公始，而文公因呂成公太尊《小序》，遂盡變其說。蓋矯枉過正，非平心折中之論也。」詳見焦竑編：《升菴外集》（臺北：臺灣學生書局，一九七一年），卷二七，頁一。

註　三　參見張廷玉撰：《明史》（臺北：鼎文書局，一九七五年六月），卷七〇，《選舉志》，頁一六九四。

註　四　以上參見林慶彰撰：《晚明經學的復興運動》一文。

註　五　以上有關楊慎和焦竑的敘述文字，參見林慶彰撰：《明代考據學研究》第二章和第六章。

註　六　朱謀㙔的傳記資料，今可見者有：(1)周亮工撰：《書影》（臺北：世界書局，一九六三年），頁二三八。

⑵張廷玉撰：《明史》，卷一一七，頁三五九七。⑶錢謙益撰：《列朝詩集小傳》（臺北：世界書局，一九六一年二月），閏集，頁七七八，〈寧藩中尉貞靜先生謀㙔傳〉。⑷朱謀㙔撰：《藩獻記》（杭州：抱經堂書局），卷首，《錄諸王宗室列傳》之〈朱謀㙔傳〉。⑸謝應鏻重修、曾作舟纂：《南昌府志》（清同治十二年南昌縣學刊本），卷四三，人物，頁二三，〈朱謀㙔傳〉。⑹劉坤一等修、趙之謙等纂：《光緒重修江西通志》（清光緒六年刊本），卷一三八，南昌府，頁一五下，〈朱謀㙔傳〉。

註　七　見Goodrich主編：《明代名人傳》（臺北：南天書局，一九七七年七月影印本），頁三四五。

註　八　見《藩獻記》卷首，〈朱謀㙔傳〉。

註　九　如：⑴《明史》，卷一一七，頁三五九七；⑵《藩獻記》卷首，〈朱謀㙔傳〉。⑶趙一清撰：《水經注釋》（影印文淵閣四庫全書本）附錄，卷下，頁二一，趙一清按語。

註一〇　如：《欽定大清一統志》（影印文淵閣四庫全書本）卷二三九，頁二五。

註一一　參鄭德坤撰：《水經注書目錄》、《水經注版本考》二文。收入鄭文氏撰：《中國歷史地理論文集》（香港：中文大學出版社，未標出版年），頁五一—一〇一。

註一二　朱氏《詩故》自序，作於萬曆三七年（一六〇九）。此序除見於明萬曆刊本《詩故》外，又見於朱彝尊撰：《經義考》（京都：中文出版社，一九七八年八月）卷一一四，頁四。

註一三　明萬曆刊本，藏於國立中央圖書館和復旦大學圖書館。清鈔本有兩種，一種有清王宗炎校並跋，藏於北京圖書館；另一種有丁丙跋，藏於南京圖書館。文淵閣《四庫全書》本，原本藏臺北國立故宮博物院。

臺灣商務印書館已有全套影本。另該書局編印《四庫全書珍本》時，也將《詩故》收入第十一輯中。胡思敬《豫章叢書》本，有民國胡元曠的《校勘記》，胡思敬的《校勘續記》各一卷。

註一四　裴先生之文，原載於《孔孟學報》第二七期（一九七四年四月），頁九九—一〇八。後收入裴氏著：《詩經研讀指導》（臺北：東大圖書公司，一九七七年三月），頁九八—一一〇。

註一五　可參考李家樹撰：《宋代淫詩公案初探》。收入李氏著：《詩經歷史公案》（臺北：大安出版社，一九九〇年一一月），頁八三—一一二。

——原載《中國文哲研究集刊》第二期（一九九二年三月），頁二九一—三二二。

《孟子外書》板本知見考

一、前　言

《孟子外書》四篇，自趙岐以爲「後世依仿而託」（趙氏《孟子題辭》），其後一僞再僞。今本則爲明姚士粦所作。有關之論辨，俱見先師屈翼鵬先生《孟子七篇的編者和孟子外書的眞僞問題》（《孔孟學報》七期，一九六四年四月）一文，及拙著《豐坊與姚士粦》（臺北：東吳大學中國文學研究所碩士論文，一九七八年五月）一書第三章，此不贅。

今本《外書》出現後，由於世人多信以爲眞，即知其僞者，亦以其錄自古籍，略有文獻價值，所以爲之補證傳刻者極多。各種板本，泰半相似，然亦頗有不同者，乃因後人又有所僞托也。茲將所知見十數種板本，略述其異同。

二、《孟子外書》之板本

《孟子外書》今傳板本計有十五種。臺灣一地可見者有七種，未見者有八種。茲先述可見者七種：

(一)《函海》本

清李調元輯，乾隆中綿州李氏萬卷樓刊本。前爲馬廷鸞序，次爲《外書》本文四篇。篇首大題後有「宋熙時子注　左綿李調元贊菴校」一行。第四篇《爲正》卷末註：「凡八章，以下闕。」

(二)《拜經樓叢書》本

清吳騫輯，乾隆、嘉慶間海昌吳氏刊本，民國十一年上海博古齋景印本。書名頁兩側有「乾隆庚子春鐫　古新坡卿校藏板」兩行十三字。知此本《外書》刻於清乾隆四十五年（一七八〇）。首爲馬廷鸞序，次爲《外書》本文四篇。第四篇《爲正》卷末註：「凡八章，以下闕」。末附乾隆辛丑（四十六年）吳騫跋文，武原胡震亨跋和晏淵題記。

(三)《藝海珠塵》本

清吳省蘭輯，嘉慶中南滙吳氏聽彝堂刊本。首爲馬廷鸞序，次爲《外書》本文四篇。第四篇《爲正》卷末註：「凡八章，以下闕」。篇首大題後有「南滙吳省蘭泉之輯　奉賢宋玉潤益孚校」兩行，另有熙時子小傳。

(四)《竹柏山房十五種》本

清林春溥撰，嘉慶、咸豐間刊本。收有春溥爲《外書》所作之《補證》，刊於清咸豐四年（一八五四）。首爲馬廷鸞序，附有晏淵題記、《蘆浦筆記》一條與武原胡震亨跋。次爲清咸豐二年八月晦日林春溥序。再次爲《外書》本文四篇，第四篇《爲正》十七章，卷末云：「舊凡八章，以下闕。今從會稽孟經國《閑道》集本補入，以圈別之，凡十七章。」下爲春溥跋文。末附孟經國答書、《外書考》，及春溥反駁翟灝《四書考異》之文。

(五)《經苑》本

清錢儀吉輯，同治間刊本。首爲馬廷鸞序、晏淵題記、武原胡震亨跋等。次爲《外書》本文四篇，第四篇《爲正》卷末註：「凡八章，以下闕」。各卷末有「後學王簡校訂」一行。

(六)重刊《函海》本

清李調元輯，光緒七至八年（一八八一—一八八二）廣漢鍾登甲樂道齋刊本。書名頁後有「光緒七年八月重鋟于廣漢」十一字。首爲馬廷鸞序、晏淵題記、《蘆浦筆記》一條、武原胡震亨跋，與《外書》四篇目錄。次爲四篇本文，第四篇《爲正》卷末註：「凡八章，以下闕」。各卷大題後有「宋熙時子注左綿李調元贊菴校」一行。卷一末又有「庚子四月四日抱經校」九字。

(七)《靈峰草堂叢書》本

清陳矩輯，光緒二十年（一八九四）貴陽陳氏刊本。收有矩爲《外書》所作《補注》四卷。首爲馬廷鸞序、《藝海珠塵》熙時子傳、《經苑》之《孟子外書跋》、《拜經樓叢書》之《外書跋》。次爲《外書》本文四篇，第四篇《爲正》卷末註：「凡八章，以下闕」。大題下有「宋劉邠原本 貴陽陳矩補注」一行。

以上爲可見之七種板本的大概情形。以下述未見的八種板本：

(一)丁杰《疏證》本

各家書目罕見著錄。翟灝《四書考異》云：「今休寧吳君騫偶刊問世，丁君〔杰〕爲之疏證，屬草稿未定，承借觀，乃爲引申其說，陳右八驗三證以副還其書。」（《總考》一九）可知丁杰所據以疏證者爲吳騫之《拜經樓》本。今丁書未見有刊本。林春溥《孟子外書補證》（《竹柏山房十五種》本）卷末所附《外書考》八家中，引有丁氏《疏證》一段，或即丁書之序文。

㈡金紹綸校刊本

《續修四庫全書提要．經部．四書類》著錄：「《孟子外書》四卷附一卷」（頁一二三二），清嘉慶二十三年（一八一八）刊。金紹綸序云：「受業於丁小山先生，先生得之周書昌太史家，盧抱經先生亟稱之，共相訂正，欲廣爲流傳。」（《續修四庫全書提要》引）據前引翟灝《四書考異》知丁杰《疏證》所據者爲吳騫拜經樓本。此云丁先生得之周書昌太史家，蓋周書昌所藏者即拜經樓本。丁杰與金紹綸師生兩人，各有闡釋，丁氏成《疏證》，紹綸則作此書。紹綸於各篇每句下附有案語，且多所引證。又就《史記》、《後漢書注》等所引《孟子》佚文，別爲一卷，附於篇末。

㈢《求己堂八種》本

清施彥士輯，嘉慶二十一年（一八一六）自刻本。收有彥士所作《外書集證》五卷。《續修四庫全書提要．孟子外書集證五卷提要》云：「是編蓋據吳省蘭《藝海珠塵》本爲之集證，其在四篇外者，輯得逸文一卷附之。」（頁一二六二）又：金紹綸《孟子外書》四卷附一卷提要云：「同時崇明施彥士作《孟子外書集證》，似未見此本也。」（頁一二三三）可知彥士《集證》本所附之《逸文》一卷，與金紹綸所輯者不同，且兩不相知。

(四)孟經國《閑道集》本

《續修四庫全書提要．經部．四書類》著錄：「《孟子外書》一卷，《逸文》一卷，題裔孫經國輯。」（頁一二三二）刊於清道光十一年（一八三一）。爲孟經國《閑道集》四種中之第二種。《閑道集》今未見。此本實爲孟經國僞本，下節將詳論。

(五)《守中正齋叢書》本

清姜國伊輯，同治、光緒間刊本。收有《孟子外書》一卷，清光緒二十一年（一八九五）刊，題姜氏正本併補注。蓋依姚士粦僞本而爲之補注者也。

(六)《漱琴室存稿》本

清高驤雲輯，未詳刊於何年。收有《孟子外書》四卷。觀其分四卷，蓋亦姚士粦傳本。

(七)日本內閣文庫藏本

《內閣文庫漢籍分類目錄．叢書類》著錄：「《孟子外書》四卷，宋熙時子注，清寫本。」（頁五六〇）據日本友人相告，《爲正篇》僅八章。蓋清人據姚士粦僞本鈔錄，而傳之日本者也。

(八)日本鈔本

《國立台灣大學中文系藏書目錄初稿經部．四書類》（民國五十年五月油印本）著錄：「《孟子外書》四卷一冊，題宋熙時子注，日本抄本。」惜未見。

三、孟子外書板本之異同

據上節所述，可見之七種板本，其中《函海本》、《拜經樓》本、《藝海珠塵》本，《經苑》本、重刊《函海》本、《靈峰草堂叢書》本六種，卷數分合雖有不同，然經文全同。未見之八種板本，其中丁杰《疏證》本、金紹綸校刊本，皆據吳騫拜經樓本翻刻：《求己堂八種》本，則本之《藝海珠塵》本。另：《守中正齋叢書》本、《漱琴室存稿》本、日本內閣文庫藏本、日本抄本四種雖不可見，然據其卷數，蓋亦本之姚士粦僞本。則與諸本不同者，僅《竹柏山房十五種》本與孟經國《閑道集》本而已。

《竹柏》本所不同於諸本者，爲第四篇《爲正》有十七章，比各本之八章，多出九章，所多之九章，乃據孟經國《閑道集》本迻錄。如剔除此九章，則與諸本相同矣。茲將《竹柏》本所多出之九章抄錄如左：

1.孟子曰：「夫有意而不至者，有之矣，未有無意而至者也。」（按：採自楊雄《法言》）

2.秦攻梁，惠王謂孟子曰：「秦攻梁，何以禦乎？」對曰：「昔太王居邠，狄人攻之，太王不欲傷其民，乃去邠之岐，今王奚不去梁乎？」惠王不悅。（按：採自劉晝《新論》）

3.孟子曰：「有道吾善者是吾賊也，道吾惡者是吾師也。」（按：採自馬驌《繹史》述《文選》註）

4.孟子曰：「今人之於爵祿，得之若其生，失之若其死。」（按：採自《梁書·處士傳序》）

5.孟子曰：「紂貴爲天子，而死曾不若匹夫，是紂先自絕久矣。非死之日，天去之也。」（按：採自《漢書·伍被傳》）

6.孟子曰：「今之士大夫，皆罪人也，逢君意以順其惡。」（按：採自《鹽鐵論》）

7.魯平公與齊宣王會於鳧繹，樂正克道孟子於平公曰：「孟子私淑仲尼，其德輔世長民，其道發政施仁，君何爲不見乎？」（按：採自《廣文選》）

8.孟子曰：「以直矯枉，若以曲，何以正人。」（按：採自馬總《意林》）

9.孟子謂齊宣王曰：「王無好知，無好勇，勇知之過，禍患所遵，當以仁義爲本。」（按：採自《弘明集·文宣王子良與中丞孔稚圭釋惑書》）

林氏所以將此九章補入，乃因《爲正》八章以下闕略，此九章正可補其不足。

四、孟經國偽本《孟子外書》

孟經國《閑道集》本，與前述諸本甚不相同。《續修四庫全書提要·孟子外書一卷·逸文一卷提要》云：

題裔孫經國輯，是書第四篇《爲正》，較他本多八章（按：應作九章。），他篇亦間有異文，錄熙時子注而不爲標明，又或刪之，不言所據何本，……《逸文》則經國所輯，凡五十九條，

搜采甚博，間附案語，……書刊於道光十一年，爲《閑道集》之二種。（頁一一三三二）

又：林春溥《孟子外書補證》云：

經國爲孟子七十數世孫，與余善，嘗輯《閑道集》，首《外書》四篇，校之姚本，《爲正》多其九章，大抵皆旁見他書，其餘字句增減，間有不同，注則更略。（《爲正篇》末附）

據此，可知孟經國《閑道集》本之《孟子外書》，與姚士粦僞本，有數點不同：⑴第四篇《爲正》多九章；⑵各篇之字句間有不同；⑶錄熙時子注，但不爲標明，又或刪之。

孟經國本何以不同於姚本？林春溥曾向經國詢及該書之來歷，經國答書云：

蒙詢《外書》來歷，其說甚長。經國先於嘉慶甲戌至庚辰，就聘申陽觀察署，解館後，積誠赴梁苑，謁先亞聖於遊祠，會遇老人，詢與經國同姓，籍隸祥符，年登大耋有奇，而無子嗣，隻身居於祠右。半椽促膝，短褐不完。……即與席地而談古今，詢及先亞聖《外書》一節，曰：「遺稿存於吾家者二十餘世矣！」經國乞借敬閱，老人乃拆開臥枕，取有破損油紙一包，內有綢絹十數層捲裹，得《外書》一本付閱。謂：「從前閭中丞興邦撫豫，曾以重價來購。先祖公云：『此非眞買主』。欲留後人發刻。迄傳於吾，茲且二餔不給，遑能繼先人志乎？」彼時經國尚餘傭值八十餘金，即回寓取出。傾囊而贈。……方擬是晚借居其室手鈔，老人曰：「嘻！爾得非眞買主乎？姑持去。吾待識者十年於茲矣。今爾爲亞聖裔，吾亦爲亞聖裔。爾能表章，與吾表章何異？惟能不沒亞聖手澤幸矣。」當時經國又問此本何時所獲，曰：「北宋時祖公由鄒挾而遷汴者。」……所呈鈔本乃經國所書，校對更審，並未錯訛隻字。其傳至何代，老人亦未盡悉也。（林春溥《孟子外書補證．爲正篇》末附）

所述得書經過，甚爲神奇，似爲經國所捏造。經國所以編造此段故事，蓋有意掩飾其作僞之跡也。其僞本，乃就姚士粦僞本加以竄亂，將第四篇《爲正》八章以下所闕者，據他書所引《孟子》佚文補入九章；其他各篇之文句，亦稍加增減；並剽竊僞熙時子注，稍加刪略，然後抄校再三，輯入《閑道集》中也。今孟經國《閑道集》本已不可見，否則經國作僞之跡，必無所遁形矣。

五、結論

綜觀《外書》十數種板本，類多清人所傳刻。其中，作補注者有竹柏山房之林春溥、靈峰草堂之陳矩、求己堂之施彥士、守中正齋之姜國尹與丁杰；更爲之輯佚文者有金紹綸、施彥士、孟經國等三家。可見清人對此書之重視。其所以如此，蓋昧於眞僞之辨也。而孟經國又僞中出僞，實屬名教罪人矣。

——原載《孔孟月刊》第十九卷一期（一九八〇年九月），頁四〇—四三。

何楷《詩經世本古義》析論

一、前言

《詩經》研究中的宋學傳統，一直延續到明代中葉。自楊愼開始，直到明末，《詩經》的研究方法，有相當程度的改變。改變的大方向是由宋學逐漸過渡到漢學。因此，他們的研究工作，有幾點特別值得注意：其一，重新肯定《詩序》的價值。朱子的《詩集傳》已非論定詩旨的唯一標準。其二，重視《詩經》文字音義的考訂，尤其藉詩句的押韻來研究古音學，是清代古音學的先導。其三，重視《詩經》中名物、制度、史事的考訂研究，形成名物制度研究的新傳統，也影響到清代學術的研究方向。其四，僞書《子貢詩傳》、《申培詩說》出現，學者闡釋，傳刻不一而足，助長漢學研究風氣的興盛。

在這種研究風氣中，想打破原有詮釋系統的局限，重新建立一較合理的詮釋系統的是，撰作《詩經世本古義》的何楷。何氏《古義》，除了清初姚際恆所著的《詩經通論》和清中葉的《四庫全書總目》有所批評外，並未引起太多學者的注意，今人夏傳才著《詩經研究史概要》（鄭州：中州書畫社，一九八二年九月）、林葉連著《中國歷代詩經學》（臺北：臺灣學生書局，一九九三年三月），皆未論及何氏，即是明證。雖然，《詩經》研究者忽視何氏《古義》的重要性，但何氏書本身在《詩經》學史上所潛藏的意義，永遠是存在的。筆者以爲何氏書至少反映了晚明《詩經》研究的一種新趨向。其意義有下列數點：

1.它是《詩經》學史上內容最龐大，體例最特殊的一本著作。

2.它反映晚明亟欲突破宋學研究傳統，另創新學風的企圖心。

3.它是朱子《詩》學傳統勢力的衰微，和漢學傳統興起的一座指標。

何氏《古義》既有如許重要的意義，不論研究明代或清代《詩經》學史，自應對何氏書作更深一層的研究。但是，何氏書有一百餘萬字，對其內容作詳細的分析研究，恐要一本專著才能容納，本論文僅就何氏生平與著作、何氏撰書之體例、何氏對《詩經》基本問題之看法、何氏如何重建《詩》篇解釋傳統、何氏對朱子《詩集傳》的看法、清人對何氏《古義》的批評等略作分析。可以視爲對何氏《古義》研究的拋磚引玉之作而已。

二、何楷之生平與著作

何楷，字玄子，福建漳州鎮海衛人。祖父何良紹，號志齋。父何湛，號印海。（《古義》，卷首，頁七）楷，天啓五年（一六二五）進士。他的事蹟，今傳各種史傳記載都非常簡略。《明史》有關何氏學術的，僅「博綜群書，寒暑勿輟，尤邃於經學。」（卷一六四，《何楷傳》）十數字而已。

至於他爲官的情況，《明史》記載比較多。這些資料對研究他的學術思想可能作用不大，但對了解他的爲人處世，可能有點幫助。茲引錄如下：

崇禎時，授戶部主事，進員外郎，改刑科給事中。流賊陷鳳陽，燬皇陵。楷劾巡撫楊一鵬，巡按吳振纓罪，而刺輔臣溫體仁、王應熊，言：「振纓，體仁私人；一鵬，應熊座主也。逆賊犯皇陵，神人共憤。陛下輟講避殿，感動臣民。二輔臣獨漫視之，欲令一鵬、振纓戴罪自贖。情面重，祖宗陵寢爲輕；朋比深，天下譏刺不恤。」（卷二七六，頁七〇七六）

何氏奏劾楊一鵬、吳振纓與溫體仁、王應熊（註一）相爲朋比。雖因「忤旨」，遭到「鐫一秩視事」，但可看出何氏不畏權勢，負責盡職的精神。崇禎十一年（一六三八）五月，何氏又奏劾兵部尚書楊嗣昌罪。（註二）《明史》說：

十一年五月，帝以火星逆行，減膳修省。兵部尚書楊嗣昌方主款議，歷引前史以進。楷與南京御史林蘭友先後言其罪，楷言：「嗣昌引建武款塞事，欲借以申市賞之說；引元和田興事，欲借以申招撫之說；引太平興國連年兵敗事，欲借以申不可用兵之說。徒巧附會耳。至永平二年馬皇后事，更不知指斥安在。」（卷二七六，頁七〇七七）

這件按劾的事，由於崇禎帝祖護楊嗣昌，何氏的奏劾，並沒有成功。反而被「貶二秩爲南京國子監丞」。清順治二年（一六四五），南京被清兵攻破，何氏走避杭州，並隨唐王入閩，唐王擢爲戶部尚書，因受鄭芝龍、鄭鴻逵兄弟排擠，辭官返鄉。半路遇山賊，削去他一隻耳朵。這山賊即鄭芝龍的部將楊耿。何氏的故鄉被清兵攻破以後，抑鬱而卒。

何氏的著作，今可知者有《古周易訂詁》十六卷、《詩經世本古義》二十八卷，和《春秋繹》三種。《古周易訂詁》作於崇禎六年（一六三三），時何氏正筦榷江南。這部書分上、下經為六卷，將《彖》、《象》、《繫辭》之文，隨卦分列。七卷以後，仍列《十翼》原文，以還田何之舊。《四庫提要》批評說：

> 楷之學雖博而不精，然取材宏富，漢、晉以來之舊說雜采竝陳，不株守一家之言，又辭必有據，亦不為懸空臆斷、穿鑿附會之說，每可以見先儒之餘緒。明人經解，空疎者多，棄短取長，不得已而思其次，楷書猶足備采擇者，正不可以駁雜廢矣。（卷五，經部，易類五，頁一二五）

足見《四庫提要》對何氏此書仍有相當高的評價。

其次是《春秋繹》，今未見。《閩中理學淵源考》說：「《春秋繹》尚少四公。」（卷八三，頁一二）可見是未完成之作。內容如何，因未見其書，也無從評論。

至於《詩經世本古義》為本文討論的主題，下文將逐節討論。

三、《詩經世本古義》的撰述體例

《詩經世本古義》可說是《詩經》解釋史中體例最特殊的一部書。一般為《詩經》作注，最常見的方式，就是按《詩經》中《國風》、《小雅》、《大雅》、《周頌》、《魯頌》、《商頌》詩篇的次序，逐篇加以注釋。何楷由於注詩要兼「知人論世」的目的，所以他把注詩的工作和詩史觀連繫起來。可是，現有《詩經》詩篇的編排方式，對何氏來說，根本是錯亂的，如果仍依傳統的方式來注解，根本無法達到他的理想。這不是何氏所願意去做的。他深受鄭玄《詩譜》的影響。《詩譜》將詩篇按古代帝王的先後順序逐一繫入，恰好藉詩篇反映時世，也達到何氏所說「知人論世」的目的。

爲實現這一理想，何氏將《詩經》三百五篇，分成廿八個時代段落，各繫以廿八宿的一個宿名，從角部「夏少康之世」至軫部「周敬王之世」，恰好以廿八個君王代表廿八個時世。茲將其排列順序抄錄如下：

1.角部：夏少康之世，有詩八篇。
2.亢部：殷盤庚之世，有詩一篇。
3.氐部：殷高宗之世，有詩三篇。
4.房部：殷祖庚之世，有詩一篇。
5.心部：殷武乙之世，有詩五篇。
6.尾部：殷文丁之世，有詩五篇。
7.箕部：殷帝乙之世，有詩五篇。
8.斗部：殷帝辛之世，有詩二十篇。
9.牛部：周武王之世，有詩十三篇。

10.女部：周成王之世，有詩五十篇。
11.虛部：周康王之世，有詩五篇。
12.危部：周昭王之世，有詩二篇。
13.室部：周共王之世，有詩一篇。
14.壁部：周懿王之世，有詩一篇。
15.奎部：周夷王之世，有詩三篇。（註三）
16.婁部：周厲王之世，有詩十篇。
17.胃部：周宣王之世，有詩二十篇。
18.昴部：周幽王之世，有詩卅二篇。（註四）
19.畢部：周平王之世，有詩卅四篇。
20.觜部：周桓王之世，有詩卅二篇。（註五）
21.參部：周莊王之世，有詩九篇。
22.井部：周僖王之世，有詩二篇。
23.鬼部：周惠王之世，有詩十六篇。
24.柳部：周襄王之世，有詩十五篇。
25.星部：周頃王之世，有詩一篇。

26.張部：周定王之世，有詩八篇。
27.翼部：周景王之世，有詩二篇。
28.軫部：周敬王之世，有詩一篇。

每一部所錄的詩篇，即是該君王所處時代的作品。這些詩篇所反映的，即是這君王時代政治、社會的狀況。

在每一部之內的每一詩篇前，皆有一小序，提示詩篇的主題。這一小序，或採自《詩序》，或採自朱子《詩集傳》，或採自僞書《子貢詩傳》、《申培詩說》，或採自前代學人之說。有一部分是何氏自己的認定。每一小序下有相當繁瑣的注解和考證，往往引史事或前賢之說來證成自己的論點。詩篇名重複的，則加以更名，如《柏舟》有兩篇，將《鄘風．柏舟》改爲《汎彼柏舟》；《揚之水》有三篇，將《王風．揚之水》，改稱《戍申》；《唐風．揚之水》，改稱《白石》；《黃鳥》有兩篇，將《秦風．黃鳥》改爲《交交黃鳥》。

小序後錄詩篇全文，各詩句下皆有注解。注釋時，有幾點可注意：⑴注出韻腳；⑵注出異體字、假借字；⑶每章後先注明賦、比、興，再將各章內的字、詞，逐字加以注解。有必須以史實證明者，則繁引史事以證成之。對名物制度，更不厭其煩的考證。何氏書所以被譏爲博雜，這種漫無限制的徵引，是最主要的癥結所在。

每一詩篇末註明該詩篇的章句，如角部《公劉》篇末註云：「公劉六章章十六句」，下有小字注釋，往往引《詩序》之說法，再加以辨證。如果原《毛傳》所訂章句，與何氏說法不合，何氏於改訂之後，標註自己的新說，再加以辨證。各詩篇章句經何氏重訂的，即有數十篇之多。

全書卷末有《屬引》一篇，一如《周易》的《序卦》，何氏說：

美哉《周易》之有《序卦》也，越數千年來卷帙粲然，《序卦》之烈也。予既論次詩也，著之小引，以為定本，異時陵谷遷貿，倘繆厥傳，不其悁，而爰倣《序卦》作《屬引》一篇。（卷後，頁一）

何氏大概有預感他所重編過的詩篇順序，將來可能有人會把它弄亂，所以作了這篇《屬引》，把順序定下來。一旦有那麼一天，有心回復何氏原貌，可以這篇《屬引》為指引。果不其然，後來何氏的書果然被竄改。清人盧文紹曾將一本遭竄改的《詩經世本古義》，按何氏《屬引》的編排順序恢復原貌。盧氏於清乾隆三十八年（癸巳，一七七三）所作的《何楷詩經世本古義書後》說：

其書二十八卷，配以宿名，首角終軫，每卷之首，各有小引，又有《原引》為卷首，則當在二十八卷之前；又有《屬引》為卷後，則當在二十八卷之後。今此潢本，於卷首之下，將各卷首篇小引紬出，㪚置一處，下又即將卷後一冊繫焉。以下詩之次序，仍同今本，以《關雎》為首，《殷武》為末，茫然無復卷數，大失著書之本意矣。……今當於《原引》之下，仍以小引散之各卷之首，依角、亢、氐、房等宿名目尋之，則二十八卷，乃成為何氏之書，而以《屬引》終焉，則與本題卷後之名亦相脗合矣。（《抱經堂文集》，卷八，頁一一〇）

盧文紹所見的本子，可能是好事者重新編排的鈔本，今各公私藏書目錄，皆未見著錄。

四、對《詩經》基本問題的看法

所謂《詩經》基本問題，是指詩的本質、采詩刪詩、風雅頌名義、詩序作者、六笙詩、……等問題。何氏有關《詩經》某些基本問題的看法，可以從《古義》的《自序》和《原引》，及《原引》後的附錄看出來。如果細加分析，可以發現何氏對這些問題的看法，是相當傳統的，並沒有多大的突破。較值得注意的是，當敘及某一問題時，何氏往往引用歷代以來的相關資料，或作爲論證，或備參考之用。在引用資料之後，往往有其對該問題的看法，則用「愚按」、「愚謂」來表示。

就詩的本質來說，何氏認爲詩是「心之所之，形而爲言。」這自是承自《詩序》的「在心爲志，發言爲詩」的觀點。他又認爲詩反映國政之興衰，且可以維持君臣之道。後來所以無詩，是掌管採詩的人的罪過。至於采詩的標準，何氏以爲有勸戒、諷諫作用的詩，才應採集。既如此，《詩經》之中，自不應有所謂的情詩或淫詩。這點可以說是何氏很重要的詩觀。何氏既不認爲《詩經》中有淫詩，朱子的淫詩說雖然引起很大的回響，在何氏看來根本不成爲問題。所以，何氏在論定各詩篇詩旨時，幾乎不採用朱子的淫詩說。

何氏《古義》的《原引》後，有附錄一篇，分《論十五國風》、《論二雅》、《論三頌》三大項，每大項下又有數小項，大體論及國風的編次、風的名義、雅的名義、雅何以分大小、六笙詩未亡、何以有魯商頌等事。茲從中選取較具論證規模的數事加以討論，藉以看出何氏的詩觀。

㈠**風的名義**：何氏以爲風的名義有三：一是「繫乎土」，即風俗民情。由於各國風俗民情不同，所以天子巡狩列國，才須派太師獻陳詩歌，藉以觀察風俗民情。二是「本乎上」，即風化、教化。《詩序》說：「一國之事繫一人之本，謂之風。」就是藉詩來觀王澤的教化。三是「辨乎體」，即諷刺、諷喻。《詩序》說：「上以風化下，下以風刺上，主文而譎諫，言之者無罪，聞之者足以戒，故曰風是也。」即在說明詩的諷諫作用。何氏的說法，可說綜合歷代有關風的意義的說法而成，具有集合成說的作用。

㈡**國風的編次**：何氏以爲《國風》的次序有四：

1.大師樂歌：周、召、邶、鄘、衛、王、鄭、齊、豳、秦、魏、唐、陳、曹。

2.鄭玄詩譜：周、召、邶、鄘、衛、檜、鄭、齊、魏、唐、秦、陳、曹、豳、王。

3.毛詩傳：周、召、邶、鄘、衛、王、鄭、齊、魏、唐、秦、陳、檜、曹、豳。

4.子貢詩傳：周、召、邶、鄘、衛、王、齊、魏、唐、曹、鄶、鄭、陳、秦、豳。

何氏以爲大師樂歌的編次，在孔子未刪詩之前即有；鄭玄《詩譜》的編次，爲鄭氏一家之言；《子貢詩傳》的編次，爲晚近新出。這三種編次都不可信。仍以《毛詩傳》的說法較可取。

㈢**雅的名義**：前人有關雅的解釋甚多：有以爲鳥名者，因詩有咏歎，如鳥之吁呼，所以借來稱呼詩。但《爾雅》非詩，何以稱「雅」？有以爲雅字本應作「疋」，疋有記的意思，大、小雅即大、小疋。何氏認爲這些說法，「展轉推求，終不可解」。他疑心「雅」是一種樂器，說：

愚意樂器中有所謂雅者，《周禮·笙師》職云：「舂、牘、應、雅，以教祴樂。祴，夏之樂。先王所以示戒也。舂、牘、應、雅四者，所以節之也。陳暘曰：雅者法度之器，所以正樂者也。賓出以雅，欲其醉不失正也。工舞以雅，欲其訊疾不失正也。（《古義》，卷首，頁二二）

何氏以爲雅既是正樂之器，這就是前人以「正」來訓雅的原因。至於大、小雅何以皆不題「周」字，何氏以爲「所載皆周室之詩，絕無異代相涉，故不言周也。」（同上）

㈣雅何以分大小：何氏以爲雅所以分大小，其故難明，而將古來的說法分爲主政、主理、主辭、主聲四說，並引用各家之說法來說明：

1.主政說：主張依雅詩所述政事之大小來分大小雅。有子夏、季氏、朱子、馮時可等家。

2.主理說：主張依事理之大小來分大小雅：如《小雅》是王事，《大雅》是天道；《小雅》親臣，《大雅》格君。有蘇轍、陸九淵、鄧元錫等家。

3.主辭說：主張以雅詩之風格來分大小。「純乎雅之體者爲雅之大，雜乎風之體者爲雅之小。」有蘇軾、嚴粲等家。

4.主聲說：主張以聲調來分大小，如十二律中有大呂、小呂。有孔穎達、鄭樵、程大昌、陸深等家。

對於這四種說法，何氏認爲如執持任何一說，都很難說通。他認爲郝敬所說：「《小雅》、《大雅》，皆王朝之詩。《小雅》多言政事，而兼風；《大雅》多言君德而兼頌。故《小雅》之聲，飄飄和動，《大雅》之聲，莊嚴典則。」（《古義》，卷首，頁一四）較符合小、大雅的本來意義。

㈤**論六笙詩未亡**：《小雅》有六笙詩，鄭玄《毛詩箋》，以爲有其義無其辭。意即六詩之詩辭已亡佚。何氏則以爲六笙詩仍在，他說：

> 六笙詩非眞亡也，本具在《小雅》諸詩之中，以其用爲樂章，特於篇中摘一字二字以異其名，而讀者不覺耳。《南陔》即《草蟲》也。束晳《補亡詩》註云：「陔，隴也，隴者大阪也。」篇中言「陟彼南山」，故曰《南陔》也。《白華》即《采薇》也，其第四章曰：「彼爾維何，維常之華。」以常棣華白，故曰《白華》也。《華黍》即《出車》也，其第四章曰：「昔我往矣，黍稷方華。」是《華黍》也。《由庚》即《吉日》也，篇中有「吉日庚午」之語。《崇丘》即《緜蠻》也，曰「丘阿」、曰「丘隅」、曰「丘側」，是《崇丘》也。《由儀》即《菁菁者莪》也。其首章曰「樂且有儀」。

何氏這一大段話認爲，當詩篇用於樂章時，往往摘其中的一兩字作爲篇名，後人遂認爲這是另一首詩。《詩經》的六笙詩，本來都在《小雅》中，它祇不過是原來詩篇的異名而已。何氏除指出這六笙詩的原篇名外，並解釋其與原詩篇之關係。何氏的說法，可說頗爲新奇，但毫無立論的根據，《四庫提要》已有駁論，此不贅。

㈥**何以有《魯、商頌》**：季札赴魯觀樂時，所見僅有頌，並未有《魯、商頌》。今所以有《魯、商頌》，乃是孔子所增錄，何氏說：

> 孔子，魯人也。而其先則殷之子孫也。吾而既刪詩矣，則吾父母之國，與吾先世之有天下者，奈何使其詩闕而不錄，泯而失傳，故存魯頌之四于周後，而又綴商頌五于魯後，是孔子之所以自著也。主人習其讀，而問其傳，則知是刪之出于孔子也。使刪詩非孔子，或孔子非魯人，又或其先非殷之子孫，則必不錄此二頌也。（《古義》，卷首，頁一八）

何氏以爲孔子刪詩時，因魯爲其父母之國，殷爲其先世，所以才改錄二國之詩入頌，以示尊崇之意。何氏之說雖無堅強之證據，但就情理來說，似可通。後代《詩經》學者，頗遵循其說。

何氏對《詩經》基本問題的看法大抵如上所述。由於他認爲詩具有「諷刺」、「諷喻」的作用，且經孔子刪削，所以今存之《詩經》詩篇，根本不可能有淫詩；也不可能有歌詠個人情性的詩篇。這些觀點，都與當時作爲官方教材的朱子《詩集傳》扞格不相合。何氏《古義》之背離朱子以來的說詩傳統，而遙契漢學傳統，從何氏對這些基本問題的看法，已可略見端倪。

五、重建詩篇詮釋系統的方法

何氏既以「知人論世」的觀點來解詩，則原有《詩經》的篇次，實無法反映何氏這一觀點，例如《國風》的《周南》、《召南》，正《小雅》、正《大雅》，都是文武王時代的詩篇，卻分入《國風》、《小雅》、《大雅》中。要「知人論世」就應把這些詩篇合攏起來。要合攏這些詩篇，就得將《詩序》以來大家所認定的詩旨重新改造，以合於他自己所認定的標準。何氏在作這種改造工作時，大抵遵照下列數種方法：

(一)沿用《詩序》之說：何氏如認爲《詩序》可以證成其理論的，即加以引用，然後註明「出序」，如：《菁菁者莪》，何氏所定的詩旨是：「樂育材也。」注云：「出序」。《行露》，何氏所定的詩旨是：「召伯聽訟也。衰亂之俗微，貞信之教興，彊暴之男，不能侵凌貞女也。」注云：「出序」。引自《詩序》者，計有四十多篇。

(二)引三家詩之說：三家詩之說，何氏如認爲可取，也加以引用，如《芣苢》，何氏不取《詩序》：「后妃之美也。」而將詩旨定爲：「蔡人之妻傷夫也」。他加以解說云：

> 韓嬰《詩序》以爲傷夫也。劉向《列女傳》云：「蔡人之妻者，宋人之女也。既嫁于蔡，而夫有惡疾，其母將改嫁之。」（卷八，頁二六）

何氏既引《韓詩》，又引劉向《列女傳》。劉向是《魯詩》家。此可證何氏能汲取三家詩之長。

(三)引朱子之說：朱子《詩集傳》的說法，如有可取，何氏仍加以引用。如《野有死麕》，何氏所定詩旨爲：「南國被文王之化，女子有貞潔自守，不爲強暴所污者，詩人因所見而美之。」何氏注云：「出朱傳」。

(四)引前賢之說：前賢之說，如有可取，何氏亦加以引用，如《板》、《頍弁》，採嚴粲《詩緝》之說；《絲衣》採陳祥道《禮書》之說；《鹿鳴》、《四牡》，採陳暘《樂書》之說；《魚麗》採方回《續古今考》之說；《無衣》採金履祥之說；《葛覃》、《天作》，採季本《詩說解頤》之說；《蘀兮》採朱謀㙔《詩故》之說；《鴻雁》採鄧元錫《詩經繹》之說；《白駒》採鄒忠胤《詩傳闡》之說。

(五)引子貢傳、申培說：子貢《詩傳》、申培《詩說》，是出於嘉靖、萬曆間的兩部僞書(註六)。何氏說：「近世又有僞爲魯詩，而託之子貢傳者，意覬與毛傳並行，然掇拾淺陋，有識哂焉。」(卷首，頁六—七)可見何氏知道它們是僞書，但何氏書中引用二僞書之詩旨者仍舊不少。如：《漢廣》採自《子貢詩傳》，《汝墳》、《鼓鍾》、《匏有苦葉》、《東山》、《蕩》採自《申培詩說》。

以上所述何氏引用前人之說者，也衹能解決一部分問題，有不少詩篇，前人所定之詩旨是與何氏的詮釋觀點不合的，對於這些詩篇，何氏則徵引各種史實來加以解釋，甚至必須曲爲之彌縫，才能納入自己的詮釋體系中，茲舉數例加以說明：

何氏將斗部的二十篇詩定爲「殷帝辛之世」的詩篇，其中有不少詩篇，前人所定的詩旨根本看不出是殷帝辛時代所作，何氏衹好加以附會，如《采蘩》，《詩序》說：「夫人不失職也。」並未說明「夫人」是誰，何氏則指實「夫人」是「太姒」，而將詩旨定爲「美太姒親蠶也。」他所以認定「夫人」就是「太姒」，是這樣推論的：

愚謂夫人即太姒也。何以證之？以詩稱公侯之事，與《兔罝》咏「公侯干城」同，皆指文王。自王季始受命爲侯伯，至紂以文王爲三公，故得稱公侯也。(《古義》，卷八，頁一)

何氏以爲紂以文王爲三公，故文王得稱「公侯」。今《采蘩》言公侯之事，這「公侯」當然指文王。《詩序》所說的夫人，當然也指文王夫人，文王夫人即太姒。所以就定詩旨爲「美太姒親蠶也。」

又如《樛木》，《詩序》云：「后妃逮下也。」何氏則將詩旨定爲：「南國諸侯歸心文王也。」他說：

> 詩以「南有樛木」發端，與「南有喬木」、「南有嘉魚」一例，自是南國之人，咏其所見。（《古義》，卷八，頁七）

又因《子貢詩傳》、《申培詩說》也以爲南國諸侯慕文王之德，且《竹書紀年》也記載帝辛二十一年春正月諸侯朝周，即認爲此詩作於此時。

又如《南有嘉魚》，《詩序》云：「樂與賢也。太平之君子，至誠樂與賢者共之也。」《詩序》並未指實爲何時之詩。何氏則將詩旨定爲「文王燕南國之賓客也。」他說：

> 此必文王時詩，文王承紂命，典治南國，江漢汝旁之諸侯，諸侯咸歸心焉。《周南》所咏「南有樛木」、「南有喬木」，皆南國事也。此詩亦以「南有嘉魚」、「南有樛木」起興，其爲燕南國賓客無疑。（《古義》，卷八，頁九）

何氏以爲《周南》之詩皆以「南有××」起興，《南有嘉魚》，自是與《周南》同一時代。

以上所述，雖不無附會，但仍有可附會的地方。有些詩篇，則完全是何氏主觀的臆斷，如《采薇》，《詩序》云：「遣戍役也。」何氏則認爲：「周公季歷以戍役伐戎，獲捷而歸，代爲述征之辭以勞之。」

（《古義》，卷六，頁一）以爲是季歷時代的詩篇。何氏所以論斷此詩作於季歷時代，是根據《竹書紀年》來推斷的，他說：

據詩中有「一月三捷」之語，以《竹書》考之，文丁十一年周公季歷，伐翳徒之戎，獲其三大夫來獻捷，其事與「三捷」合，即此詩之所爲作也。（《古義》，卷六，頁一）

何氏以爲《竹書》所記季歷伐戎，曾獲三大夫，與《采薇》「一月三捷」相合，所以將《采薇》的時代定爲「殷文丁之世」。又如《殷其靁》，《詩序》云：「勸以義也。召南之大夫，遠行從政，不遑寧處，其室家能閔其勤勞，勸以義也。」何氏則將詩旨定爲：「憂文王也。文王囚於羑里，其臣相與救之，室家明於大義，從而思之。」何氏的理由是：

何以知爲憂文王也，以「殷其雷，在南山」二語知之，雷者紂威也，南山者周地也。是詩也，其閎夭、太顛輩室家之爲之歟！（《古義》，卷八，頁三四）

何氏何以知「雷者紂威」，恐很難自圓其說。

以上僅是何氏書中的一小部分例子。因爲他預存一套詮釋詩的理論體系，爲了遷就這套理論，就不得不曲爲之彌縫。何氏解釋詩篇用力甚勤，但因附會太多，本應得到的讚賞，也都抵消掉了。

六、對朱子《詩集傳》的態度

當何氏要建立一己的解詩系統時，我們很想知道，他對當時作爲官定教本的《詩集傳》，持什麼樣的態度？能對這一問題作較深入的探討，對了解朱子學的統治地位，和整個《詩經》學的演變，必有些許助益。

自明代中葉起，朱子《詩》說，已開始受到質疑，遭朱子廢棄的《詩序》也有學者重新估定其價值。各家學者在論定詩旨時，朱子的說法已非唯一的標準。他們除了朱子《詩集傳》外，往往參酌《詩序》，和前代《詩經》學者的說法。有舊說不足信者，則自己論定詩旨。何氏承繼這種說《詩》的新學風，繼續往前推進。他的書反映了朱學地位的降落。

要了解何氏對朱子《詩》說的態度，就得知道代表宋學傳統的《詩集傳》，與整個漢學傳統有何不同？《詩集傳》中的訓詁和各詩的詩旨，沿襲《毛傳》和《詩序》的地方甚多（註七）。如果要舉出較大的不同，可能是淫詩說和《小雅》中有關幽王詩篇的認定等兩個方面而已。現在就以這兩個問題來評論何氏對朱子的態度。

《詩序》雖未特別提出淫詩說，但對某些詩篇已以「淫」字來解說。到了朱子，則認定《詩經》中有近三十篇的淫詩（註八）。其篇目如下：

1. 邶風：《靜女》。
2. 鄘風：《桑中》。
3. 衛風：《氓》、《有狐》、《木瓜》。
4. 王風：《采葛》、《大車》、《丘中有麻》。

5.鄭風：《將仲子》、《叔于田》、《遵大路》、《有女同車》、《山有扶蘇》、《蘀兮》、《狡童》、《褰裳》、《丰》、《東門之墠》、《風雨》、《子衿》、《揚之水》、《野有蔓草》、《溱洧》。

6.齊風：《東方之日》。

7.陳風：《東門之枌》、《東門之池》、《東門之楊》、《防有鵲巢》、《月出》、《澤陂》。

淫詩說也成了南宋時代《詩經》研究的重要課題，如朱子與呂祖謙論辨是否有淫詩；朱子三傳弟子王柏，議刪淫詩三十一篇（註九），都是《詩經》學史上耳熟能詳的事。

何楷並不認爲《詩經》中有淫詩，如果有，孔子早就加以刪削。因此，這三十篇詩，何氏幾乎都不採朱子的說法，且認爲朱子的說法「無稽」、「邪穢」、「有害風教」等等。何氏爲這三十首詩所定的詩旨，大體有下列數個來源：

1.何氏自定詩旨者十六首。

2.採《詩序》之說者一一·五首。

3.採《詩集傳》之說者〇·五首。

4.採申培《詩說》者一首。

5.採朱謀㙔《詩故》者一首。

何氏採用朱子《詩集傳》的半首是《衛風·氓》。他所定的詩旨是：

衛宣公之時，淫風大行，男女無別，互相奔誘，華落色衰，復相棄背（出序）。淫婦人爲人所棄，而自敘其事，以道其悔恨之意。（出朱傳）

前半段，何氏註明「出序」，表示採用《詩序》之說；後半段，何氏註明「出朱傳」，表示採用朱子《詩集傳》的說法。在三十首朱子認定的淫詩裡，何氏所採用的，也僅僅這半首而已。至於採用《詩序》之說的，已有一一．五首之多。如果配合當時其他《詩經》學著作來一起觀察，已可證明漢學的影響力實已威脅到朱學的權威地位。漢學的復興從這種統計數字，已可以看得很清楚。

再就《詩序》所認定刺幽王的詩篇三十四首（註一〇）來加以觀察。這三十四篇的篇目是：

1.節南山之什：《節南山》、《正月》、《十月之交》、《雨無正》、《小旻》、《小宛》、《小弁》、《巧言》、《巷伯》。

2.谷風之什：《谷風》、《蓼莪》、《四月》、《北山》、《鼓鍾》、《楚茨》、《信南山》。

3.甫田之什：《甫田》、《大田》、《瞻彼洛矣》，《裳裳者華》、《桑扈》、《鴛鴦》、《頍弁》、《車舝》。

4.魚藻之什：《魚藻》、《采菽》、《角弓》、《菀柳》、《采綠》、《黍苗》、《隰桑》、《瓠葉》、《漸漸之石》、《何草不黃》。

本來朱子對《詩序》所定的時世，即有意見，所以他在論定《節南山》一詩的時代時，即說：「大抵《序》之時世皆不足信。」（《詩集傳》，頁一二九）既不足信，《詩序》所定的詩旨，皆應重新反省。經朱子重訂的詩旨，有一部分與史事仍有相當密切的關係，但他卻儘量避免論定爲某一君王時代的詩。另有一部分，則認定爲發抒個人情感的詩篇，如：

1.《谷風》：此朋友相怨之詩。

2.《蓼莪》：人民勞苦，孝子不得終養，而作此詩。

3.《四月》：此亦遭亂自傷之詩。

4.《北山》：大夫行役而作此詩。

5.《頍弁》：燕兄弟親戚之詩。

6.《車舝》：燕樂其新婚之詩。

7.《采綠》：婦人思其君子，而言「終朝采綠」，而「不盈一匊」者，思念之深，不專於事也。

8.《隰桑》：此喜見君子之詩。

9.《瓠葉》：此亦燕飲之詩。

朱子拋開《詩序》的影響，重新思考這些詩篇的詩旨，使原本一元化的刺詩，變成極具個人生命情調的詩篇。但是，在何氏「知人論世」的釋詩理想下，朱子的說法根本不符合何氏的要求，即《詩序》的說法也要重新加以評估。這三十四首詩，何氏把它們納入十個時世中，茲錄之如下：

1.角部（夏少康之世）

《甫田》、《大田》二篇

2.牛部（周武王之世）

《魚藻》、《小宛》二篇

3.女部（周成王之世）

《楚茨》、《信南山》、《桑扈》三篇

4.虛部（周康王之世）

《采菽》一篇

5.危部（周昭王之世）

《鼓鐘》一篇

6.婁部（周厲王之世）

《漸漸之石》、《四月》、《采綠》三篇

7.胃部（周宣王之世）

《黍苗》一篇

8.昴部（周幽王之世）

《隰桑》、《巷伯》、《鴛鴦》、《車舝》、《角弓》、《頍弁》、《瓠葉》、《正月》、《小旻》、《小弁》、《蓼莪》、《十月之交》、《雨無正》、《北山》、《何草不黃》、《菀柳》、《巧言》等十七篇。

9.畢部（周平王之世）

《瞻彼洛矣》、《裳裳者華》二篇

10.鴦部（周桓王之世）

《節南山》、《習習谷風》二篇

何氏既要「知人論世」，當然不會相信朱子「詩篇時世不可信」的說法。《詩序》以爲刺幽王，雖符合知人論世的理想，但何氏嫌《詩序》的判斷有不少附會的地方，遂重新論定詩篇的時世，雖有十七篇仍舊納入幽王的時世中，但眞正採用《詩序》說法的比例並不高。茲先將何氏重新擬訂之詩旨，考其淵源如下：

1.何氏自定詩旨者有二一首。

2.採《詩序》之說者七・五首。

3.採《詩集傳》之說者三・五首。

4.採嚴粲《詩緝》者一首。

5.採申培《詩說》者一首。

從這些數據，當然也可以看出《詩序》對於何氏的影響，仍舊大於朱子的《詩集傳》，朱學權威受到挑戰，從這裡又得一有力的證據。

雖然如此，何氏在認定朱子《詩集傳》所定詩旨可採時，仍舊會加以採用，並註明「出朱傳」，如《羔羊》、《小星》、《野有死麕》、《緜》、《破斧》、《我將》、《卷阿》、《黍苗》等篇都是。在詩篇章句的釐定方面，偶而也採用朱子之說，如《關雎》之章句，毛、鄭定爲五章章四句，何氏則從朱子《詩集傳》作三章一章四句，二章章八句。

從上文的論述，我們可以理解，何氏並不因朱子的《詩集傳》是當時的官定教材，而一味盲從。他是把《詩集傳》等同於各家注解，在他自己的詮釋體系下，一併加以採用的。凡是何氏認爲合理的，即加以採用，不合理的，即加以反駁，並重訂新的詩旨。這點，最能反映晚明博採衆家，漢宋兼採的學風趨向。

七、清人對何氏《古義》的評價

何氏《古義》完成後，於明崇禎末年曾有刊本。旋因動亂，書板遭燬棄。以今傳僅有明崇禎末年刊本和《四庫全書》的抄本來看，《古義》在當時流傳並不廣。清初學者中最能關照何氏《古義》的是姚際恆。姚氏在所著《詩經通論》中，有相當嚴厲的批評；在各首詩的註解中，也會引用，或反駁何氏的說法。

姚氏《詩經通論》卷前有《詩經論旨》，主要在批評漢代至明代的詩經學著作。明代部分，評論郝敬《毛詩原解》、僞書《子貢詩傳》和《申培詩說》、朱謀㙔《詩故》、鄒肇敏《詩傳闡》，和何楷《詩經世本古義》等書。各書的評價都不高。對何氏書的批評，大抵集中在變亂詩篇編次一事。姚氏說：

何玄子《詩經世本古義》，其法紊亂詩之原編，妄以臆見定爲時代，始于《公劉》，終于《下泉》，分列某詩爲某代某王之世。蓋祖述僞《傳》、《說》之餘智而益肆其猖狂者也。不知其親見某詩作于某代某王之世否乎？苟其未然，將何以取信于人也？即此亦見其愚矣。其意執孟子「知人論世」之說而思以任之，抑又妄矣。其罪尤大者，在于滅《詩》之《風》、《雅》、《頌》。夫子曰：「女爲《周南》、《召南》矣乎？」又曰：「《雅》、《頌》各得其所。」觀季札論樂，與今《詩》編次無不符合。而乃紊亂大聖人所手定，變更三千載之成經，《國風》不分，《雅》、《頌》失所，罪可勝誅耶！（卷前，《詩經論旨》，頁六—七）

這一大段話，大抵在批評何氏隨意論定詩篇的時代，並紊亂《風》、《雅》、《頌》的順序。姚氏以爲：⑴何氏所以會變亂《詩經》原來的編次，是受僞書《子貢詩傳》和《申培詩說》的影響。⑵何氏所定某詩作於某代某王，他本人又未曾親見，何能取信於人？⑶孔子已說過：「女爲《周南》、《召南》矣乎？」「《雅》、《頌》各得其所」的話，且季札觀樂時《詩》的編次，與今本《詩經》編次「無不符合」。可見《詩經》的編次，爲聖人所手定，何氏的變亂，可說罪惡滔天。

姚氏除了批評何氏變亂詩篇的編次外，也批評其隨意論定詩旨，他說：

其釋《詩》旨，漁獵古傳，摭拾僻書，共其採擇，用志不可謂不過勤，用意不可謂不過巧，然而一往鑿空，喜新好異，武斷自爲，又復過于冗繁，多塡無用之說，可以芟其大半。（卷前，

《詩經論旨》，頁七）

姚氏認爲何氏論定詩旨時，蒐羅資料宏富，精神可佳。可是鑿空發論，喜新好異，武斷自爲，實不可取。亦即批評何氏在重構《詩經》的解釋系統時，缺乏有力的證據作爲立論的基礎，無法令人信服。

姚氏雖對何氏變亂編次、任意論定詩旨相當不滿，但卻肯定何氏《古義》廣收博覽的貢獻，他說：

> 大抵此書《詩》學固所必黜，而亦時可備觀，以其能廣收博覽，凡涉古今詩說及他說之有關于《詩》者，靡不兼收並錄；復以經、傳、子、詩所引詩辭之不同者，句櫛字比，一一詳註于下；如此之類，故云可備觀爾。有志詩學者，于此書不可惑之，又不可棄之也。（卷前，《詩經論旨》，頁七）

姚氏認爲何氏書最值得注意的是資料蒐羅宏富。凡與《詩經》有關的資料，無不收錄。另外，經、傳、子、詩所引《詩經》詩句的異文，也一一詳註於各詩句下。可見，何氏書的特色是爲讀者提供最豐富的論詩資料。在晚明人人炫博的學術風氣中，何氏這本書，可以說是當時學風的縮影。姚際恆也是從那種學風中長大的，所以體會也較深。

姚氏既稱許何氏書的資料宏富，在其《詩經通論》中，引用何氏說法的，即有四十餘處。姚氏引用時，往往將何氏之說法擺在可備一說，「錄而存之」的地位，但因贊同何氏而引用者仍有不少，如：

1.《周南．葛覃》：「害澣害否」，朱子以爲「何者當澣，何者可以未澣。」何氏解釋爲「何者已澣，何者未澣」，姚氏認爲何氏之說較朱子爲直捷。（《詩經通論》，卷一，頁一九）

2.《豳風．破斧》：「四國是皇」，朱子《詩集傳》解「四國」為四方之國。何氏云：「《書．多方篇》曰：告爾四國多方。既于「四國」之下復言「多方」，則四國非泛指四方明矣。」（《古義》，卷一〇上，頁五二）姚氏藉引這段說法來反駁朱子之不當。

3.《小雅．祈父》一詩，毛《傳》、鄭《箋》，皆以為宣王時千畝之戰的詩篇，姚氏引何氏之說：「千畝之戰，諸侯之師皆無恙，而王師受其敗，則以勤王不力故耳，故恨而責之。此祈父必侯國之祈父，故其人自稱為王之爪牙。若對王朝之大司馬言，則無此文矣。」（《詩經通論》，卷一〇，頁一九六）認為何氏：「議論是而細。」

4.《小雅．大田》：「有渰萋萋，興雨祁祁。」姚氏引何氏之說云：

> 「渰」，《說文》：「雲雨貌」。毛《傳》專以渰為「雲興貌」，似無據。「祈祈」，當指雲言，《韓奕》之詩曰：「祈祈如雲」，可證。「有渰萋萋」，雖兼雲而意專在雨，言隨雲之雨萋萋然。「興雨祈祈」，雖專指雨而意獨在雲，言興雨之雲祈祈然也。（《詩經通論》，卷一一，頁二三五）

然後，姚氏評論說：「此解特佳。因知《呂覽》、《韓詩》、《漢書》「興雨」皆作「興雲」，可不必從矣。」（同上）

此類例子，姚氏《詩經通論》中仍有不少。由此可知，姚氏對何氏分析詩篇的寫作技巧，仍有肯定的地方。姚氏在《詩經論旨》中，認為何氏書之「《詩》學固所必黜」，顯然言過其實。

清乾隆時代的《四庫全書》，曾收入何氏《古義》。《四庫提要》一如姚際恆的《詩經通論》，對何氏隨意牽合史實，也提出批評。《提要》說：

> 考《詩序》之傳最古，已不能盡得作者名氏，故鄭氏《詩譜》闕有閒焉，三家所述如《關雎》出畢公，《黍離》出伯封之類，茫昧無據，儒者猶疑之弗傳，楷乃於三千年後，鉤棘字句，牽合史傳，以定其名姓時代，如《月出》篇有「舒窈窕兮」、「舒懮受兮」之文，即指以爲夏徵舒，此猶有一字之近也。《碩鼠》一詩，茫無指實，而指以爲《左傳》之魏壽餘，此孰見之，而孰傳之？以《大田》爲豳雅，《豐年》、《良耜》爲豳頌，即屬之於公劉之世，此猶有先儒之舊說也。以《草蟲》爲《南陔》，以《菁菁者莪》爲《由儀》，以《緡蠻》爲《崇丘》，又孰傳之，而孰受之，大惑不解，楷之謂乎？（卷一六，經部，詩類二，頁一五）

《四庫提要》指出，《詩經》詩篇與史實之關係，本來就很難加以稽考，而何氏卻將兩者間的關係，在毫無確切證據下，隨意牽合，這是由誰來傳授？何氏何以知之。何氏這種隨意牽合的作法，實是晚明學風的一種反映。何氏從事考證工作，本應實事求是，無徵不信；但他又沾染著晚明好奇炫博，自出新說的習氣。這使他的考證工作，打了很大的折扣。

《四庫提要》雖然批評何氏隨意牽合史實，但對其蒐集資料的工夫，和考證精確的地方，仍有相當高的評價。《提要》說：

> 然楷學問博通，引援賅洽，凡名物訓詁，一一考證詳明，典據精確，實非宋以來諸儒所可及，

譬諸蒐羅七寶，造一不中規矩之巨器，雖百無所用，而毀以取材，則火齊木難，片片皆爲珍物。百餘年來，人人嗤點其書，而究不能廢其書，職是故矣。（同上）

《提要》肯定何氏在名物、訓詁的考證工夫爲宋儒所不及，可取的地方甚多，「片片皆爲珍物」。百餘年來，何氏之書所以不可廢，即在於資料上的價值。

從上文的論述，可知清人對何氏書的評論有兩方面：一是紊亂《詩經》原有之編次，隨意重定詩旨。二是肯定何氏在考證訓詁的貢獻，及蒐羅資料的詳備。就一位考據家來說，這兩種批評是很難相容的。晚明浮誇、炫奇、炫博的學風，可說一種現實；何氏的考證工作，可以說是一種突破現實，朝向新學風的表現。這種現實與理想間的衝突，直到清中葉才逐漸解除。

六、結　論

從上文的敘述，約可得出下列數點結論：

其一，《明史》討論何楷學術成就的文字僅「博綜群書，寒暑勿輟，尤邃於經學」等十餘字而已。他的著作有《古周易訂詁》、《詩經世本古義》、《春秋繹》三種。《古周易訂詁》一如宋人，旨在恢復《周易》古本。《詩經世本古義》則爲何氏一生用力的所在，它企圖打破舊有的釋詩理論，重新建構一套「知人論世」的釋詩法。

其二，《詩經世本古義》是《詩經》解釋史上最特殊的一本書。何氏爲了要實現他們「知人論世」的理想，將現有《詩經》三百五篇的順序重新編排，分別繫入從夏少康至周敬王的二十八個時世中，每一時世以二十八星宿的一個宿名爲代號。在同一宿的詩篇中，篇前各有一小序，是何氏考訂過後，認爲合理的詩旨。各詩句下先標押何韻、賦比興，然後再逐字逐句解釋，於名物、史事的考訂特別繁瑣，有時徵引前人之說累千百言，充分反映晚明學者好奇、炫博的學術性格。

其三，何氏《古義》卷首的《序》、《原引》和《原引》後的《附錄》，可以看出何氏對《詩經》某些基本問題的看法，如風的名義、國風的編次、雅的名義、雅何以分大小、六笙詩未亡、何以有魯商頌等。這些問題，何氏往往廣輯漢以來的說詩資料。由於何氏認爲《詩經》中不應有淫詩，也不可有吟咏情性之作，所以朱子所認定的淫詩，何氏皆未加採用。

其四，何氏「知人論世」的釋詩理論，等於將傳統的釋詩方法全部打破，在重新建構釋詩系統的過程中，前人有合理的說法即加以引用。在他重訂的詩旨中，或沿用《詩序》之說，或引三家詩，或引朱子之說，或引前賢之說，或採自僞書《子貢詩傳》、《申培詩說》。前人說法未能符合己意時，即參證史事，提出自己所論定之詩旨。然因何氏釋詩有其預設之立場，往往強作解人，甚至牽強附會。由於附會的詩篇不少，使他的詮釋系統，宛如一座海市蜃樓。

其五，代表宋學傳統的朱子《詩集傳》沿襲毛鄭《詩》說的地方甚多。僅淫詩說和《小雅》有關幽王的詩篇，與漢學傳統有較大的差別。在朱子所定的三十篇淫詩中，何氏沿襲朱子之說的，僅有〇・五首，而採用《詩序》的，卻有一一・五首；在《詩序》所定刺幽王的三十四首詩中，朱子已認爲時世多不可信，而往往自定詩旨。何氏在論定這些詩篇的詩旨時，採用朱子之說的，僅三．五首，採用《詩序》的，卻有七．五首。可見，何氏並未把朱子的說法視為絕對的權威來看待，而僅將之視為諸家《詩》說的一種而已。由此可見朱子說《詩》的權威地位已逐漸在降落。

其六，清人評論何氏《古義》的有姚際恆和《四庫提要》兩家。兩家對何氏篡亂《詩經》原有之編次，隨意訂定詩旨，皆同聲譴責。但對何氏考證之詳博，資料蒐羅之豐富則甚為讚賞。兩家皆直視何氏書為一部資料書而已。對於何氏書在明代《詩經》學史上所顯示的意義，則未有深刻之體認。

何氏之《古義》多達百餘萬字，本文僅述及其體例、對基本問題之看法、如何建立詮釋系統、對朱子《詩集傳》之態度等數項而已，有關訓詁、名物、史事等之考訂研究，皆未暇涉及，不無遺憾。但願學界拋除對何氏的成見，對其《詩經世本古義》作較周密的研究，對了解晚明的學術思想，必有不少助益。

【附註】

註一　楊一鵬，字大有，臨湘人。萬曆年間進士，歷官大理寺丞，削籍歸。崇禎時復起為戶部尚書，兼右僉御史，督淮安漕運，兼巡撫鳳陽。流賊陷鳳陽，焚陵寢，一鵬在淮安，不及救，坐棄市。詳見《明史》（臺北：鼎文書局，一九七五年），卷二六○。

溫體仁，字長卿，號圓嶠，烏程人。萬曆二十六年（一五九八）進士，授編修。崇禎初，累官禮部尚書，爲人外曲謹而內猛鷙。曾兼東閣大學士，植黨營私。崇禎十一年（一六三八）卒。贈太傅，謚文忠。福王立，削贈謚，天下快之。詳《明史》卷三〇八。王應熊，字非熊，號春石，巴縣人。萬曆四十一年（一六一三）進士，博學多才，而性谿刻強很，人多畏之。周廷儒、溫體仁援以自助，擢禮部尚書，兼東閣大學士。福王立，改兵部尚書，專辦川寇，兵敗，卒於畢節。詳見《明史》，卷二五三。

註二　楊嗣昌（一五八八—一六四一），字子微，號文弱，武陵人。萬曆三十八年（一六一〇）進士。崇禎時累拜兵部右侍郎，總督宣大山西軍務，時群盜蜂起，上六疏陳邊事，復議大舉平賊，爲十面張網之計，而勢已不能制。及命督師，又以遙制失機會，襄陽陷，襄王被害，嗣昌上疏請死。福王遇害，遂不食而死，年五十四。詳《明史》卷二五二。

註三　四庫本《古義》目次，僅錄《柏舟》、《北門》二篇，缺《北風》一篇。

註四　四庫本《古義》卷十八之上，卷前小題「周幽王之世詩三十一篇」，實爲三十篇。

註五　四庫本《古義》卷二十，卷前小題「周桓王之世詩三十篇」，實爲三十二篇。

註六　可參考林慶彰撰：《豐坊與姚士粦》（臺北：東吳大學中國文學研究所碩士論文，一九七八年五月）有關《子貢詩傳》、《申培詩說》的部分。

註七　有關朱子說詩詩旨與《詩序》之異同，可參考李家樹撰：《漢宋詩說異同比較》，收入李氏著：《詩經的歷史公案》（臺北：大安出版社，一九九〇年十一月），頁三九—八二。朱子說詩訓詁，承襲毛《傳》、鄭《箋》的地方，可參考莫礪鋒撰：《朱熹詩集傳與毛詩的初步比較》，收入《中國古典文學論叢》第二輯（北京：人民文學出版社，一九八五年八月），頁一四〇—一五五。

註　八　朱子所認定淫詩的數目，歷來說法不一。本文根據王春謀撰：《朱熹詩集傳淫詩說之研究》（臺北：政治大學中國文學研究所碩士論文，一九七九年十二月），認定爲三十篇。

註　九　有關朱子與呂祖謙論辨淫詩的問題，可參考李家樹撰：《宋代淫詩公案初探》。收入李氏著：《詩經的歷史公案》，頁八三—一一二。王柏刪淫詩的問題，可參考程元敏先生撰：《王柏之詩經學》（臺北：嘉新水泥公司文化基金會，一九六八年十月），和《王柏之生平與學術》（臺北：作者自印本，一九七五年十二月），第五編詩經學。

註一〇　有《白華》一篇，《詩序》云：「周人刺幽后也。」《苕之華》一篇，《詩序》云：「大夫閔時也。幽王之時，西戎東夷，交侵中國，師旅竝起，因之饑饉，君子閔周室之將亡，傷己逢之，故作是詩也。」因非直接刺幽王，故未計入。

——原載《中國文哲研究集刊》第四期（一九九四年三月）。

明末清初經學研究的回歸原典運動

一、前言

如果將歷代經學家的著作隨意加以檢視，將會發現大部分學者都以自己的詮釋最符合經典的原義。所以，不論是漢學或宋學，幾乎都以闡述孔門經學的眞義爲職志。但在時間的遷流中，學者也往往不自主地使自己的詮釋偏離常軌，失去經典的原旨。經典的研究既有此常態現象，每經一段時間，觸角較靈敏的學者，就會有「回歸原典」的呼聲。回顧歷代經學的發展，這種呼聲可謂此起彼落，例如，魏晉時代的王弼，作《周易注》，拋棄漢人的象數之學，希望由經書本身義理的詮釋來了解《易經》，而不是漢儒的「由辭以通道」（註一）。王氏研究《易經》的方法，自是漢《易》乖離正道太遠所應有的反動。又如：自中唐起，學者對《五經正義》所造成的束縛，希望有所突破。像啖助，以爲治《春秋》應當以通經爲意，不可「因註迷經，因疏迷註。」以便拋開漢、唐注疏傳統，直接闡發聖人的眞意。他之後的學者，陸淳、趙匡等，都受到相當的影響（註二）。另一例子，就是本文所要討論的明末清初這一階段。

明末清初的「回歸原典」運動，在整個經學演變的過程中，應該是歷次回歸原典要求中，規模最龐大，影響最深遠的一次。可是，有關經學史的著作，非但未能領會此一時期學者治學的心理傾向，即對他們的研究成果也未曾給予應有的重視。如皮錫瑞的《經學歷史》，於第十章經學復興的時代中，以爲清代經學所以復興，是因對科舉反動和紹繼朱學傳統所造成。所述及的經學者，如：閻若璩、胡渭、陳啓源、萬斯大、方苞、毛奇齡等人，則又斤斤於各學者的漢、宋之別（《經學歷史》，頁二九九—三〇六）。本田成之的《中國經學史》，於第七章《清朝底經學》下立有《清初的經學》一節，僅略述顧炎武、王夫之、閻若璩、毛奇齡等人治經的成就。至於此一時期經學形態所以如此，則完全未加以反省（《中國經學史》，頁二六一—八）。馬宗霍的《中國經學史》，在第十二篇清之經學，也只把黃宗羲以下諸人的經學著作，各以數句話評論而已（頁一四一—四）。至於與這一階段有關的學術史，對經學之興起，則有較深入的解釋，如梁啓超的《中國近三百年學術史》、《清代學術概論》，以爲是對明學「束書不觀，游談無根」的反動（註三）。余英時先生的《從宋明儒學的發展論清代思想史》、《清代思想史的一個新解釋》，和《清代學術思想史重要觀念通釋》等三文，以爲理學內部義理的紛爭，爲求合理的解決，必須「取證於經書」，是爲清初經典考證興起的原因（註四）。林聰舜的《明清之際儒家思想的變遷與發展》，除對梁、余兩先生之說法提出檢討外，以爲此一時期經學研究所以興盛，與經世致用的要求有密切的關係。蓋由經世致用轉而爲通經致用，再轉而爲客觀的經史考證，最後反過來埋葬原先經世致用的經學理想（註五）。這些觀點，雖不一定可以周全的解釋明末清初經學研究興盛的原因，但對後人思考此一問題卻大有貢獻。可是，上述三位先生的論述，旨在研究儒家思想在明清之交的發展，並非專爲經學研究而設，所以對這一時期經學研究的成果，仍未作較全面性的檢討。

筆者以爲此一階段的經學研究，既處於宋明理學和清中葉考證學問的關鍵地位，則不論在思想史、經學史和辨僞學史上，皆値得作更全面、更深入的探討。本文把此一時期的部分經學研究成果，視爲是一種「回歸原典」運動，也僅是筆者在詮釋此一問題時的嚐試性觀點而已，並無淩駕前人，故作定論的意思。

二、明末以前經典詮釋過程的幾種現象

要追究明末清初經典研究所形成的「回歸原典」運動，首先必須了解這時期之前兩千年中經典研究的某些現象。由於時空環境的變遷，這些現象愈積愈多，至明朝末年，至少可把它們歸納爲七點：

㈠**闕脫亡佚**：大部分的經典都成立於戰國時期，經秦朝，再傳至漢代。由於戰亂兵燹，這些經典也日漸闕脫亡佚。例如《尙書》原有百篇，漢初伏生所傳僅有二十九篇，已亡佚七十餘篇。晉代出現《古文尙書》五十八篇，姑不論其眞僞如何，仍舊缺四十二篇。《詩經》自兩漢以來，即缺《笙詩》六篇，即《南陔》、《白華》、《華黍》、《由庚》、《崇丘》、《由儀》。詮釋《詩經》的漢代三家詩，《齊詩》亡於魏，《魯詩》亡於西晉，《韓詩》亡於唐、宋間。《儀禮》原有五十六篇，自漢代起存十七篇。《周禮》分爲天、地、春、夏、秋、冬六官，自漢代出現以來，即缺《冬官》，而代

之以《考工記》。

(二)**誤認作者**：古人本無著作權的觀念，各種文獻資料也非一時一人之作，所以皆未題上作者。自漢代來，學者每每把古代聖賢的名字加在這些著作上面，而成為各本經典的作者。例如：以為伏羲畫卦、文王作爻辭、孔子作《十翼》；以為《詩序》是孔子或子夏等人作；以為《周禮》是「周公致太平」之書；以為《大學》、《中庸》是孔子、曾子、子思所傳；以為《左傳》是左丘明所作，或劉歆偽作；以為《孝經》是孔子所作；以為《爾雅》為周公之書。由於作者的認定有問題，各經的時代也無法定位。

(三)**偽造仿冒**：由於鼓勵獻書和作偽者個人的因素，偽託古代經典的事也層出不窮。例如：漢初河內女子所獻的偽《泰誓》；漢成帝時，山東東萊人張霸偽撰《尚書百兩篇》；晉代出現的《古文尚書》五十八篇，其中有二十五篇是晉人偽造。明代人偽造的經書，更有《子夏易傳》、外國本《尚書》、《子貢詩傳》、《申培詩說》、《魯詩世學》、《石經大學》、《石經中庸》、《孟子外書》等。這些偽書，往往使後人誤以為是眞經書。

(四)**依託附會**：自宋以來出現的易圖：包括《河圖洛書》（五十五點的是《河圖》、四十五點的為《洛書》）（註六）、《先天圖》（《伏羲八卦次序圖》、《八卦方位圖》）等。這些圖相傳是伏羲、文王所作。自南宋初，朱震採入所著的《漢上易傳》；後來，又有人將它們附入朱子的《周易本義》。宋末以後，朱學成為官學，這些圖也成了理學家講宇宙論、本體論的根據。實則，它們的來源可能跟佛、道教有關。至於周敦頤的《太極圖》，以儒家著作的面貌出現，看似標榜《周易》，實際上是暗襲了道教和佛教的思想。

(五)**刪改塡補**：自宋代以後，疑經改經的風氣大盛，朱子以爲《詩經》中有淫詩，其三傳弟子王柏，將淫詩擴大至三十一首，並主張加以刪削。鄭樵和朱子，專門攻擊《詩序》，朱子《詩集傳》即廢去《詩序》不用。宋人更以爲漢人所傳之《周禮》非古本，而有恢復古本的說法，俞庭椿的《周禮復古篇》不僅將五官的部分官職移入冬官，更以爲五官中的官也有互訛，遂將《周禮》大事更動。至明末，更改《周禮》蔚爲風氣，今可知者不下十數家（註七）。宋代學者更以爲《大學》、《中庸》有錯簡或闕脫，遂以己意更動其中的章節，由宋至明末，《大學》、《中庸》的改本，計有數十家之多（註八）。朱子更以爲大學原缺格物傳，乃增補一百餘字。

(六)**羼雜佛老**：自魏、晉時代起，經書即受道家之影響，逐漸玄學化，王弼的《周易注》、何晏的《論語集解》，玄學色彩相當濃厚。唐代李翶作《復性書》，目的在說明《中庸》一書也能窮性命之道，學者無須再求之於佛老，但提出「滅情復性」之說，顯然是「援釋入儒」。宋代的蘇軾，以《中庸》牽合佛氏；張九成更直以《中庸》爲佛書（註九）。明末大倡「三教合一」之說，雜有禪味的《四書》著作，可說比比皆是，如王肎堂的《論語義府》、方時化的《中庸點綴》、姚應仁的《大學中庸讀》、萬尙烈的《四書測》、寇愼的《四書酌言》等（註一〇），都有意融會儒釋。

(七)**離經言道**：經學家詮釋經書，旨在闡明先聖的理想，作爲後人遵循的規範。每一朝代的學者也以自己的詮釋最合孔子的理想相標榜，但是，由於現實環境的需要不同，學者所採作根據的也代代不一，漢人重視公羊傳，孔子的形象是「絀周王魯」「素王改制」；宋明理學家重視「十六字心傳」，孔子也成了「人心惟危，道心惟微」的孔子。孔子的面貌也隨著時代的需要而變化無窮。孔子明言「述而不作」，卻被說成「託古改制」；孔子並無禁欲思想，在理學家手裡卻要「存天理、去人欲」。這些學者是否根據經典來論孔子？且所根據的經是否即孔子之思想？他們似乎很少提出加以反省。以致專門闡發聖人之道的宋明「道學」，也不免有「離經言道」之譏。

以上七種現象，大都是經學者在闡釋經書的過程中，逐漸累積而成。這種累積，使經書漸漸失去原來的面目，它所能擔負的指導和規範的作用也大大的減低。而明末的政治、社會，似乎也在經書蒙塵的過程中，逐漸走入衰亡。

三、明末清初學者要求回歸原典的數種理論

當明萬曆以後，學者對理學所造成的震憾開始反省時，前述經學詮釋過程中所形成的種種偏差現象也逐漸為學者所領會，他們一方面強調理學即經學，必須要糾正前述種種經學研究的偏失。這些觀念，正是當時學者「回歸原典」運動的立論根據，也是推動運動的原動力。茲將他們的理論歸為三類，並分述如左：

㈠**經學即理學**：理學家或心學家所談的心性之學，與經學的關係如何？要評判理學義理之是非，

是否該回到經學本身來推求？要釐清這些問題，就應先確定經學和理學的關係，當時學者對此事提出具體意見甚多，如：歸有光《送何氏二子序》說：

> 漢儒謂之講經，今世謂之講道。夫能明於聖人之經，斯道明矣。道亦何容講哉！（《歸震川全集》，頁一〇四）

歸氏以爲能明經即能明道，也就是道即在經書之中。既如此，講經即可，何必講道。高攀龍也說：

> 六經皆聖人傳心，明經乃所以明心，明心乃所以明經，明經不明心者俗學也。明心不明經者異端也。（《經義考》，卷二九七，頁九引）

高氏先肯定六經中有聖人傳心的理論在內，既如此，「明經」與「明心」，本是一件事情，實在沒有理由分成兩橛。高氏更責備「明經」和「明心」無法合一者爲「俗學」「異端」。錢謙益也說：

> 漢儒謂之講經，而今世謂之講道。聖人之經，即聖人之道也。離經而講道，則賢者高自標目，務勝前人；而不肖者汪洋自恣，莫可窮詰。（《初學集，卷二八，《十三經注疏序》）

錢氏的話，可說是前引歸有光的話的翻版。此外，他更強調離經是王學末流的最佳寫照。顧炎武也說：

> 理學之傳，自是君家弓冶，然愚獨以爲理學之名，自宋人始有之。古之所謂理學，經學也，非數十年不能通也。……今之所謂理學，禪學也。不取之五經，而但資之語錄，校諸帖括之文而尤易也。又曰：「《論語》，聖人之語錄也。」舍聖人之語錄，而從事於後儒，此之謂不知本矣。（《亭林文集》，卷三，頁六二，《與施愚山》）

顧氏的這段話，後來由全祖望概括爲「經學即理學」（註一一）。顧氏以爲理學自宋代以來才有，自非聖人本眞，且明指理學流於禪學。而理學欲追求聖人之道，自應從聖人語錄的《論語》入手，今卻反其道而行，可說是「不知本」。理學家既不知本，要導正他們的缺失，就應讓他們知本，亦即回歸《論語》這本原典。和上述學者觀念相近者，如：費密說：

聖人之道，惟經存之。舍經，無所謂聖人之道。鑿空支蔓，儒無是也。（《弘道書》，卷上，《道脈譜論》，頁二三）

李顒也說：

道學即儒學，非於儒學之外，別有所謂道學也。（《二曲全集》，卷一四，《盩厔答問》）

湯斌也說：

夫所謂道門者，六經、四書之旨，體驗於心，躬行而有得之謂也。非經書之外，更有不傳之遺學也。故離經書而言道、此異端之所謂道也，外身心而言經，此俗儒之所謂經也。（《潛庵先生遺稿》，卷一，《重修蘇州府儒學碑記》）

這些話都是強調聖人之道即在經學之中，經學之外別無所謂道學。不但充分證明經學與理學間的血脈關係，且也說明自宋以來理學義理的種種紛爭，都應該是經學問題。經學問題自應從經書的研究求解決，不應離經言道，如離經言道，祇不過是俗學或禪學而已。

㈡**經學與經世**：自明萬曆以後，由於國事日非，學者經世致用的要求也與日俱增。有部分的學者逐漸領悟到要經世致用，必先讀經；也就是治國應有的知識，即潛藏在經書之中，如焦竑說：

經者性命之奧，政治之樞，文章之祖也。（《經義考》，卷二九七，頁一四引）

焦氏這幾句話在強調經學的重要性，其中，「政治之樞」，是說經學是一切政治的總源頭，則要從事治國的工作，自不得自外於經書，艾南英也說：

學者窮經將以經世，則仰觀俯察，莫非份內事，何可皓首一經，聽其汶汶已也。（《經義考》，卷九四，頁八引）

艾氏指出窮經祇是經世的手段，既如此，世間事那麼多，自不可終身埋沒於經書之中，而毫無作爲。至黃宗羲，寢饋於經學更深，所論經學與經世之關係，自較前人深刻，他說：

六經皆載道之書，而禮其節目也。當時舉一禮必有一儀，要皆官司所傳，歷世所行，人人得而知之，非聖人所獨行者。大而類禋巡狩，皆爲實治；小而進退揖讓，皆爲實行也。（《南雷文定》，前集，卷一，頁一〇，《學禮質疑序》）

黃氏以爲「六經皆載道之書」，所載之道即聖人之道，而經世的道理即潛藏在其中，所以他要說「類禋巡狩」「進退揖讓」是「實治」「實行」。後來，全祖望論宗羲的學術時，曾說：

公謂明人講學，襲語錄之糟粕，不以六經爲根柢，束書而從事於游談，故受業者必先窮經，經術所以經世，方不爲迂儒之學，故兼令讀史。（《鮚埼亭集》，卷一一，《梨州先生神道碑文》）

「受業者必先窮經，經術所以經世」，已可證明宗羲所說的「《六經》皆載道之書」，所載之道，即經世治國之道。稍後於宗羲的顧炎武，於此一理論，發揮得更加透徹。他說：

人苟徧讀《五經》，略通史鑑，天下之事自可洞然。（《亭林文集》，卷六，《與楊雪臣》）

又說：

近世號爲通經者，大都口耳之學，無得於心。既無心得，尚安望其致用哉！（《亭林餘集．與任鈞衡》）

這兩段話，前一段說明《五經》與經世致用的關係，祇要通《五經》，天下之事自可了然於胸。後一段在批評當時的通經之士，學無所得，根本無法致用。由於炎武有「君子之爲學也，以明道也，以救世也」（《亭林文集》，卷四，《與人書二十五》）的體認，所以他五十歲以後，即「篤志經史」，並將研究成果著成《日知錄》一書。

以上四位學者皆以爲「經術所以經世」，所以要經世致用，就必須要先通經。通經何以能經世致用？前引黃宗羲的話，已述及禮經與實際政治之關係，但闡述仍不夠詳盡。陸嘉淑爲陸元輔《十三經注疏類鈔》所作的序，對此一問題的看法相當深入，可說是當時學者的共識。陸氏說：

名物器數之學，莫備於經。考覈形狀制度，比類指象，探頤窮變，莫詳於漢、唐諸儒。……嗚呼，名物器數，先王禮樂之本，而治天下之具之所託也。且使芣苢、螽斯之義不著，則比興微矣；壇墠堂室之制溷，則宗廟朝廷之禮誤矣；祝、敔、管、磬、鏞、鬲、罍、登之數不存，則無以降神靈通肸蠁矣；揖讓進反粉畫行綴之法不詳，則禮不勝其慢易矣。如是，而徒欲以訓詁

之空言條盪天下之情志，漸摩斯世之習俗，三代之治之所以不復見於後世也。（《經義考》，卷二五一，頁三一四引）

陸氏以為名物器數是禮樂的根本，治天下的道理即在裡面，並舉例說明經書中的名物器數與實際政治之關係；而當時學者祇重空言，不重實踐，所以三代之治才不復見。可見經學與經世有某種程度的依存關係，則在明末清初急欲求經世致用的思想氣氛下，讀經也變成大勢所趨了。

經世致用的方法既寄託在經書，則經書中的每一部分自應熟讀，但明末的內憂外患日亟，為救燃眉之急，讀經自以能救急者為先。當時學者以為讀《禹貢》可以通地理，通地理即可治天下，所以陳子龍說：「《禹貢》則聖人治天下之書也。」（《經義考》，卷九四，頁一〇引）《禹貢》既可通地理、治天下，遂成為學者爭相研究的對象，如艾南英有《禹貢圖注》、夏允彝有《禹貢古今合注》，朱鶴齡有《禹貢長箋》、孫承澤有《禹貢九州山水考》、胡渭有《禹貢錐指》等，都是這種風氣下的產物。由《禹貢》這一例證更可以證明經學與經世致用間的必然關係。

㈢**說經應以孔、孟為正**：當時理學家談心論性，爭程朱、陸王之異同，喋喋不休，其評判雙方爭端之標準是什麼？明末清初之學者有感於此種爭端之起，乃因不溯儒學之本源所致。為徹底解決此種爭端，遂有說經應以孔孟之言為正的要求出現。如：瞿九思就直截了當的說：

說經當以孔子之言為主。（《經義考》，卷一一五，頁一引）

陳確也說：

凡儒先之言，一以孔孟之學正之，則是非無遁情；其互有是非者，亦是不掩非，非不掩是，夫而後古學可明也。（《陳確集》，卷三，《復張考夫書》）

陳氏以爲先儒言論之是非，自應以孔孟之學爲標準，能如是，古學始可昌明。至於朱舜水、方以智、李塨等人，更明言程朱、陸王之是非，皆應以孔、孟爲斷。朱舜水說：

來問朱、王之異，不當決於後人之臆斷。寒暖之向背，即當以孔子斷之。（《朱舜水集》，卷五，頁八四，《答佐野回翁書》）

方以智說：

朱、陸諍，而陽明之後又諍，何以定之？曰：且衍聖人之教而深造焉。（《青原山志略》，卷三，《仁樹樓別錄》）

李塨說：

論朱、陸、王三子，當以孔、孟爲斷，合於孔、孟，三子即各詣，無害也；不合孔、孟，三子即同歸，無取也。（戴望《顏氏學記》，卷七，《恕谷四》，頁一八六）

這三段話的重點有二：一是程朱、陸王之爭，應以孔、孟之言作爲判斷之標準。二是程朱、陸王之說，如能合於孔、孟，即使思想內容不同也無大礙。如果不合於孔孟，即使兩派之說完全相合，也不足取。此種觀念即在強調原始經典在研究過程中的崇高地位。學者的研究如果偏離原典太遠，即應加以糾正。

上述強調經學即理學、經學所以致用和說經應以孔、孟爲正等三種理論，可以說是「回歸原典」

理論的三種不同表現方式。而如何才能回歸原典呢？這點，錢謙益的話，已爲當時學者提示一個大原則，他說：「誠欲正人心，必自反經始；誠欲反經，必自正經始。」（《經義考，卷二九七，頁一五引》）正經的方法，就是將二千餘年來流傳的經書，和後人因詮釋過程所形成的種種現象重新加以檢討。

四、回歸原典風氣下的經學研究成果

當時爲回歸原典所作的正經工作，大抵朝著下列數種方向來進行：一是依託附會的，指出其來源，如易圖。二是僞造仿冒的，辨明如何僞造，如《古文尚書》、《子貢詩傳》、《申培詩說》、《石經大學》等；三是作者被誤認的，應加以定位，如《周禮》。四是被抽離原書的經書，應回復原位，如《大學》、《中庸》。在這幾種原則的指導下，經學的研究成果也相當可觀。

㈠**論辨易圖**：易圖中的《河圖》、《洛書》、《先天圖》、《後天圖》，經朱震輯入《漢上易傳》，後人又將篡入朱子《周易本義》卷首，相信者日多。但從元代的陳應潤開始，即懷疑《先天圖》雜有《參同契》爐火之說。明代的宋濂、王禕、楊慎、歸有光、陳元齡等，對易圖的來源也各有論辨（註三七）。

入清以後，黃宗羲著《易學象數》，以爲古之圖書爲地理書，與畫卦無關，且漢唐時皆未述及今之《河圖》、《洛書》，足見這二圖出於宋人。至於《先天圖》，宗羲也以爲出自宋人（註一三）。宗羲之弟宗炎有《圖學辨惑》（註一四），是專門論辨易圖而作。宗炎以爲五百年來儒家之徒篤信易圖，而懷疑伏羲、周公、孔子。欲發揚聖人之道，就應論辨易圖，尋出依託之根源。他認爲《先天圖》的《八卦方位圖》，實養生家的說法，並非聖人之作（《圖學辨惑》，頁一一一二）。毛奇齡有《河圖洛書原舛編》，專門論辨河圖洛書，以爲今之河圖，是陳摶根據《繫辭傳》「大衍之數」這段話畫成的，洛書則取自《太乙下九宮法》（註一五）。後來，胡渭作《易圖明辨》，以爲《河圖》、《洛書》皆出於宋人；《先天四圖》也非伏羲所傳，而是邵雍的「心法」（卷七，頁一九），易圖既非聖人所傳，當如何處置，胡氏說：「九圖雖妙，聽其爲《易》外傳，勿以冠經首。」（卷一〇，頁二），也就是不應該讓後出的易圖喧賓奪主，應把它當作《易》的外傳。如就回歸原典來說，指出易圖非孔門眞傳，使其不得混淆聖人之經，其目的即已達到。

至於周敦頤的《太極圖》，經朱子修訂後，身價節節高漲。然也引起陸梭山、象山兄弟之質疑（註一六）。黃宗炎的《圖學辨惑》，以爲該圖是敦頤取陳摶《無極圖》顚倒其順序而成。而《無極圖》則爲道教金丹修煉之術，自非儒家所本有（頁二二）。朱彝尊的《太極圖授受考》，以爲唐代時已有太極、無極之圖，陳摶的《無極圖》，即自唐人代代相傳而來。周敦頤取《無極圖》顚倒其順序，而成《太極圖》（《曝書亭集》，卷五八）。毛奇齡有《太極圖說遺議》和《復馮山公論太極圖說書》（註一七），專辨《太極圖》。根據毛氏的論辨，《太極圖》有兩個來源：一是《參同契》的《水火匡郭圖》和《三五至精圖》，這兩個圖後來由道教經典《上方大洞眞元妙經品》所吸收，成爲《太極先天之圖》，另一是佛書《禪源諸詮集都序十重圖》。陳摶再綜合這兩個來源的圖，成爲《無極圖》。周敦頤再顛倒順序，成爲《太極圖》。毛氏之論辨，雖不一定成爲定論（註一八），但已道出此圖來自佛、道二家，非儒家所本有。

(二)**考辨《古文尙書》**：《古文尙書》五十八篇，出於晉代。自宋代吳棫、朱子起，即懷疑其中的二十五篇爲後人僞作。後來，元代的吳澄，明代的梅鷟、郝敬，皆有論辯（註一九）。明末清初的學者論辯《古文尙書》蔚爲風氣，閻若璩作《尙書古文疏證》，舉出一二八條證據，證明今傳五十八篇《尙書》之二十五篇爲晉人僞作。閻氏辨僞最根本的方法是證明晉代所出的二十五篇古文，與西漢時代的《古文尙書》十六篇，篇數並不相合；再從《古文尙書》的佚文爲今本所無，證明今本二十五篇爲後人僞造。然後，將僞古文二十五篇文句的來源一一加以找出，則《古文尙書》之僞已昭然若揭。

此外，如黃宗羲、顧炎武、朱彝尊、胡渭等人，雖未有論辨《古文尙書》的專著，但是零星的言論，也足以看出當時論辨風氣之盛。黃宗羲指出「十六字心傳」抄自《論語》、《荀子》。顧炎武以爲古文二十五篇出於梅賾，《舜典》篇前二十八字出於姚方興。朱彝尊以爲《古文尙書》中的孔安國《傳》，使用後代的地名，如：駒驪、扶餘，在西漢孔安國時代，皆未與中國相通，安國之《傳》何能加以引用？胡渭也從安國《傳》用「金城」二字證明該書是僞書。金城郡設於西漢昭帝時，安國爲武帝時人，何以能預知昭帝時之地名？（註二〇）

至於毛奇齡作《古文尙書冤詞》，謂《古文尙書》不僞。前人皆以爲其與閻氏等人立異，不免流於義氣之爭。實則，毛氏所以要護衛《古文尙書》，自以爲《古文尙書》二十五篇非後人僞作，既非僞書，則爲先秦之原典；既是原典，則應詳加保護，以免受傷。可見，毛氏之護衛《古文尚書》，仍是回歸原典的另一種表現方式而已。

㈢**考辨《詩傳》、《詩說》**：《詩傳》、《詩說》指《子貢詩傳》、《申培詩說》二書。此二書出現於明嘉靖、萬曆年間。當時學者信以爲子貢、申培所傳，而加以傳刻、申述者，即有數十家之多。惟如周應賓、陳弘緒、陳元齡、何楷等人，已開始懷疑其爲後人僞造（註二一）。至毛奇齡作《詩傳詩說駁議》一書，從《詩經》傳授之源流；《詩傳》、《詩說》之篇名、篇次與古不合；內容與《魯詩》遺說不合；詩旨與史實不合；沿襲他書等方面加以論辨，以爲二書出於郭子章之手。與毛氏同時論辨二書者，另有王士祿、朱彝尊、姚際恆等人，則以爲二書爲豐坊僞作（註二二）。自明末起，漢人之學漸受學者重視，《詩傳》、《詩說》即在此種環境出現。毛奇齡等人爲免後人受此種假漢學所惑，遂詳加論辨。

㈣**考辨《周禮》**：《周禮》出現於漢代。出現時文獻記載不足，所以它的來歷也啓人懷疑。自宋代起，有懷疑非周公所作者，如王開祖、張載、蘇軾、蘇轍、范浚等人；有以爲周公所作者，如晁說之、胡宏、洪邁、黃震、羅璧等人（註二三）。明代以後，如方孝孺、王禕、陳仁錫等人，也都懷疑《周禮》的時代和設官的不合理（註二四）。但是，宋、明學者的說法。都沒有堅強的論據。明末清初對《周禮》的論辨，進入一新的高峰時代，毛奇齡作《周禮問》、萬斯大作《周官辨非》、姚際恆作《周禮通論》等，都是值得重視的著作。可惜，姚氏書已亡佚。但從毛氏《與李恕谷論周禮書》，可知姚氏主張《周禮》爲劉歆僞作（註二五）。毛氏之書，假設《周禮》之問題十三條，然後逐條加以解答。毛氏認爲《周禮》非劉歆僞作，對前人所認定劉歆與《周禮》之關係，也一一加以辨駁，再舉證說明《周禮》中所述的官制爲周代所有。至於《周禮》的成書年代，毛氏以爲「與《儀禮》、《禮記》皆同時雜出于周、秦之間。」（《周禮問，卷一，頁一》）萬氏的《周官辨非》，將周禮天、地、春、夏、秋等五官中的部分官職，提出辨證，以爲非周公時所有；而是晚周衰世之作品。這與毛奇齡的論辨已甚爲接近。以上包括姚際恆等三家的共同論點是：《周禮》非周公所作，亦即非聖人之書。在二千年《周禮》流傳的過程中，頗有學者引《周禮》中之典章制度，以證孔孟之言不合周制。毛、萬等所以要排斥《周禮》，正是要從眞僞的論辨中，分別眞、假聖人之書，以達成護衛眞書的目的。《四庫提要》曾批評萬氏：「非毀古經，其事則終不可訓。」（卷二三，經部禮類存目一，頁一八）未免把萬氏著書的用意看得太淺。

(五)考辨《大學》、《中庸》：有關《大學》的作者和時代，宋初以前並無學者論及，二程始認爲是「孔氏遺書」。後來，朱子有種種的說法，大抵不出孔子、曾子、子思等人。至於眞正的作者，則至明末，皆未得到合理的解決。此外，更重要的是《大學》的錯簡問題。根據鄭玄、孔穎達用來作注疏的《古本大學》加以觀察，文中似已有「三綱」「八目」的分別。且自誠意以下，也都有隱含的釋文。這種篇章結構，引起兩個問題：一是《大學》中的三綱：「明明德」、「新民」、「止於至善」，比八德目更爲重要，不應沒有釋文。二是《大學》中的八德目，不應祇有「誠意」以下六目有釋文，而

「格物」「致知」二目卻沒有釋文。這兩點使後代學者懷疑《古本大學》可能有錯簡或闕文。有錯簡的，必須調整章節順序：有闕文的，也有人加以補足。由於學者對《大學》宗旨的認識不同，所以改本也與日俱出。自宋程顥起，至明末，可知的改本即有數十種之多。其中，以朱子的改本影響最深，但是王陽明以爲朱子改本非聖門本旨，應回復《大學》古本。而陽明以「良知」來解釋「致知」的「知」，也未得大多數學者的認同，何者爲《大學》之眞面目也一直困擾著明代以來的學者。

至清初，陳確作《大學辨》，對《大學》之內容始作有系統的論辨。他認爲《大學》的宗旨流於禪，內容「支離虛誕」，決非孔門之書。要成聖成德，自以閱讀聖人之書最有效，而當時人所誦讀的，竟是「游、夏之徒所不道」的僞書，何能成聖成德？如讓《大學》繼續流傳下去，不但「誣往聖」，且「誤來學」。所以，他以爲應黜還《大學》於《禮記》，以息自宋五百餘年來之紛爭（註二六）。其次，姚際恆《禮記通論》中的《大學》部分（註二七），以爲《大學》中之「明明德」、「定」、「靜」、「安」等概念，不是羼雜禪學，則流於老氏之玄虛。且如「正心」「致知」之說，皆與聖人之旨不合。既如此，《大學》自非聖人之書，更非周末以前之人所能作。

至於《中庸》一書，漢、唐以前的學者皆以爲子思所作。入宋以後，學者開始懷疑非子思之作，至明末仍懸而未決。其次，《中庸》是否有錯簡，一如《大學》，衆說紛紜。宋代學者雖爲《中庸》分章節，但未曾改動順序。自南宋末之王柏以來，擅自更動《中庸》章節順序者也有四、五家。其三，由於《中庸》篇中論性命之理的文字不少，自唐以來的學者，即援引佛家之義理加以闡釋，也淆亂了儒、釋的畛域。上述三個問題中的作者問題，宋代學者頗有論辨，以爲《中庸》有漢人附益之言。至清初，姚際恆《禮記通論》的《中庸》部分，將《中庸》思想逐段加以辨析，以爲與孔門重視人倫日用的思想並不相合，實非孔門之書，而是二氏之學。

以上陳、姚二氏之論辨《大學》、《中庸》，曾以二氏流於禪學，強將後代名詞套在二書之上，實不無可議。但在「回歸原典」的要求下，辨明何者爲聖人之言，何者非是，實爲「正經」的首要工作，似已顧不得手段是否正確。

㈥**考辨《石經大學》**：當明中葉《大學》改本紛陳雜出之時，忽有《石經大學》出現，說是魏政和石經。至明末，學者相信《石經大學》者日多，爲其闡釋傳刻者有數十家之多（註二八）。魏時是否眞有《石經大學》，明末雖有部分學者加以辨證，但並未受到應有的重視。清初，毛奇齡作《大學證文》，以爲所謂「政和」，是宋徽宗年號；且魏石經有三種字體，何以《石經大學》祇有楷書而已？足見《石經大學》之僞（《大學證文》，卷二，頁五）。如就經學史的發展來說，《石經大學》的出現，本要廓清《大學》各種改本的糾結，但是在明末清初學者「回歸原典」的要求下，這種附會於石經的僞書，自要被批判，否則怎能凸顯正經的地位和價值。

以上爲明末清初學者在「回歸原典」要求下的研究成果。他們將經書中問題較嚴重的《易圖》、《古文尚書》、《詩傳》、《詩說》、《周禮》、《大學》、《石經大學》等，一一加以考辨，並追溯其來源，使附會的、誤認作者的、僞造的、被抽離的，皆一目了然。這就是錢謙益所說的「正經」，也是回歸原典的最主要工作。

五、結論

就上文的論述加以觀察，明末清初經典研究的「回歸原典」運動，可說是兩千餘年經學研究的一種必然結果。由於經學研究過程中的闕脫亡佚、誤認作者、僞造仿冒、依託附會、刪改塡補、羼雜佛老、離經言道等現象，使先秦傳下來的經書，宛如鏡子蒙上灰塵一般，逐漸失去原有的光彩和作用，學者根據這些蒙塵經書所發的議論，或所作的研究，自無法直探孔、孟思想之本旨。

當理學內部義理的紛爭日亟，學者想藉原始經典來解決問題時；當國勢日蹙，內憂外患紛沓而來，學者想乞靈於經典時；始發覺傳承二千餘年的經典，皆已失去原有的面貌，爲徹底解決這種經典研究的偏失，最根本的方法就是「正經」。正經的首要工作，就是對有誤認作者、依託附會、僞造仿冒……等嫌疑的經典，重新加以檢討。因此，如黃宗羲、黃宗炎、朱彝尊、毛奇齡、胡渭等人之考辨《易圖》；閻若璩、黃宗羲、顧炎武、朱彝尊、胡渭、毛奇齡等人之考辨《古文尚書》；毛奇齡、朱彝尊、姚際恆等之考辨《詩傳》、《詩說》，毛奇齡、萬斯大、姚際恆之考辨《周禮》；陳確、姚際恆之考辨《大學》、《中庸》；毛奇齡之考辨《石經大學》；皆次第展開。這些書經愼重考辨的結果，《易圖》是宋人取自佛、道之書；《古文尚書》二十五篇爲晉人所僞作；《詩傳》、《詩說》爲明人僞作；《周禮》非周公之書，爲戰國末年之作品。《大學》、《中庸》非孔門之書，有漢人附益的部分，應黜回《禮記》之中；《石經大學》則為明人偽作。可見皆非聖人所傳，實不應廁於經書之列。明末清初學者的考辨過程，雖也有些疏漏，但並不足以影響所得結論的正確性。今人對於這些經書所以有較正確的認識，即他們努力「正經」的結果。

此外，就思想史、辨偽學史和經學史的發展來說，這一時期的回歸原典運動也有其不可忽視的意義：

㈠**就思想史的發展來說**：宋人雖極力攻擊漢人傳經不傳道，不得預於道統之列。但是，他們用來傳承聖人之道的根據，如：《易圖》是參酌佛、道思想而成；十六字心傳則出自偽《古文尚書．大禹謨》；格致之說則本自朱子的《大學》改本。皆非聖人本眞。當明代末年，宋人所建立的理學典範逐漸變質時，不但經書無人閱讀，心性之學的爭論也陷入泥淖中無法自拔。清初學者為徹底改革這種風氣，並摧破宋學的防線，乃尋出《易圖》、十六宋心傳、格致之說，皆非聖人所本有。此種窮本溯源的行動，使宋學在一夕之間失去了數百年來用以立論的根據，也加速宋明理學的沒落。這就是明末清初學者回歸原典運動所促成的結果。

㈡**就辨偽學史的發展來說**：辨偽的理論和方法，往往視論辨對象而有所不同。但值得注意的是必須有特殊的論辨對象，才能培養新的研究方法。儒家經典，或假託儒家而來的古籍，大多著重於人倫日用之事，此類偽書，恐不必深辨已知其偽。至如《周禮》一類論典章制度的書，《大學》、《中庸》雜有禪學，都必須有相應的理論和方法，才能論辨入微。明末清初學者，因回歸原典的要求，對各種經書所作的論辨，使辨僞的方法更加細密。不但提昇辨僞的理論層次，也使辨僞學進入一嶄新的階段。

㈢**就經學史的發展來說**：從明代理學家的糟粕經書，至清中葉文字音義的考辨研究，明末清初的經學研究，恰好居於關鍵的地位。他們在回歸原典要求下所作的「正經」工作，不但廓清了經書中的種種附會，也爲各經典的時代定位。有這一階段的工作，文字音義的研究才有可能順利展開。顧炎武所說：「讀九經自考文始，考文自始音始。」（《亭林文集》，卷四，頁七二，《答李子德書》）清初學者所以未能根據顧氏的理想，從考文、知音去研究經書，是因「正經」工作尚未完成所致。必待明末清初學者掃除經書中的荊棘芒刺，清中葉的學者才有可能耕耘播種。今人在對清乾、嘉時代的考證成果嘖嘖讚賞時，似不應忘記明末清初學者的篳路藍縷之功。

明末清初學者的經學研究工作，既有如此重大的意義，吾人希望不久的將來，能有更多的學者投入這一階段經學的研究，爲探索經學發展的眞面貌而戮力。

【附註】

註　一　有關王弼研究《易經》的具體成就，可參考湯用彤撰：《王弼之周易論語新義》，收入《魏晉思想》（臺北：里仁書局。一九八四年一月），《魏晉玄學論稿》，頁八七—一〇六。又，林麗眞撰：《王弼及其易學》（臺北：國立臺灣大學文學院，一九七七年二月）。

註　二　有關啖助、陸淳、趙匡等人研究《春秋》之具體成果，請參考宋鼎宗先生撰：《春秋宋學發微》（臺北：

文史哲出版社，一九八六年九月，增訂再版），第二章《春秋宋學之濫觴》，第二節《李唐異儒為春秋宋學之先河》。

註三 詳見梁氏撰：《中國近三年學術史》（臺北：臺灣中華書局，一九六九年五月，臺五版）；頁一一〇。《清代學術概論》（臺北：臺灣中華書局，一九七〇年三月，臺五版），頁三。

註四 余先生前二文，收入所撰：《歷史與思想》（臺北：聯經出版事業公司。一九七六年九月），頁八七一一五六。後一文收入《史學評論》（一九八三年一月），頁一九一九八。

註五 林聰舜所撰：《明清之際儒家思想的變遷與發展》（臺北：國立臺灣師範大學國文研究所博士論文，一九八五年五月）一書，對梁啓超的「理學反動」說，和余英時先生的「內在理路」說，都有批評。詳見該書第六章第三節，《明清之際儒家新思潮興起背景的檢討》。本文所引林氏之論點，見頁四一二。

註六 有關《河圖》、《洛書》有四十五數和五十五數之不同。劉牧所著《易數鈎隱圖》，其中有《太皞氏受龍馬負圖》，共有黑白點子四十五，劉氏以為是《河圖》。又有《洛書五行生數圖》和《洛書五行成數圖》，劉氏以為是《洛書》。後來，朱震的《漢上易傳》和朱子的《周易本義》，所附的《河圖》是五十五點，《洛書》是四十五點。本文採用後一種說法。

註七 有關明人改動《周禮》順序的著作，可參考清紀昀等撰：《四庫全書總目》（臺北縣：藝文印書館。一九六九年），卷二十三，經部，禮類存目一，頁一一一三。

註八 有關宋、元、明三代學者更改《大學》的著作，可參考李紀祥撰：《兩宋以來大學改本之研究》（臺中：

東海大學歷史研究所碩士論文，一九八二年六月）。更改中庸的詳細情形，可參考高明先生撰：《禮學新探》（香港：中文大學聯合書院中文系，一九六三年十一月）所收《中庸辨》一文。

註　九　上述李翱、蘇軾、張元成等人之說法，可參考高明先生撰：《禮學新探》，頁一九四—一九九。

註一〇　以上所引各書，大多已亡佚，其融會儒釋的情形，可參考《四庫全書總目》，卷三十七，經部，四書類存目，頁一九—二五。

註一一　全祖望概括顧氏的意見說：「（先生）晚益篤志六經，謂古今安得別有所謂理學者？經學即理學也。自有舍經學以言理學者，而邪說以起，不知舍經學，則其所謂理學者，禪學也。」詳見全氏撰：《鮚埼亭集》（臺北：華世出版社。一九七七年三月），卷十二，《亭林先生神道表》。

註一二　以上陳應潤的說法，見《四庫全書總目》，卷四，經部易類四，頁二五。宋濂的論辨，見宋氏撰：《宋文憲公全集》（臺北：臺灣中華書局，《四部備要》本），卷三六，頁二，河圖洛書說。王禕的論辨，見王氏撰：《王忠文公集》（臺北縣：藝文印書館。《百部叢書集成》影印《金華叢書》本），卷一，頁一，《河圖論》；頁二二，《河圖辨》；頁二七，《洛書辨》。楊慎的論辨，見楊慎撰，焦竑編：《升菴外集》（臺北：臺灣學生書局。一九七一年），卷二四，頁七，《希夷易圖》；頁八，《易圖論下》、《易圖論後》。陳元齡的論辨，見陳氏撰：《思問初編》（臺北：臺灣學生書局。一九七一年五月），卷一，頁八，《圖書》；頁一二，《後天》。

註一三　黃宗羲考辨《易圖》的見解，詳見黃氏撰：《易學象數論》（臺北：廣文書局。一九八一年二月），卷一《論圖書》、卷二《論先天圖》。

註一四　黃宗炎之《圖學辨惑》，後人皆誤作《圖書辨惑》，如《四庫全書總目》，卷六，經部易類六，頁一二；甘鵬雲撰：《經學源流考》，頁四一；蕭一山撰：《清代通史》，卷上，頁九七五；鄭良樹撰：《古籍辨僞學》，頁八八等皆是。

註一五　毛氏有關《河圖》的論辨，見《河圖洛書原舛編》（清嘉慶元年刊《毛西河先生全集》本），頁一一—一七。有關《洛書》的論辨，見一四—一八。

註一六　陸梭山曾給朱子兩封信懷疑《太極圖》的作者。這兩封信今已不傳。但可從陸象山給朱子的信中，看出大概的內容。象山與朱子討論《太極圖》的信有三封，今皆收入象山所撰：《陸九淵集》（臺北：里仁書局，一九八一年一月），卷二。

註一七　毛氏撰：《太極圖說遺議》，有清嘉慶元年刊《毛西河先生全集》本。《復馮山公論太極圖說書》，收入毛氏撰：《西河文集》（臺北：臺灣商務印書館，《國學基本叢書》本），書五，頁一八六—一八八。

註一八　勞思光先生以爲《參同契》和《上方大洞眞元妙經品》所附之圖，時代無法確定。《十重圖》，與《太極圖》，只有一點形似，似乎不可作爲《太極圖》的根源。詳見勞氏撰：《中國哲學史》第三卷上冊（香港：友聯出版社，一九八〇年六月），頁一四一—一四七。

註一九　以上吳棫的論辯，見閻若璩撰：《尙書古文疏證》（臺北縣：漢京文化事業公司，《皇清經解續編》本），卷八，頁一。朱熹的論辯，見白壽彝輯：《朱熹辨僞書語》（臺北：世界書局，《僞書考五種》本。

吳澄的論辨，見所撰：《書纂言》（臺北縣：漢京文化事業公司，《通志堂經解》本），目錄，頁七一八。梅鷟的論辯，見所撰：《尚書考異》（清嘉慶十九年刊《平津館叢書》本）。郝敬的論辯，見所撰：《尚書原解》（《百部叢書集成》影印《湖北叢書》本）。

註二〇　黃宗羲之論辯，見所撰：《南雷文定・三集》，卷一，頁一，《尚書古文疏證序》。顧炎武之論辨，見所撰：《日知錄》（臺北：明倫出版社，一九六八年十月），卷二，頁三九，《泰誓》條；頁五一，《古文尚書》條；頁五五，《豐熙僞尚書》條。朱彝尊的論辨，見所撰：《曝書亭集》，卷五八，《尚書古文辨》；卷四二，《讀蔡仲之命篇書後》、《讀武成篇書後》。胡渭的論辨，見閻若璩撰：《尚書古文疏證》卷五上，第六十五條；卷六上，第八十七條、第八十八條等所引。

註二一　周應賓的論辨，見所撰：《九經考異》（明萬曆間刊本），《詩經考異》，頁一。陳弘緒的論辨，見朱彝尊撰：《經義考》，卷一〇〇，頁三所引《申培詩說跋》。陳元齡的論辨，見所撰：《思問初編》，卷三，《詩說、詩傳》條。何楷的論辨，見所撰：《詩經世本古義》（臺北：臺灣商務印書館，影印文淵閣《四庫全書》本），卷首，《論二雅》。

註二二　王士祿的論辨，見汪琬撰：《堯峰文鈔》（臺北：臺灣商務印書館，影印文淵閣《四庫全書》本），《節孝王先生傳》。朱彝尊的論辨，見所撰：《經義考》，卷一〇〇，《端木子賜詩傳》僞本、《詩說》僞本；卷一一三，《豐氏坊魯詩世學》等條。姚際恆的論辨，見所撰：《詩經通論》（臺北：廣文書局，一九七一年十二月）卷前《詩經論旨》。

註二三　宋人對《周禮》的論辨，詳見葉國良撰：《宋人疑經改經考》（臺北：國立臺灣大學中國文學研究所碩士論文，一九七八年六月），第四章第一節《周禮》部分。

註二四　方孝孺的論辨，見所撰：《遜志齋集》（臺北：臺灣商務印書館，《國學基本叢書》本），卷四，《周官》二篇、《周禮辨疑》四篇；卷一二，《周禮考次目錄序》。王褘的論辨，見所撰：《青巖叢錄》（臺北縣：藝文印書館，《百部叢書集成》影印《金華叢書》本），頁一五。陳仁錫的論辨，見朱彝尊撰：《經義考》，卷一二〇，頁一六引。

註二五　毛奇齡撰：《與李恕谷論周禮書》說：「近姚立方（際恆）作僞《周禮論註》四本，桐鄉錢君（煌）館于其家多日，及來謁，言語疏率，瞠目者久之。囁囁嚅嚅而退。然立方所著亦不示我，但索其卷首總論觀之，直紹述宋儒所言，以爲劉歆僞作。予稍就其卷首及宋儒所言者略辨之，惜其書不全見，不能全辨，然亦大概矣。」文中所提及的《周禮論註》四本，即姚氏的《周禮通論》，根據毛氏所述，可知姚際恆以《周禮》爲劉歆僞作。毛氏給李塨的信，收入《西河文集》，書七，頁二二〇。

註二六　有關陳確《大學辨》一書的詳細研究，可參考詹海雲撰：《陳乾初大學辨研究》（臺北：明文書局，一九八六年八月），第四章《陳乾初對大學的辨難》、第五章《大學辨的要旨》。

註二七　姚際恆所撰：《禮記通論》，已亡佚，其佚文散見於杭世駿所撰：《續禮記集說》（清光緒三十年浙江書局刊本）中。本文所述姚氏有關《大學》、《中庸》的論點，即取自杭氏之書。

註二八　有關闡釋傳刻《石經大學》之資料，可參考林慶彰撰：《豐坊與姚士粦》（臺北：東吳大學中國文學研究所碩士論文，一九七八年五月），第四章第一節《石經大學之影響》；李紀祥撰：《兩宋以來大學改本之研究》，第四章《僞石經大學》。

——原載《國際孔學會議論文集》（臺北：國際孔學會議秘書處，一九八八年六月），頁八六七—八八一。

重要參考書目

一、經部

周易王韓注　（晉）王弼、韓康伯撰　四部備要本　臺北　臺灣中華書局　一九七九年七月　臺三版
王弼及其易學　林麗眞撰　臺北　臺灣大學文學院　一九七七年二月
易傳　（宋）程頤撰　臺北　臺灣學生書局　一九八一年
漢上易傳　（宋）朱震撰　影印文淵閣四庫全書本　臺北　臺灣商務印書館　一九八三年
周易本義　（宋）朱熹撰　臺北　廣學社印書館　一九七五年
易學啓蒙　（宋）朱熹撰　同右
周易傳義附錄　（宋）董楷撰　影印文淵閣四庫全書本　臺北　臺灣商務印書館　一九八三年
周易本義通釋　（元）胡炳文撰　同右
易本義附錄纂註　（元）胡一桂撰　同右
周易會通　（元）董眞卿撰　同右
周易大全　（明）胡廣等撰　同右

陸氏易解一卷　（吳）陸績撰　（明）姚士粦輯　同右
鄭玄易解附錄　（明）胡震亨輯　易經集成第一七六冊　臺北　成文出版社　一九七六年
于寶易解一卷　（明）樊維城輯　易經集成第一七七冊　同右
易象鉤解　（明）陳士元撰　影印文淵閣四庫全書本　臺北　臺灣商務印書館　一九八三年
周易象旨決錄　（明）熊過撰　同右
易義古象通　（明）魏濬撰　同右
古周易訂詁　（明）何楷撰　同右
河圖洛書原舛編　（清）毛奇齡撰　清嘉慶元年刊毛西河先生全集本
太極圖說遺議　（清）毛奇齡撰　同右
易學象數論　（清）黃宗義撰　臺北　廣文書局　一九八一年二月
圖學辨惑　（清）黃宗炎撰　影印文淵閣四庫全書本　臺北　臺灣商務印書館　一九八三年
周易象辭　（清）黃宗炎撰　同右
周易尋門餘論　（清）黃宗炎撰　同右
易圖明辨　（清）胡渭撰　重編皇清經解續編本　臺北　漢京文化事業公司　一九七九年
易學哲學史（中）　朱伯昆撰　北京　北京大學出版社　一九八八年一月
尚書孔傳　題（漢）孔安國撰　四部備要本　臺北　臺灣中華書局　一九七九年七月　臺三版

尚書注疏　（唐）孔穎達撰　十三經注疏本　臺北　藝文印書館　一九六五年
書集傳　（宋）蔡沈撰　影印文淵閣四庫全書本　臺北　臺灣商務印書館　一九八三年
書疑　（宋）王柏撰　通志堂經解本　臺北　漢京文化事業公司　一九七九年
書纂言　（元）吳澄撰　同右
尚書集傳纂疏　（元）陳櫟撰　影印文淵閣四庫全書本　臺北　臺灣商務印書館　一九八三年
書傳輯錄纂註　（元）董鼎撰　同右
書蔡傳旁通　（元）陳師凱撰　同右
書傳會選　（明）劉三吾撰　同右
書經大全　（明）胡廣等撰　同右
尚書譜　（明）梅鷟撰　北京圖書館古籍珍本叢刊影印清鈔本　北京　書目文獻出版社　一九九〇年
尚書考異五卷　（明）梅鷟撰　影印文淵閣四庫全書本　臺北　臺灣商務印書館　一九八三年
尚書考異六卷　（明）梅鷟撰　百部叢書集成影印平津館叢書本　臺北　藝文印書館　一九六五年
尚書辨解　（明）郝敬撰　百部叢書集成影印湖北叢書本　同右
明梅鷟、郝敬尚書古文辨之異同　傅兆寬撰　臺北　中國文化大學中國文學研究所博士論文　一九八二年
尚書疏衍　（明）陳第撰　影印文淵閣四庫全書本　臺北　臺灣商務印書館　一九八三年

禹貢圖注　（明）艾南英撰　明刊本
禹貢古今合注　（明）夏允彝撰　清乾隆三十八年高見龍鈔本
禹貢長箋　（清）朱鶴齡撰　影印文淵閣四庫全書本　臺北　臺灣商務印書館　一九八三年
尚書古文疏證　（清）閻若璩撰　重編皇清經解續編本　臺北　漢京文化事業公司　一九七九年
尚書後案　（清）王鳴盛撰　重編皇清經解本　同右
閻毛古文尚書公案　戴君仁撰　臺北　中華叢書編委會　一九六三年三月
清代尚書學　古國順撰　臺北　文史哲出版社　一九八一年
尚書釋義　屈翼鵬師撰　臺北　中華文化出版事業社　一九六八年十月　五版
尚書今註今譯　屈翼鵬師撰　臺北　臺灣商務印書館　一九七一年十月
尚書學史　劉起釪撰　北京　中華書局　一九八九年六月
毛詩鄭箋　（漢）鄭玄箋　四部備要本　臺北　臺灣中華書局　一九八三年十二月　臺五版
毛詩注疏　（唐）孔穎達撰　十三經注疏本　臺北　藝文印書館　一九六四年
詩集傳　（宋）朱熹撰　臺北　臺灣中華書局　一九七一年十月　臺四版
朱熹詩集傳淫詩說之研究　王春謀撰　臺北　政治大學中國文學研究所碩士論文　一九七九年十二月
呂氏家塾讀詩記　（宋）呂祖謙撰　四部叢刊續編本　臺北　臺灣商務印書館　一九七六年
詩緝　（宋）嚴粲撰　臺北　廣文書局　一九七八年十月　三版

詩疑（宋）王柏撰　通志堂經解本　臺北　漢京文化事業公司　一九七九年
王柏之詩經學　程元敏撰　臺北　嘉新文化基金會　一九六八年十月
詩傳通釋（元）劉瑾撰　影印文淵閣四庫全書本　臺北　臺灣商務印書館　一九八三年
詩傳大全（明）胡廣等撰　同右
風雅逸篇（明）楊愼撰　臺北　廣文書局　一九七〇年一月
魯詩世學（明）豐坊撰　明越勤軒藍格鈔本
詩傳孔氏傳　題（周）端木賜撰　百部叢書集成影印百陵學山本　臺北　藝文印書館　一九六五年
詩說　題（漢）申培撰　同右
詩說解頤（明）季本撰　影印文淵閣四庫全書本　臺北　臺灣商務印書館　一九八三年
讀詩私記（明）李先芳撰　同右
毛詩古音考（明）陳第撰　臺北　廣文書局　一九七七年　再版
詩故（明）朱謀㙔撰　萬曆二年刊本
詩故（明）朱謀㙔撰　影印文淵閣四庫全書本　臺北　臺灣商務印書館　一九八三年
詩故（明）朱謀㙔撰　清鈔本
詩故（明）朱謀㙔撰　豫章叢書本
六家詩名物疏（明）馮復京撰　影印文淵閣四庫全書本　臺北　臺灣商務印書館　一九八三年

詩經類考　（明）沈萬鈳撰　明崇禎間華亭陳增遠刊本
詩經世本古義　（明）何楷撰　影印文淵閣四庫全書本　臺北　臺灣商務印書館　一九八三年
詩經考　（明）黃文煥撰　明末刊本
詩經繹　（明）鄧元錫撰　明萬曆丁未錢塘刊本
毛詩草木鳥獸蟲魚疏廣要　（明）毛晉撰　影印文淵閣四庫全書本　臺北　臺灣商務印書館　一九八三年
毛詩稽古編　（清）陳啓源撰　同右
詩本音　（清）顧炎武撰　同右
詩傳詩說駁議　（清）毛奇齡撰　同右
詩經通論　（清）姚際恒撰　臺北　廣文書局　一九七一年十二月再版
毛鄭詩考正　（清）戴震撰　重編皇清經解本　臺北　漢京文化事業公司　一九八〇年
毛詩傳箋通釋　（清）馬瑞辰撰　重編皇清經解續編本　同右
毛詩禮徵　（清）包世榮撰　清道光七年小倦游閣刊本
詩經原始　（清）方玉潤撰　臺北　藝文印書館　一九六〇年
詩經說義　（清）康有爲撰　臺北　文史哲出版社　一九七九年
詩經釋義　屈翼鵬師撰　臺北　中國文化大學出版部　一九八〇年

詩經評註讀本　裴普賢撰　臺北　三民書局　一九八二年七月
詩經研究史概要　夏傳才撰　鄭州　中州書畫社　一九八二年九月
中國歷代詩經學　林葉連撰　臺北　臺灣學生書局　一九九三年三月
周禮注疏　（唐）賈公彥撰　十三經注疏本　臺北　藝文印書館　一九六五年
周禮復古編　（宋）俞庭椿撰　影印文淵閣四庫全書本　臺北　臺灣商務印書館　一九八三年
周禮問　（清）毛奇齡撰　清嘉慶元年刊毛西河先生全集本
周官辨非　（清）萬斯大撰　經學五書本　臺北　廣文書局　一九七一年一月
周官辨　（清）方苞撰　清乾隆間刊本
禮記注疏　（唐）孔穎達撰　十三經注疏本　臺北　藝文印書館　一九六五年
陳氏禮記集說　（元）陳澔撰　影印文淵閣四庫全書本　臺北　臺灣商務印書館　一九八三年
禮記大全　（明）胡廣等撰　同右
續禮記集說　（明）杭世駿撰　清光緒三十九年浙江書局刊本
禮書　（宋）陳祥道撰　影印文淵閣四庫全書本　臺北　臺灣商務印書館　一九八三年
禮學新探　高明撰　香港中文大學聯合書院中文系　一九六三年十一月
樂書　（宋）陳暘撰　影印文淵閣四庫全書本　臺北　臺灣商務印書館　一九八三年
左傳注疏　（唐）孔穎達撰　十三經注疏本　臺北　藝文印書館　一九六五年

春秋傳　（宋）胡安國撰　四部叢刊續編本　臺北　臺灣商務印書館　一九七六年
春秋宋學發微　宋鼎宗撰　臺北　文史哲出版社　一九八六年九月
春秋胡傳纂疏　（元）汪克寬撰　影印文淵閣四庫全書本　臺北　臺灣商務印書館　一九八三年
春秋大全　（明）胡廣等撰　同右
春秋胡傳辨疑　（明）陸粲撰　同右
春秋胡傳考異　明）袁仁撰　同右
春秋四傳質　王介之撰　同右
左傳會箋　（日）竹添光鴻撰　臺北　廣文書局　一九六九年
春秋左傳注　楊伯峻撰　臺北　源流出版社　一九八二年
四書集注　（宋）朱熹撰　臺北　世界書局　一九七二年　十七版
四書大全　（明）胡廣等撰　影印文淵閣四庫全書本　臺北　臺灣商務印書館　一九八三年
四書圖史合考　題（明）蔡清撰　日本寬文九年中野氏刊本
四書人物考　（明）薛應旂撰　明嘉靖戊午原刊本
四書考　（明）陳仁錫撰　明崇禎甲戌陳氏原刊本
論語集解　（魏）何晏撰　四部備要本　臺北　臺灣中華書局　一九七〇年六月　台二版
論語類考　（明）陳士元撰　影印文淵閣四庫全書本　臺北　臺灣商務印書館　一九八三年

孟子趙注（漢）趙岐撰　四部備要本　臺北　臺灣中華書局　一九七〇年六月　臺二版
孟子注疏　題（宋）孫奭撰　十三經注疏本　臺北　藝文印書館　一九六五年
孟子雜記（明）陳士元撰　影印文淵閣四庫全本　臺北　臺灣商務印書館　一九八三年
孟子外書　題（宋）熙時子注　函海本
孟子外書　題（宋）熙時子注　拜經樓叢書本
孟子外書　題（宋）熙時子注　藝海珠塵本
孟子外書　題（宋）熙時子注　經苑本
孟子外書　題（宋）熙時子注　清光緒間重刊函海本
孟子外書補證　題（宋）熙時子注　（清）林春溥補證　竹柏山房十五種本
孟子外書補注　題（宋）熙時子注　（清）陳矩補注　靈峯草堂叢書本
兩宋以來大學改本之研究　李紀祥撰　臺中　東海大學歷史研究所碩士論文　一九八二年六月
大學石經（明）豐坊撰　百川學海本
大學石經古本前引、旁釋、申釋　（明）王文祿撰　百部叢書集成影印百陵學山本　臺北　藝文印書館　一九六五年
陳乾初大學辨研究　詹海雲撰　臺北　明文書局　一九八六年八月
大學證文　（清）毛奇齡撰　影印文淵閣四庫全書本　臺北　臺灣商務印書館　一九八三年

中庸古本前引、旁釋、復申　（明）王文祿撰　百部叢書集成影印百陵學山本　臺北　藝文印書館　一九六五年
古微書　（明）孫瑴撰　孔子文化大全本　濟南　山東友誼書社　一九九〇年九月
宋人疑經改經考　葉國良撰　臺北　臺灣大學中國文學研究所碩士論文　一九七八年五月
王柏之生平與學術　程元敏撰　臺北　作者自印本　一九七五年
王陽明先生經說弟子記　（清）胡泉撰　臺北　廣文書局　一九七五年四月
豐坊與姚士粦　林慶彰撰　臺北　東吳大學中國文學研究所碩士論文　一九七八年五月
五經稽疑　（明）朱睦㮮撰　影印文淵閣四庫全書本　臺北　臺灣商務印書館　一九八三年
授經圖　（明）朱睦㮮撰　萬曆二年刊本
授經圖義例　（明）朱睦㮮撰　（清）黃虞稷、龔翔麟增補　影印文淵閣四庫全書本　臺北　臺灣商務印書館　一九八三年
授經圖　（明）朱睦㮮撰　（清）黃虞稷、龔翔麟增補　人人文庫本　臺北　臺灣商務印書館　一九七八年　臺一版
授經圖　（明）朱睦㮮撰　書目續編本　臺北　廣文書局　一九六八年
經典稽疑　（明）陳耀文撰　影印文淵閣四庫全書本　臺北　臺灣商務印書館　一九八三年
九經考異、九經逸語　（明）周應賓撰　明萬曆間刊本

經義考　(清)朱彝尊撰　京都　中文出版社　一九七八年

群經補義　(清)江永撰　重編皇清經解本　臺北　漢京文化事業公司　一九七九年

經義述聞　(清)王引之撰　同右

讀經示要　熊十力撰　臺北　洪氏出版社　一九七五年

經學歷史　皮錫瑞撰　周予同注　臺北　河洛圖書出版社　一九七四年九月

中國經學史　(日)本田成之撰　臺北　古亭書屋　一九七五年四月

中國經學史　馬宗霍撰　臺北　臺灣商務印書館　一九七九年九月　臺六版

經學源流考　甘鵬雲撰　臺北　廣文書局　一九七七年一月

中國經學發展史論(上)　李威熊撰　臺北　文史哲出版社　一九八八年十二月

說文長箋　(明)趙宧光撰　明萬曆三十五年劉氏刊本

駢雅　(明)朱謀㙔撰　影印文淵閣四庫全書本　臺北　臺灣商務印書館　一九八三年

俗書刊誤　(明)焦竑撰　同右

屈宋古音義　(明)陳第撰　叢書集成簡編本　臺北　臺灣商務印書館　一九六六年六月

說文解字注　(清)段玉裁撰　臺北　漢京文化事業公司　一九八〇年

二、史部

新校史記三家注　(漢)司馬遷撰　(宋)裴駰等注　臺北　世界書局　一九七二年

新校漢書集注　（漢）班固撰　（唐）顏師古注　同右
新校後漢書注　（晉）范曄撰　（唐）李賢注　同右
舊唐書　（後晉）劉昫等撰　臺北　鼎文書局　一九八五年三月　四版
新唐書　（宋）歐陽修等撰　臺北　鼎文書局　一九八五年二月　四版
宋史　（元）脫脫等撰　臺北　鼎文書局　一九七八年
明史　（清）張廷玉等撰　臺北　鼎文書局　一九七五年
明實錄　（明）夏原吉等撰　臺北　中央研究院歷史語言研究所　一九六二—一九六六年
明史紀事本末　（明）谷應泰撰　臺北　華世出版社　一九七六年二月
國榷　（明）談遷撰　臺北　鼎文書局　一九七八年七月
逸周書集訓校釋　（清）朱右曾撰　臺北　世界書局　一九六一年
國語　（吳）韋昭注　臺北　九思出版公司　一九七八年十一月
藩獻記　（明）朱謀㙔撰　杭州抱經堂書局刊本
國朝獻徵錄　（明）焦竑編　臺北　臺灣學生書局　一九六九年
中州人物考　（清）孫奇逢撰　影印文淵閣四庫全書本　臺北　臺灣商務印書館
列朝詩集小傳　（清）錢謙益撰　臺北　世界書局　一九六一年
明代名人傳　Goodrich主編　臺北　南天書局　一九七七年七月

中國藏書家考略　楊立誠、金步瀛編　臺北　新文豐出版公司　一九七八年
永樂皇帝　商傳撰　北京　北京出版社　一九八九年三月
王陽明年譜　（明）錢德洪撰　王陽明全集本　臺北　文史書店　一九八〇年
光緒重修江西通志　劉坤一等修、趙之謙等纂　清光緒六年刊本
南昌府志　謝應鑅重修、曾作舟纂　清同治十二年南昌縣學刊本
四川通志　常明等重修、楊芳燦等纂　清嘉慶二十一年刊本
中國歷史地理論文集　鄭德坤撰　香港　中文大學　未標出版年月
水經注箋　（明）朱謀𡍼撰　明萬曆乙卯西楚李長庚刊本
唐會要　（宋）王溥撰　臺北　世界書局　一九六〇年
明會要　（清）龍文彬撰　臺北　世界書局　一九六〇年
通志　（宋）鄭樵撰　臺北　新興書局　一九五九年
欽定大清一統志　（清）和珅等撰　影印文淵閣四庫全書本　臺北　臺灣商務印書館　一九八三年
文獻通考經籍考　（元）馬端臨撰　上海　華東師範大學出版社　一九八五年
國史經籍志　（明）焦竑撰　叢書集成簡編本　臺北　臺灣商務印書館　一九六五年
澹生堂藏書約　（明）祁承㸁撰　書目續編本　臺北　廣文書局　一九六八年
千頃堂書目　（清）黃虞稷撰　書目叢編本　臺北　廣文書局　一九六七年

四庫全書總目　（清）紀昀等撰　臺北　藝文印書館　一九六九年
適園藏書志　（清）張鈞衡撰　書目續編本　臺北　廣文書局　一九六八年
鄭堂讀書記　周中孚撰　臺北　世界書局　一九六〇年
藏書記事詩　葉昌熾撰　臺北　世界書局　一九六五年
四部要籍序跋大全　佚名撰　臺北　華國出版社　一九五二年
續修四庫全書提要　臺北　臺灣商務印書館　一九七一年
書目續編敍錄　喬衍琯輯　臺北　廣文書局　一九六八年
古今僞書考　（清）姚際恒撰　僞書考五種本　臺北　世界書局　一九七九年
古今僞書考補證　黃雲眉撰　臺北　文海出版社　一九七二年
古書眞僞及其年代　梁啓超撰　臺北　臺灣中華書局　一九五六年
僞書通考　張心徵撰　臺北　坊印本
朱熹辨僞書語　白壽彝輯　僞書考五種本　臺北　世界書局　一九七九年

三、子部

國學發微　劉師培撰　臺北　國民出版社　一九五九年
儒家哲學　梁啓超撰　臺北　臺中華書局　一九八〇年　臺七版
中論　（漢）徐幹撰　漢魏叢書本　臺北　新興書局　不注出版年月

宋明理學史　侯外廬主編　北京　人民出版社　一九八七年六月
明代思想史　容肇祖撰　臺北　臺灣開明書店　一九七五年
傳習錄　葉紹鈞點校　臺北　臺灣商務印書館　一九八二年
王陽明傳習錄詳注集評　陳榮捷著　臺北　臺灣學生書局　一九八三年
學言詳記　（明）陳龍正撰　幾亭全書　清康熙三年刊本
孔門傳道錄　（明江張朝瑞撰　明萬曆戊戌姚履旋等校刊本
弘道書　（清）費密撰　清光緒三十四年大關唐代成都怡蘭堂刊本
閩中理學淵源考　（清）李清馥撰　影印文淵閣四庫全書本　臺北　臺灣商務印書館　一九八三年
明清之際儒家思想的變遷與發展　臺北　臺灣師範大學國文研究所博士論文　一九八五年五月
中國近三百年學術史　梁啓超撰　臺北　臺灣中華書局　一九六九年五月
顏氏學記　（清）戴望撰　臺北　世界書局　一九八〇年十月
十力語要　熊十力撰　臺北　洪氏出版社　一九七五年
人文精神之重建　唐君毅撰　臺北　臺灣學生書局　一九八〇年
中國哲學史三卷（上）　勞思光撰　香港　友聯出版社　一九八〇年六月
困學紀聞　（宋）王應麟撰、（清）翁元圻注　臺北　世界書局　一九六四年
續古今考三十七卷　（元）方回撰　影印文淵閣四庫全書本　臺北　臺灣商務印書館　一九八三年

青巖叢錄　（明）王禕撰　百部叢書集成影印金華叢書本　臺北　藝文印書館　一九六五年
震澤長語　（明）王鏊撰　同右
七修類稿　（明）郎瑛撰　臺北　世界書局　一九六三年
升菴外集　（明）楊愼撰、焦竑編　臺北　臺灣學生書局　一九七一年
井觀瑣言　（明）鄭瑗撰　學海類編本　臺北　文源書局　一九六四年八月
少室山房筆叢　（明）胡應麟撰　臺北　世界書局　一九六三年
筆乘　（明）焦竑撰　人人文庫本　臺北　臺灣商務印書館　一九七一年四月
詹氏小辨　（明）詹景鳳撰　明萬曆間王元貞校刊本
讕言長語　（明）曹安撰　百部叢書集成影印寶顏堂秘笈本　臺北　藝文印書館　一九六五年
思問初編　（明）陳元齡撰　臺北　臺灣學生書局　一九七一年五月
通雅　（明）方以智撰　影印文淵閣四庫全書本　臺北　臺灣商務印書館　一九八三年
日知錄　（清）顧炎武撰　臺北　明倫出版社　一九七〇年三月
池北偶談　（清）王士禎撰　筆記小說大觀正編本　臺北　新興書局　一九七一年
因書屋書影　（清）周亮工撰　臺北　世界書局　一九六三年
春明夢疑錄　（清）孫承澤撰　香港　龍門書店　一九六五年
潛邱劄記　（清）閻若璩撰　影印文淵閣四庫全書本　臺北　臺灣商務印書館　一九八三年

古今釋疑　（清）方中履撰　臺北　臺灣學生書局　一九七一年五月
國史舊聞　陳登原撰　臺北　明文書局　一九八四年三月
群書考索　（宋）章如愚撰　影印文淵閣四庫全書本　臺北　臺灣商務印書館　一九八三年

四、集部

韓昌黎集　（唐）韓愈撰　臺北　河洛圖書出版社　一九七五年三月
柳宗元集　（唐）柳宗元撰　臺北　漢京文化事業公司　一九八二年
小畜集　（宋）王禹偁撰　四部叢刊初編縮本　臺北　臺灣商務印書館　一九六四年
徂徠集　（宋）石介撰　影印文淵閣四庫全書本　臺北　臺灣商務印書館　一九八三年
司馬文正公傳家集　（宋）司馬光撰　國學基本叢書本　臺北　臺灣商務印書館　一九六八年
歐陽修全集　（宋）歐陽修撰　臺北　河洛圖書出版社　一九七五年
二程集　（宋）程顥、程頤撰　臺北　漢京文化事業公司　一九八二年三月
北山小集　（宋）程俱撰　影印文淵閣四庫全書本　臺北　臺灣商務印書館　一九八三年
陸九淵集　（宋）陸九淵撰　臺北　里仁書局　一九八一年一月
遜志齋集　（明）方孝孺撰　國學基本叢書本　臺北　臺灣商務印書館　一九六八年十二月
白沙子全集　（明）陳獻章撰　臺北　河洛圖書出版社　一九七四年九月
懷星堂集　（明）祝允明撰　影印文淵閣四庫全書本　臺北　臺灣商務印書館　一九八三年

王陽明全集　（明）王守仁撰　臺北　文友書店　一九八〇年八月
王廷相集　（明）王廷相撰　北京　中華書局　一九八九年九月
歸震川全集　（明）歸有光撰　臺北　世界書局　一九七七年六月　三版
焦氏澹園集　（明）焦竑撰　臺北　偉文圖書公司　一九七七年
朱舜水集　（明）朱之瑜撰　臺北　漢京文化事業公司　一九八四年五月
初學集　（清）錢謙益撰　四部叢刊初編縮本　臺北　臺灣商務印書館　一九六四年
陳確集　（清）陳確撰　北京　中華書局　一九七九年四月
南雷文定　（清）黃宗羲撰　臺北　臺灣商務印書館　一九七〇年四月
亭林文集　（清）顧炎武撰　臺北　世界書局　一九六三年一月
西河文集　（清）毛奇齡撰　國學基本叢書本　臺北　臺灣商務印書館　一九六八年十二月
二曲全集　（清）李顒撰　湘陰蔣氏小瑯嬛山館重校刊本
堯峰文鈔　（清）汪琬撰　影印文淵閣四庫全書本　臺北　臺灣商務印書館　一九八三年
曝書亭集　（清）朱彝尊撰　臺北　世界書局　一九六四年
潛庵先生遺稿　（清）湯斌撰　康熙三十四年乙亥刊本
午亭文編　（清）陳廷敬撰　清乾隆四十三年刊本
抱經堂文集　（清）盧文弨撰　王文錦點校　北京　中華書局　一九九〇年六月

結埼亭集　（清）全祖望撰　臺北　華世出版社　一九七七年三月
胡適文存　胡適撰　臺北　遠東圖書公司　一九七一年

五、單篇論文

中庸辨　高明撰　收入禮學新探　香港　中文大學聯合書院中文系　一九六三年十一月
王弼之周易論語新義　湯用彤撰　收入魏晉思想・魏晉玄學論稿　臺北　里仁書局　一九八四年一月
宋人疑經的風氣　屈翼鵬師撰　收入書傭論學集　臺北　臺灣開明書店　一九六九年
宋代淫詩公案初探　李家樹撰　收入詩經歷史公案　臺北　大安出版社　一九九〇年十一月
朱熹詩集傳與毛詩的初步比較　莫礪鋒撰　中國古典文學論叢　第二輯　北京　人民文學出版社　一九八五年八月
王陽明大學問之批判　王美奐撰　華岡學報　第五期　一九六九年三月
論王陽明「朱子晚年定論」與「大學問」所涵攝的知識問題　成中英撰　傳習錄　第二期　一九八三年十月
王陽明「大學問」思想析論　蔡仁厚撰　中國書目季刊　第二〇卷一期　一九八六年六月
王明「經學即心學」的基本義旨——《稽山書院尊經閣記》之疏解　蔡仁厚撰　中華文化復興月刊　第八卷九期　一九七五年九月
明中葉以降の經學について　東洋文化　第一九四期　昭和一六年三月

晚明考據學風的興起　嵇文甫撰　鄭州大學學報　一九六三年三期
楊慎生平與著作　梁容若撰　書和人　第一三二期　一九七〇年三月二十一日
談楊升庵的作品　梁容若撰　書和人　第一三三期　一九七〇年四月十八日
楊慎之詩經學　林慶彰撰　孔孟月刊　第二〇卷七期　一九八二年三月
豐坊與古書世學　平岡武夫撰　東方學報　第十五冊三、四分　昭和二一年十一月、二二年六月
第一個蒐集證據證明僞古文尚書的人——梅鷟　戴君仁撰　新時代第一卷二期　一九六一年二月
梅鷟尚書考異述略　劉文起撰　木鐸　第五、六期合刊　一九七七年三月
陳第古音學出自楊升菴辨　楊崇煥撰　國風半月刊　第五卷十、十一期合刊　一九三四年十月一日
焦竑與陳第——明末清初古音學研究的兩位啓導者　李焯然撰　語文雜誌　第七期　一九八一年六月
陳第的毛詩古音考　王天昌撰　書和人　第四五三期　一九八二年十月
費經虞與費密——清學的兩個先驅者　胡適撰　收入胡適文存　第二集　臺北　遠東圖書公司　一九五三年
從宋明儒學的發展論清代思想史　余英時撰　收入歷史與思想　臺北　聯經出版事業公司　一九八〇年
清代思想史的一個新解釋　余英時撰　同右
清代學術思想史重要觀念通釋　余英時撰　史學評論　第五期　一九八三年一月

漢宋學術異同論　劉師培撰　收入劉申叔先生遺書　第一冊　臺北　京華書局　一九七〇年
中國學術思想上漢宋兩派之長短得失　張君勱撰　收入中西印哲學論文集　臺北　臺灣學生書局　一九八〇年
漢代學術思想與宋代學術思想之比較　陳安仁撰　收入歷史專題研究論叢　香港　廣智書局　一九六〇年
漢學宋學對於吾國文化史上之貢獻　張君勱撰　宇宙　第五卷三期　一九四七年六月
清代漢學衡論　徐復觀撰　大陸雜誌　第五四卷四期　一九七七年四月十五日
清代漢宋之爭平議　何佑森撰　文史哲學報　第二七期　一九七八年十二月
清代漢宋之爭的再檢討——試論漢學派的目的與極限　王家儉撰　收入中央研究院國際漢學會議論文集　歷史考古學組　上冊　臺北　中央研究院　一九八一年十月
由漢宋調和到中體西用——試論晚清儒家思想的演變　王家儉撰　國立臺灣師範大學歷史學報　第十二期　一九八四年六月